KB111348

디지털 마케팅
실전 활용

디지털 마케팅 실전 활용

초판 1쇄 인쇄 | 2024년 7월 25일
초판 1쇄 발행 | 2024년 7월 30일

지 은 이 | 마정산

발 행 인 | 이상만
발 행 처 | 정보문화사

책 임 편 집 | 노미라
편 집 진 행 | 명은별
교 정 · 교 열 | 안종군

주 소 | 서울시 종로구 동숭길 113 (정보빌딩)
전 화 | (02)3673-0114
팩 스 | (02)3673-0260
등 록 | 1990년 2월 14일 1-1013호
홈 페 이 지 | www.infopub.co.kr

I S B N | 978-89-5674-981-5

수익 창출을 위한 실무 성공 전략

디지털 마케팅 실전 활용

마정산 지음

Digital Marketing

정보문화사
Information Publishing Group

프롤로그

디지털 마케팅은 정말 많은 매력을 지니고 있습니다. 과거에는 상상만 했던 많은 일이 눈앞에서 실현되고 있습니다. 마케터는 디지털을 활용해 고객들에게 개인화된 메시지와 제품을 소개할 수 있고 소비자들은 훨씬 다양한 제품을 선택할 수 있습니다. 또한 소비자들은 디지털을 활용해 단순히 소비만 하는 입장에서 제품과 서비스를 창조하고 판매하는 입장으로 발전하고 있습니다.

이제 디지털 마케팅은 기업 경영이나 소비 활동에서 가장 핵심적인 활동으로 자리 잡았습니다. 최근에는 디지털 마케팅을 다루는 책과 유튜브 동영상 그리고 강의를 많이 볼 수 있습니다. 저는 이러한 자료들을 보면서 다음과 같은 생각을 하게 됐습니다.

"너무 기술적인 내용들만 다루고 있는데? 디지털 마케터들의 실무 역량 강화에는 도움이 되겠지만, 디지털 마케팅을 시작하려는 사람들에게는 좀 어려울 것 같아!"

디지털 마케팅 자료들은 왜 모두 하나같이 어렵고 전문적일까요? 저는 자료를 보거나 주변의 마케터, 경영자들과 대화를 하면서 지금까지 디지털 마케팅에 관련된 자료들은 '디지털'과 '마케팅' 중에서 '디지털'에만 초점을 맞추고 있다는 것을 알게 됐습니다.

디지털 마케팅은 디지털이라는 새로운 기술과 트렌드를 통해 급속히 발전했기 때문에 디지털 기술과 노하우의 전달이 일차적인 과제인 듯합니다. 저도 새로운 디지털 기술 트렌드를 놓치지 않으려고 항상 새로운 동영상을 찾거나 자료들을 검색하니까요.

하지만 더 많은 사람이 디지털 마케팅을 통해 원하는 성과를 얻기 위해서는 이와 다른 접근이 필요하다고 생각합니다. 훌륭한 역량을 갖춘 디지털 마케터를 위한 책이 아니라 디지털 마케터에 대해 알고 싶은 초보자를 위한 책이 필요합니다. 대기업을 경영하는 숙련된 경영자가 아니라 작지만 알찬 사업을 시작하려는 열정 넘치는 사람들을 위한 책이 필요합니다. 디지털 마케팅의 작동 원리에 해박한 이론가들을 위한 책이 아니라 디지털 마케팅을 실제 사업에 접목하려는 실천가들을 위한 책이 필요합니다.

이 책은 이런 생각과 목적을 갖고 시작됐습니다. 디지털 마케팅에 대한 기술적인 접근보다는 실무적인 관점에서 꼭 필요한 내용만을 전달하고자 노력했습니다. 또한 디지털 마케팅을 처음 시작하려는 열정 넘치는 사업가와 예비 디지털 마케터가 꼭 알아야 하는 내용들로 구성했습니다.

3부에서 다루는 내용을 잠깐 살펴볼까요? 3부에서는 디지털 마케팅을 시작하기 전에 꼭 준비해야 하는 사항을 점검합니다. 디지털 마케팅의 근간이 되는 전략을 수립하고 디지털 마케터를 선발하거나 채용하는 방법들을 점검합니다. 디지털 마케팅의 영원한 파트너인 디지털 에이전시와 협업하는 방법도 정리했습니다. 디지털 마케팅에 대한 열정이 아무리 넘치더라도 디지털 전략, 디지털 마케터 채용 등을 미리 준비하지 않으면 원하는 성과를 쉽게 달성할 수 없습니다. 이 책은 이와 같이 디지털 마케팅을 사업에 적용하는 데 반드시 필요한 내용을 중심으로 구성했습니다.

이 책은 총 6개의 부(部)로 구성돼 있습니다.

1부는 디지털 마케팅에 대한 개념과 필요성에 대한 내용입니다. 왜 디지털 마케팅이 중요한지, 디지털 마케팅이 무엇인지에 대해 정리했습니다.

2부는 마케팅에 대한 내용입니다. 앞에서 말씀드린 것처럼 디지털 마케팅은 '디지털'과 '마케팅'으로 구성됩니다. 마케팅을 잘 이해할수록 디지털 마케팅을 성공적으로 실행할 수 있습니다. 이미 마케팅 전략과 개념에 익숙하다면 2부는 가볍게 읽거나 건너뛰어도 좋습니다.

3부는 디지털 마케팅을 시작하는 데 필요한 내용을 다룹니다. 전략, 인력 확보, 예산 검토 등 디지털 마케팅을 하는 데 꼭 필요한 내용을 정리했습니다.

4부는 디지털 마케팅의 다양한 활동과 기술에 대한 내용을 다룹니다. SNS 마케팅, 퍼포먼스 마케팅, 이커머스 등 디지털 마케팅이라고 할 때 떠오르는 내용들입니다.

5부는 디지털 마케팅을 활용한 다양한 브랜딩 활동에 대한 내용을 다릅니다. 디지털 시대에서 퍼스널 브랜딩과 로컬 브랜딩은 선택이 아닌 필수입니다. 디지털 마케팅이 브랜딩 활동을 어떻게 도울 수 있는지를 확인할 수 있습니다.

6부는 디지털 마케팅과 관련된 주요 질문을 정리했습니다. 예를 들어, 챗GPT를 디지털 마케팅에 어떻게 활용할 것인지와 디지털 마케팅의 어두운 측면도 함께 다루고 있습니다.

이 책은 제가 〈월간 신용사회〉에 3년째 기고하고 있는 디지털 마케팅과 디지털 트랜스포메이션에 관련된 컬럼을 바탕으로 집필했습니다. 처음에는 컬럼들을 간단히 편집해서 책으로 출간하려고 했지만, 원고의 내용과 아이디어가 점점 늘어나서 기존에 썼던 컬럼을 다시 작성하고 새로운 주제를 추가했습니다. 그리고 〈미디어경인〉에 기고했던 디지털 마케팅 컬럼도 편집해 이 책의 내용에 포함시켰습니다.

이 책을 준비하면서 많은 분의 도움을 받았습니다. 원고의 초안을 검토해 주고 다양한 의견을 줬던 제일기획의 박세준 프로, 컬럼을 실을 수 있게 허락해 주신 〈월간 신용사회〉의 임지연 편집장님, 〈미디어경인〉의 이영철 대표님께 감사드립니다. 그리고 감사 인사에서 빼놓을 수 없는 '존재'는 바로 챗GPT와 인공지능입니다.

이 책에는 챗GPT와 인공지능의 도움이 녹아들어 있습니다. 아이디어가 막힐 때마다 챗GPT를 열고 이런저런 대화를 나눴습니다. 챗GPT는 의외의 대답을 해 주거나 제 생각의 근거를 찾아 주기도 합니다. 실제로 챗GPT가 제시한 내용을 책에 옮겨 적기도 했습니다. 특히, 이 책의 별첨 자료인 '챗GPT가 추천하는 디지털 마케팅 용어 사전'은 챗GPT가 제공한 내용을 그대로 인용했습니다. 이 책을 쓰면서 챗GPT와 같은 인공지능의 가치와 한계를 많이 경험할 수 있었습니다.

이 책에 들어가는 이미지 역시 인공지능의 도움을 받았습니다. 이 책에 실린 이미지의 절반은 생성형 인공지능을 활용해 작업했습니다. 원하는 이미지를 얻기까지 프롬프트에 다양한 문장을 입력해야 했지만, 제법 만족스러운 결과를 얻을 수 있었습니다. 인공지능과 디지털 마케팅의 미래는 32장에서 자세히 설명하겠습니다.

이 책은 디지털과 마케팅을 조화롭게 이해하고 상호 시너지를 낼 수 있도록 기획됐습니다. 무엇보다 디지털 마케팅에 입문하려는 분을 위해 준비했습니다. 디지털 솔루션 위주의 책들과는 다른 관점으로 책을 구성했습니다. 이 책을 읽는 모든 독자에게 많은 도움이 됐으면 좋겠습니다.

이 책을 통해 디지털 마케팅이라는 거대한 흐름에 성공적으로 올라타 원하는 성과를 창출할 수 있게 되길 바랍니다.

이 책은 디지털 마케팅을 하고자 하는 디린이(디지털마케팅+어린이)들에게 반드시 필요한 지침서입니다. 디지털 마케팅의 기술적인 측면보다는 실무적인 접근을 강조함으로써 실제 비즈니스에 바로 적용할 수 있는 내용을 알기 쉽게 설명합니다.

저는 건설사 CEO로서 억대가 넘는 초고가 상품에 디지털 마케팅을 도입해 큰 성과를 거뒀습니다. 고객과의 소통을 강화하고 신규 프로젝트 홍보에 반영해 현재까지 자체 분양 완판이라는 놀라운 결과를 달성했습니다. 이 책은 단순한 이론서가 아닙니다. 실무에 바로 적용할 수 있는 구체적인 전략과 사례를 통해 디지털 마케팅 초보자도 쉽게 따라 할 수 있도록 구성돼 있습니다. 여러분도 이 책을 통해 디지털 마케팅의 강력한 도구를 활용하여 비즈니스 성공을 이루시길 바랍니다.

- 이정환(두산건설 대표)

마케터들은 디지털 마케팅을 입에 달고 삽니다. 디지털 마케팅이 새로운 마케팅 방식 같지만, 이미 우리 생활 속에 녹아들어 있습니다. '디지털 마케팅을 하고 싶은데 어떻게 해야 하는 거지?'라는 생각이 든다면

이 책을 펼쳐 보기 바랍니다. 이 책은 디지털 마케팅의 개념과 그 방식 그리고 나아가야 할 방향까지 사례와 함께 매우 쉽게 설명해 주고 있습니다. 마치 디지털 마케팅이라는 푸짐한 지식의 밥상을 대접받는 느낌입니다. 모처럼 밥을 맛있게 먹었다는 생각이 듭니다.

– 이현정(HS애드, 데이터 사이언티스트)

온라인 광고로 시작해 디지털 마케팅 및 이커머스 업종에 종사한 지 어느덧 25년에 가까워집니다. 처음에는 "온라인으로 하는 광고가 효과가 있겠어?"라고 말하더니 그다음에는 "온라인으로 인지도는 높일 수 있을 것 같은데, 브랜딩은 쉽지 않을 거야, 누가 상품도 안 보고 이커머스로 상품을 구매하겠어?"라며 연신 부정적인 의견을 피력했던 전문가들의 평가가 새삼 기억납니다.

이제는 이커머스를 넘어 디지털 라이브 커머스 등이 마케팅 및 오프라인 유통의 생사를 위협하고 있습니다. 더 나아가 AI 혁명으로 모든 것이 디지털 세상으로 변하고 있습니다. 이렇게 우리의 일상생활이 디지털화되고 있지만, 디지털 마케팅 또는 이커머스가 뭔지 아직도 명확히 아는 독자들은 많지 않은 것 같습니다. 이 책은 AI 시대를 맞아 마케터들이 반드시 곁에 두고 읽어야 할 좋은 참고서라고 생각합니다.

– 구자경(제일펑타이 상하이 법인장)

인터넷과 디지털 기술은 가장 보수적인 금융 분야까지 급격히 변화시켰습니다. 통장 개설, 송금, 주식 매매, 펀드 매매 등도 이제 내 손 안의 스마트폰을 통해 1~2분이면 가능하고 고객으로 넘쳐나던 증권 회사의 객장 모습은 '그 때 그 시절'이라는 제목의 유튜브 영상에서나 볼 수 있게 됐습니다. 디지털 네이티브 세대가 주축으로 성장하고 있는 사회 속에서 금융 역시 디지털 플랫폼 비즈니스가 대세가 됐고 디지털 마케팅의 중요성도 더욱 부각되고 있습니다.

이 책은 디지털 마케팅에 대한 개념이 명확하게 정립되지 않은 사람에게 많은 도움이 될 것이라 생각합니다. 이 책을 통해 이커머스 업계 종사자뿐 아니라 금융을 비롯한 다른 비즈니스 종사자 그리고 일반인도 편하고 쉽게 디지털 마케팅에 다가갈 수 있기를 바랍니다.

– 이진환(한화자산운용 상무)

차례

01

디지털 마케팅,
꼭 해야 할까?

1부는 디지털 마케팅의 핵심 개념과 필요성에 대한 내용입니다. 디지털 마케팅은 일상생활에서 쉽게 마주칠 수 있는 용어가 됐지만, 디지털 마케팅을 한마디로 정의하기는 어렵습니다. 1부를 통해 디지털 마케팅의 개념과 주요 질문 그리고 디지털 마케팅의 필요성에 대한 공감대를 형성하고자 합니다.

1장은 디지털 마케팅이 가장 빛날 수 있는 영역, 즉 효과적인 광고비 예산 집행에 대해 설명했습니다. 2장에서는 디지털 마케팅의 개념을 쉽게 정리했습니다. 3장은 디지털 마케팅과 관련된 다양한 용어를 간략하게 정리했습니다. 3장에 나온 내용들은 4부에서 자세히 다룹니다. 4장은 디지털 마케팅을 통해 할 수 있는 다양한 활동을 설명합니다. 2장에서 말씀드린 디지털 마케팅의 개념과 함께 읽어보시기 바랍니다. 5장은 디지털 마케팅과 컴퓨터 활용 능력의 관계에 대한 내용입니다. 디지털 마케팅은 컴퓨터를 잘 몰라도 할 수 있습니다. 6장은 디지털 마케팅의 필요성에 대한 내용입니다. 디지털 마케팅은 쉽게 생각하면 무척 단순하지만 어렵게 생각하면 한없이 복잡한 영역입니다. 1부를 통해 디지털 마케팅을 보다 친근하게 느낄 수 있기를 바랍니다.

01

내가 쓴 광고비의 절반은
어디로 갔을까?

"노벨 마케팅상이 신설된다면 첫 번째 수상자는 누구일까요?"

이는 마케터들 사이에서 한때 유행했던 질문입니다. 노벨상은 경제학상, 물리학상, 평화상 등 총 6개의 상을 시상하지만, 마케팅과 같은 실용 학문은 시상의 대상이 아닙니다.

마케터들은 자신이 전공한 분야에서 '노벨 마케팅' 수상자가 나올 것이라고 주장합니다. 이커머스를 맡고 있는 마케터는 아마존 창업자인 제프 베조스Jeff Bezos, 프랜차이즈 분야에 종사하는 친구는 맥도날드를 완성한 레이 크록Ray Kroc을 추천합니다. 현대카드 정태영 부회장을 추천하는 마케터도 있고 애플의 스티브 잡스Steve Jobs를 추천하는 마케터도 있습니다. 마케팅의 대가인 필립 코틀러Philip Kotler 교수 역시 추천 대상입니다. 브랜드 이론을 체계화한 데이비드 아커David Aaker 교수도 빼놓을 수 없죠. 저는 산타클로스를 크리스마스의 대명사로 만든 코카콜라의 이름 모를 브랜드 매니저를 추천합니다.

마케터들은 대부분 '어떤 마케터 또는 교수가 노벨 마케팅상을 처음 받을지는 모르지만, 어떤 성과를 낸 마케팅 연구가 최초의 노벨 마케팅상을 받을 자격이 있다'라는 점에 동의했습니다. 그것은 바로 광고비와 매출 간의 상관관계를 정확히 보여 주는 연구입니다.

오늘도 회사에서 일하고 있는 마케터, 즉 인하우스 마케터는 자신이 집행한 마케팅이 얼마나 매출에 기여했는지를 증명하기 위해 애를 씁니다. 이와 마찬가지로 마케팅 에이전시에 근무하고 있는 마케터 역시 에이전시에서 기획한 마케팅 캠페인이 고객사의 매출에 얼마만큼의 영향을 미쳤는지를 보여 주기 위해 애를 씁니다.

솔직히 말해 정답도 없고 어려운 일입니다. 최근 인기를 얻고 있는 인플루언서를 모델로 사용하면 광고 효과가 좋아집니다. 물론 광고비는 크게 증가합니다. 하지만 인플루언서 때문에 매출이 올랐는지 또 다른 이유가 있어서 매출이 올랐는지는 명확하지 않습니다. 심지어 캠페인 기간 동안 매출이 떨어지는 경우도 있습니다.

만약 누군가가 광고비와 매출의 상관관계에 대해 이야기할 때 '광고비 1,000만 원을 사용했을 때 매출이 1.43배 증가했다'와 같은 명확한 수치를 제시해 주면 어떨까요? 회사에 마케팅 예산을 요청할 때마다 "노벨 마케팅상 수상자의 이론을 바탕으로 추정한 매출액입니다"라고 말하면 결재를 받기가 정말 쉬워질 것 습니다. 회사의 상사가 아무리 똑똑해도 노벨 마케팅상 수상자만큼 똑똑하고 권위가 있지는 않으니까요.

사실 그리 짧지 않은 마케팅의 역사 속에서 무수히 많은 마케터와 학자들은 마케팅과 매출의 상관관계에 대해 연구했습니다. 제법 많은 성과도 있었습니다. 마케팅 에이전시, 즉 광고 대행사에는 광고 캠페인을 기획할 때마다 제법 그럴듯한 매출 기대효과를 광고주에게 제출합니다. 물론 대부분의 광고 기대효과는 인지도, 구매 의향 등과 같은 소비자 조사 결과를 중심으로 구성됩니다. 지금까지 많은 연구와 노력이 있었지만, 여전히 우리들은 마케팅의 직접적인 효과에 대해 궁금해합니다.

존 워나메이커John Wanamaker는 19~20세기 초에 활동한 미국의 기업가로, 근대적인 백화점 비즈니스와 마케팅 기법을 도입한 것으로 유명합니다. 존 워나메이커는 다음과 같은 말을 남겼습니다.

"광고에 쓰는 돈의 절반은 낭비라는 사실을 알고 있지만, 어느 쪽 절반인지를 모른다는 것이 문제입니다."

이 정도면 거의 동전 던지기와 같은 확률입니다. 50대50의 확률로 내가 집행한 광고 예산이 효과를 발휘하기를 바라는 것이죠. 물론 마케터들도 가만히 있지는 않았습니다. 광고의 효과를 측정하기 위해 다양한 방법을 모색합니다.

1990년대에 유행했던 방법을 한 가지 알려드릴게요. 예전에 보험 광고를 할 때는 주로 신문을 이용했습니다. 자세한 보험 혜택 및 조건을 설명하는 데는 신문이 가장 적합했기 때문이죠. 하지만 어떤 신문사에 광고를 해야 할까요? 보험사에 전화한 고객에게 어떤 신문에서 광고를 봤는지 물어볼 수도 있습니다. 하지만 좀 더 세련된 방법은 신문사별 보험 광고에 들어가는 안내 전화번호를 다르게 하는 것입니다. 조선일보는 1577-0001, 경향신문은 1577-0003, 한국경제신문은 1577-0005처럼 번호가 다르게 광고를 하면 보험사는 걸려오는 전화번호만 확인해도 어떤 신문에 광고하는 것이 가장 효과가 좋은지를 쉽게 알 수 있습니다. 하지만 이것마저도 1990년대에 사용하던 방법에 불과합니다.

존 워나메이커가 살았던 20세기 초 또는 신문사별 광고용 전화번호가 달랐던 1990년대와 비교하면 지금은 훨씬 정교하게 마케팅 예산을 수립하거나 측정할 수 있습니다.

한 가지 재미있는 사실은 이러한 발전이 어느 순간에 갑자기 나타났다는 것입니다. 바로 디지털 마케팅이라는 분야와 함께 말이죠. 디지털 마케팅은 많은 장점을 갖고 있지만, 가장 중요한 장점은 마케팅 예산을 최대한 정교하게 성과와 연동시킨다는 점입니다. 이를 흔히 '트랙킹 Tracking이 가능하다'라고 말합니다.

이커머스의 예를 들어 볼까요? 기업들은 쿠팡, 11번가와 같은 이커머스 플랫폼에 제품을 올려 판매합니다. 어떤 기업은 자신들이 직접 이커머스 웹사이트를 운영하기도 합니다. 흔히 이를 '자사몰'이라고 합니다. 이 경우에는 광고의 효과를 매출액 기준으로 바로 알 수 있습니다. 이를 'ROASReturn On Advertising Spending'라고 합니다. 흔히 '광고비 지출 대비 수익률'이라고 하지만, 업계에서는 ROAS라는 용어로 정착됐습니다. ROAS는 348%, 1,206% 처럼 퍼센트 단위로 측정됩니다. ROAS 수치만 보면 디지털 광고를 통해 얼마만큼 수익을 올렸는지를 바로 알 수 있습니다.

우리들은 현재 디지털 마케팅을 통해 존 워나메이커가 가장 알고 싶었던 사실, 즉 바로 내가 지출한 광고비가 얼마나 잘 쓰이고 있는지를 알 수 있는 시대에 살고 있습니다. 물론 아직도 완벽하지는 않습니다. 그리고 디지털 마케팅을 단순히 광고비 때문에 이용하는 것도 아닙니다. 하지만 디지털 마케팅이 조금만 더 발전한다면 노벨 마케팅상을 수상할지도 모릅니다. 지금부터 노벨 마케팅상 후보자가 될 수도 있는 디지털 마케팅에 대해 자세히 알아보겠습니다.

02

디지털 마케팅이란
무엇일까?

우리들은 주변에서 디지털 마케팅이라는 용어를 자주 듣습니다. 하지만 누군가 "디지털 마케팅이 뭔데?"라고 물어보면 답하기가 어렵습니다. 가장 흔히 듣는 대답은 "마케팅을 디지털적으로 하는 거야" 정도가 되겠네요.

이때부터 혼돈의 무한 루프가 시작됩니다. "마케팅이 뭔데?" 또는 "여기서 디지털은 인터넷을 말하는 거야?"와 같은 질문이 이어집니다. 왠지 알 듯 하지만, 똑 부러지게 설명하기는 어렵습니다. 머릿속에는 대략적인 그림이 그려지지만, 말로 표현하기 힘든 개념이 바로 '디지털 마케팅'입니다.

한 가지 재미있는 생각이 떠올랐습니다. 만약, 인공지능에게 디지털 마케팅을 묘사해달라고 하면 어떤 그림이 나올까요? 막연한 생각보다는 그림과 이미지로 개념을 잡으면 도움이 될 것 같습니다. 그래서 바로 인공지능 이미지 생성 툴에게 디지털 마케팅에 대해 그려달라고 부탁했습니다. 참고로, 아래 그림은 마이크로소프트 빙Bing의 '이미지 크리에이터Image Creator'라는 인공지능 이미지 생성 툴을 이용해 작업한 것입니다.

빙의 이미지 크리에이터가 생성한 디지털 마케팅 이미지

인공지능이 보여 준 그림은 두 가지 축으로 구성돼 있습니다. 먼저 눈이 빠질 정도로 노트북의 모니터를 뚫어지게 쳐다보고 있는 사람들이 있군요. 이들은 디지털 마케터이거나 소비자들이겠죠. 또 다른 축에는 공중에 매달려 있는 지구본과 연필, 번뜩이는 아이디어를 상징하는 전구 그리고 알록달록한 선물과 포장지가 있습니다. 공중에 매달린 이런 장치들은 아마도 마케팅이 전달하는 상품이나 재미있는 캠페인 등을 의미하겠죠. 재미있는 점은 공중에 여러 가지 톱니바퀴가 있다는 것입니다. 시곗바늘처럼 체계적으로 진행돼야 하는 마케팅 업무를 뜻하는 듯합니다.

솔직히 인공지능이 창조한 디지털 마케팅의 이미지를 보고 조금 놀랐습니다. 디지털과 마케팅의 개념을 대충이나마 보여 주고 있으니까요. 디지털에 대한 상상력은 조금 아쉽지만, 마케팅을 전구, 연필, 톱니바퀴, 선물 등으로 그려 낸 상상력에 놀랐습니다. 그림을 보니 디지털 마케팅에 대한 감을 좀 더 잡을 수 있을 듯합니다.

디지털 마케팅은 우리들이 일상생활에서 정말 자주 사용하는 두 가지 단어가 결합돼 있습니다. 자주 사용하는 것인 만큼 대략적인 의미는 쉽게 유추할 수 있습니다. '인터넷 또는 스마트폰을 이용해 마케팅 활동을 한다'라는 정도로 말이죠. 이 정도만 알고 있어도 디지털 마케팅에 대한 감을 갖고 있다고 볼 수 있습니다.

하지만 개념은 구체화할수록 좋습니다. 구체화된 개념은 회사에서 동료들 또는 외부 에이전시와의 소통을 좀 더 쉽게 만들어 주니까요. 지금부터 디지털 마케팅의 개념을 정리해 보겠습니다.

디지털 마케팅의 개념을 혼란스럽게 만드는 몇 가지 이유는 다음과 같습니다.

첫째, '마케팅'이라는 단어 때문입니다. 경영학과 관련된 용어 중에서 마케팅처럼 개념을 잡기 어려운 것은 없습니다. 재무 관리, 회계학, 생산 관리 등은 이름만 들어도 무슨 일을 하는지 알 것 같습니다. 하지만 마케팅은 어떨까요?

사실 마케팅의 역사는 그리 길지 않습니다. 경제학이나 회계학은 이미 수백 년 동안 발전해 온 학문입니다. 심지어 회계학은 고려 시대 개성 상인들의 장부 정리에서도 그 기원을 찾을 수 있죠. 마케팅은 20세기 중반 이후 학문적인 체계를 갖추기 시작했지만, 다행히 미국 마케팅학회AMA 또는 한국 마케팅학회KMA 등과 같은 권위 있는 기관들이 설립됐습니다. 이러한 학회에서는 '마케팅'에 대한 구체적인 정의를 내렸습니다. 한국 마케팅학회가 제시하는 마케팅의 정의를 살펴볼까요?

"마케팅은 조직이나 개인이 자신의 목적을 달성시키는 교환을 창출하고 유지할 수 있도록 시장을 정의하고 관리하는 과정이다."[1]

학자들이 정의를 내려서 그런지 학문적인 느낌이 강하게 드러납니다. 마케팅의 학문적인 개념을 이해할 필요는 없습니다. 우리는 학자가 아니니까요. 하지만 마케팅과 관련해 딱 한 가지만 기억해 두기 바랍니다.

마케팅은 원하는 목적을 달성하기 위해 교환을 창출하는 활동입니다. 예를 들어 보죠. 여기 새로 오픈한 카페가 있습니다. 사람이 많이 다니는 건물 1층에서 정성스럽게 내린 카페 라테를 팝니다. 카페의 주인은 카페 라테를 한 잔에 3,800원을 받고 판매합니다. 손님의 돈과 카페 라테가 카페 안에서 교환됩니다. 마케팅이 이뤄진 것입니다.

주인은 좀 더 많이 교환하기 위해, 즉 돈을 더 벌기 위해 유명 인플루언서를 모델로 사용합니다. 모델료가 비싸기는 하지만 매장 앞에 걸린 인플루언서의 사진에 눈길을 주는 고객들이 많아집니다. 모델료를 쓴 만큼 소비자의 관심을 얻은 것이죠. 이것도 일종의 '교환'입니다. 여기서도 마케팅이 발생합니다. 이처럼 마케팅은 '원하는 목적을 달성하기 위해 뭔가를 주고받는 활동'입니다. 아무래도 기브 앤 테이크Give and Take는 세상의 진리인 듯합니다.

디지털 마케팅도 마케팅의 한 가지 종류입니다. 회사의 경영자 또는 카페의 사장님이 디지털 마케팅을 이용해 손님들을 확보하기 위해서는 뭔가를 주고받아야 합니다. 네이버 광고에 들어간 비용과 잠재 고객이 모니터에 눈길을 준 시간이 교환됩니다. 디지털 마케팅은 이러한 교환 활동이 온라인상에서 이뤄집니다.

둘째, 디지털의 특성 때문입니다. 지금은 '디지털 네이티브Digital Native'[1]라는 용어가 사용될 정도로 디지털은 우리의 삶에 깊숙이 들어와 있습니다. 하지만 디지털이라는 개념은 1990년대 중반에 본격적으로 정립되기 시작합니다.[2]

한국에서 천리안, 하이텔 등이 등장했고 인터넷이라는 용어가 사용되기 시작했습니다. 지금은 상상할 수도 없을 만큼 성능이 떨어지는 컴퓨터로 이메일을 주고받았습니다. 하지만 디지털은 불과 30년 만에 엄청나게 성장합니다.

물론 2000년 닷컴 버블처럼 큰 위기도 있었지만, 어떠한 위기도 디지

---

[1] 태어날 때부터 디지털 기기와 함께 성장한 세대를 지칭하며 '디지털 기기를 마치 원어민처럼 자유자재로 사용할 수 있다'라는 의미로 사용됩니다.

털의 발전을 막지는 못했습니다. 위기가 닥쳐오면 새로운 대안과 기술이 등장합니다. 하지만 짧은 시간 동안 급격히 발전하다 보니 어떤 기술이 대세라고 말하기도 힘들어졌죠. 이메일 마케팅이 대세가 됐다가 어느 순간에는 검색 엔진 최적화SEO: Search Engine Optimization가 대세가 됐습니다. 퍼포먼스 마케팅Performance Marketing, 그로스 해킹Growth Hacking 등과 같은 다양한 기술과 개념이 유튜브에서 인기를 끌고 있습니다.

갑자기 몇 가지 전문 용어를 말씀드렸는데, 이 용어들은 나중에 좀 더 자세히 설명하겠습니다.

디지털 마케팅은 이처럼 동시다발적으로 등장하고 발전한 디지털 기술을 모두 포함하고 있습니다. 이메일을 활용해 디지털 마케팅을 시작한 사람은 "이메일 마케팅이 곧 디지털 마케팅"이라고 말하기도 합니다. 퍼포먼스 마케팅을 강조하는 디지털 에이전시는 매출에 직접적인 영향을 미치는 퍼포먼스 마케팅이 디지털 마케팅의 핵심이라고 강조합니다. 검색 엔진 최적화와 관련된 기술을 보유한 기업은 검색 엔진 최적화에 바탕을 둔 디지털 마케팅을 운용하기도 합니다.

이처럼 디지털 마케팅은 디지털 에이전시 또는 테크Tech 회사들이 강조하는 디지털 기술과 트렌드에 따라 달라집니다. 다양한 IT 기술이 끊임없이 등장하기 때문에 앞으로도 디지털 마케팅은 기술의 발전에 따라 다른 모습으로 비쳐질 것 같습니다.

그렇다면 디지털 마케팅에 대한 개념 정의는 처음부터 불가능한 것일까요? 아닙니다. 일반적으로 인정받는 디지털 마케팅에 대한 개념은 다음과 같습니다.

"디지털 마케팅은 컴퓨터, 스마트폰 그리고 다른 디지털 기기 등과 같은 온라인 기반의 디지털 기술을 사용해 제품과 서비스를 알리는 활동이다."[3]

앞에서 말한 것처럼 디지털 마케팅은 마케팅의 중요한 한 가지 영역으로 자리 잡았습니다. 마케팅의 핵심 과제는 제품과 서비스를 널리 알려 교환, 즉 매출을 만들어 내는 것입니다. 디지털 마케팅은 판매, 즉 제품과 돈이 교환될 수 있도록 디지털 기술을 이용합니다. 어떤 디지털 기술인지는 중요하지 않습니다. 기술은 그때그때 변화하며 너무 빠르게 발전하니까요. 여기서 중요한 것은 '디지털 마케팅은 제품과 서비스를 알리는 활동'이라는 점이죠. 즉, 신문, 텔레비전, 영화관 등처럼 전통적인 매체가 아닌 새로운 디지털 매체를 이용해 제품을 소개하거나 소비자를 유인하는 모든 활동이 바로 '디지털 마케팅'이라고 할 수 있습니다. 이제 누군가가 디지털 마케팅이 뭐냐고 물어본다면 앞으로 이렇게 대답하세요.

"디지털 마케팅은 쉽게 말해 인터넷과 모바일에서 벌어지는 모든 광고 활동이야. 어떤 디지털 기술을 이용했는지는 중요하지 않아. 디지털 기술은 계속 발전하니까."

03

디지털 마케팅을 부르는
다양한 호칭

　신제품의 홍보 및 매출 증진을 위해 디지털 마케팅에 돈을 쓰기로 결심했습니다. 나름 선수라고 소문난 몇몇 디지털 마케팅 에이전시[2]에게 2024년 디지털 마케팅을 위한 운영 제안서를 요청했습니다. 2주일 후 에이전시들이 꼼꼼하게 정리된 제안서를 보내옵니다. 가장 먼저 에이전시들이 제시한 견적을 살펴봤는데, 다행히 모두 정해진 예산 내에서 견적을 잡아왔습니다. 견적들이 모두 비슷하므로 더 좋은 운영안을 제안한 에이전시를 선정하려고 했는데, 에이전시마다 사용하는 용어가 달라 비교하기가 어렵습니다.

　분명 제안 요청서RFP: Request for Proposal에는 '디지털 마케팅 운영 계획'이라고 적혀 있습니다. 하지만 에이전시들이 제출한 제안서는 타이틀만 '디지털 마케팅 운영 계획'이고 제안서 안에는 온라인 마케팅, SNS 마케팅, 콘텐츠 마케팅, 인플루언서 마케팅 그리고 퍼포먼스 마케팅 등과 같

2　마케팅 분야에서는 에이전시(Agency)를 흔히 '대행사'라고 부릅니다. 광고 프로모션, 디지털 마케팅 등 전문적인 지식과 서비스를 바탕으로 고객사의 업무를 대행하는 기관들을 말합니다.

은 용어가 난무합니다. 에이전시들이 멋있어 보이기 위해 어려운 용어를 일부러 사용한 것일까요?

결론부터 말하면 에이전시들은 자신만의 방법론과 디지털 마케팅 기획안을 갖고 제안서를 만들었을 뿐입니다. 다만 디지털 마케팅을 설명하는 과정에서 용어가 다양하게 또는 혼란스럽게 사용되고 있기 때문에 서로 다르게 보일 뿐입니다.

앞에서 언급한 내용을 잠깐 떠올려 볼까요? 2장에서 디지털 마케팅은 온라인 기반의 디지털 기술을 사용하며 어떤 디지털 기술을 사용하는지는 중요하지 않다고 말씀드렸습니다. 에이전시마다 자신만의 강점이 있는 분야가 있습니다. 누군가는 검색 엔진 최적화, 누군가는 퍼포먼스 마케팅에 자신이 있습니다. 비록 제안서에 담긴 용어들은 서로 다르지만, 에이전시들이 모두 디지털 마케팅을 한다는 사실은 동일합니다.

하지만 디지털 마케팅에서 사용되는 다양한 용어가 디지털 마케팅을 이해하는 데 큰 장벽이 되는 것도 사실입니다. 디지털 마케팅을 위한 제안서를 요청했는데, 누구는 온라인 마케팅, 누구는 퍼포먼스 마케팅을 제안합니다. 동일한 기준으로 디지털 마케팅 제안서를 살펴보고 싶은데, 비교 자체가 어려운 상황입니다.

비유적으로 설명해 볼까요? 음식 경연 대회가 열립니다. 이번 경연의 주제는 '한식'입니다. 무대 위에서 MC가 2시간 안에 한식을 준비해 오라고 발표합니다. 2시간 후에 참가자들이 저마다 준비한 '한식'을 보여 줍니다. 첫 번째 참가자는 '갈비찜 정식'을 가져왔습니다. 두 번째 참가자는 '부대찌개'를 준비했네요. 마지막 참가자는 '냉면'을 준비했습니다. 갈비찜, 부대찌개, 냉면 모두 한식은 맞습니다. 물론 누군가는 부대찌개가 전통 한식인지 의문을 제기합니다. 관점에 따라 맞을 수도 틀릴 수도 있습니다. 평가받는 메뉴에 대한 혼란을 피하기 위해서는 경연 메뉴를 발표할 때부터 주의했어야 합니다. '심사를 받을 한식은 순수 전통 식자재만 사용한다'와 같은 조건을 미리 알려 줘야 합니다.

디지털 마케팅도 이와 마찬가지입니다. 만약 제안을 요청하는 회사, 즉 갑 또는 클라이언트가 경험이 좀 더 많았더라면 어떤 디지털 마케팅을 원한다고 구체적으로 밝혔을 것입니다. 예를 들어 '브랜드 인지도 증대를 위한 디지털 마케팅 기획안'처럼 구체적인 제안 요청서를 작성하면 서로 다른 용어들로 작성된 제안서를 받을 가능성이 줄어듭니다. 디지털 마케팅 에이전시와 관련된 자세한 내용은 17장에서 다시 설명드리겠습니다.

온라인 마케팅, SNS 마케팅, 콘텐츠 마케팅과 같은 용어가 모두 디지털 마케팅을 의미한다는 것은 알겠습니다. 하지만 여전히 낯선 용어 때문에 디지털 마케팅을 이해하기가 어렵습니다. 이번 기회에 디지털 마케팅과 관련된 몇 가지 주요 용어를 간략히 정리하고 넘어가겠습니다. 지금부터 다룰 용어들은 앞으로 계속 나오기 때문에 대략적인 의미를 알고 있으면 좋기 때문이죠.

먼저 온라인 마케팅이라는 용어를 살펴보겠습니다. 온라인 마케팅은 오프라인 중심의 전통적 마케팅의 상대적인 개념으로 사용됐습니다. 즉,

오프라인 매장과 TV 광고 대신 인터넷을 활용해 광고 및 홍보를 하는 마케팅 기법을 말합니다. 온라인 마케팅은 주로 이메일 광고와 네이버의 디스플레이 광고 등에서 많이 볼 수 있기 때문에 종종 '온라인 광고'라고도 불립니다.

온라인 마케팅은 이름 그대로 오프라인이 아닌 온라인에서 이뤄지는 활동들을 가리킵니다. 무척 쉬운 개념이죠. 하지만 온라인에서도 정말 다양한 활동이 일어나고 있습니다. 또한 온라인과 오프라인은 점점 더 유기적으로 연계되고 있습니다. 따라서 단순히 온라인 마케팅이라고 하면 구체적으로 어떤 활동을 하는지, 어떤 결과물이 나올 것인지를 파악하기 어렵습니다. 따라서 최근에는 온라인 마케팅이라는 용어가 점점 덜 사용되고 있습니다. 온라인 마케팅 대신 '인터넷 마케팅'이라고 불린 적도 있지만, 이와 마찬가지로 인터넷 마케팅이라는 용어도 점점 사라지는 것 같습니다.

두 번째로 알아볼 용어는 SNS 마케팅입니다. SNS 마케팅은 유튜브, 인스타그램, 페이스북, 틱톡 등과 같은 소셜 미디어를 활용하는 마케팅을 말합니다. 인스타그램, 페이스북, 얼마 전에 트위터가 이름을 바꾼 엑스X 등은 사업 초기부터 디지털과 함께 성장했습니다. 좀 더 정확하게 말하면, 인터넷과 같은 디지털 환경이 없었다면 SNS라는 용어는 태어나지 않았을 것입니다.

현재 디지털 마케팅의 가장 중요한 매체 전략은 소셜 미디어의 효율적인 운영입니다. 인스타그램, 유튜브 등은 SNS이자 영향력 있는 매체로 성장했습니다. 특히 타깃 소비자들이 젊고 트렌드에 민감할 경우, SNS만 잘 활용해도 가시적인 성과를 거둘 수 있습니다.

예를 들어 다이어트 보조제를 판매하는 회사라면 어디에 광고하는 것이 좋을까요? 정답은 '인스타그램'입니다. 패션과 다이어트에 관심이 많은 사람이 가장 즐겨 보는 SNS가 바로 인스타그램이니까요.

SNS 마케팅과 연계해서 생각할 수 있는 용어로는 '인플루언서 마케팅'을 들 수 있습니다. 일반 소비자와 구매자들에게 영향력을 미칠 수 있는 사람들을 흔히 '인플루언서Influencer'라고 부릅니다. 예전에는 유명 연예인, 정치인 등이 인플루언서였지만, 최근에는 방문자 수가 많은 유명 유튜버, 셰프, 작가들 역시 인플루언서로 각광받고 있습니다. 제품과 타깃 고객을 고려해 적합한 인플루언서를 선택한 후 이들이 인스타그램 또는 틱톡에서 제품을 홍보하면 높은 매출을 달성할 수 있습니다.

제휴 마케팅Affiliate Marketing은 글자 그대로 누군가와 제휴, 즉 협력 관계를 맺고 활동하는 마케팅입니다. 흔히 볼 수 있는 제휴 마케팅으로는 블로그에 쿠팡의 판매 링크를 올린 후 블로그를 통해 판매가 이뤄지면 수익을 공유하는 방식을 들 수 있습니다.

또 다른 방식으로는 인플루언서가 자신의 인스타그램 또는 유튜브 계정을 통해 특정 제품을 소개하고 인플루언서를 통해 판매된 매출의 일정 부분을 수익으로 갖는 것을 들 수 있습니다. 단순히 PPL 또는 모델료만 받는 것이 아니라 매출에 대한 수익도 공유하므로 인플루언서는 보다 적극적으로 판매 활동을 하게 됩니다.

콘텐츠 마케팅 역시 디지털 마케팅의 중요한 영역입니다. 디지털 매체에 음악, 동영상 또는 읽을거리 등을 업로드해서 타깃 소비자들에게 제품을 홍보하고 구매를 유도하는 방식입니다. 예전에는 신문 또는 잡지를 통해서만 소비자에게 정보를 전달할 수 있었습니다. 하지만 지금은 기업 블로그, 유튜브, 페이스북 등 다양한 디지털 매체를 통해 원하는 정보를 전달할 수 있습니다. 하지만 디지털 매체들이 너무 많아져서 오히려 소비자들의 관심을 받기가 더 어려워졌습니다.

콘텐츠 마케팅의 핵심은 '소비자의 관심을 이끌어 내는 콘텐츠 개발'입니다. 관심을 넘어 폭발적인 열광을 이끌어 내야 합니다. 디지털 마케터들은 소비자들의 열광을 이끌어 내기 위해 창의적인 동영상을 제작하거나 인플루언서와 제휴하기도 합니다.

콘텐츠 마케팅을 기획할 때는 가장 먼저 어떤 매체를 활용할 것인지를 고민해야 합니다. 아무리 좋은 콘텐츠가 있더라도 매체의 특성에 잘 맞아야 합니다. 예를 들어, 최근에는 30초에서 1분가량의 짧은 동영상, 즉 숏폼Short Form이 대세입니다. 인스타그램의 릴스Reels, 유튜브 숏츠Shorts, 틱톡Tiktok 등이 숏폼으로 인기를 모으고 있습니다. 아주 짧은 시간 동안 진행되는 숏폼은 감각적이죠. 무엇보다 재미가 있어야 합니다. 만약 정보 중심의 콘텐츠를 기획한다면 숏폼을 처음부터 생각할 필요가 없습니다. 차라리 블로그 또는 페이스북을 선택하는 것이 좋습니다.

마지막으로 살펴볼 용어는 '퍼포먼스 마케팅'입니다. 퍼포먼스 마케팅은 글자 그대로 '성과'를 창출해내는 마케팅입니다. 기업 활동에서 가장 중요한 성과는 바로 '매출'입니다. 퍼포먼스 마케팅은 이커머스와 밀접하게 연관돼 있습니다. 제품을 구매할 가능성이 높은 고객을 정교하게 선택하고 이들이 디지털 광고를 볼 수 있도록 유도합니다. 어떻게 광고를 보여 줄 것인지는 매우 기술적인 내용이므로 다음에 다시 설명드리겠습니다. 퍼포먼스 마케팅은 디지털 광고를 본 사람 중에서 몇 명이 제품을 구매했는지를 측정합니다. 제대로만 운영된다면 광고비의 효과성을 100% 측정할 수 있습니다.

지금까지 디지털 마케팅을 구성하는 여러 가지 용어를 살펴봤습니다. 온라인 마케팅과 SNS 마케팅은 마케팅을 위해 사용하는 매체의 특성을 보여 줍니다. 콘텐츠 마케팅과 인플루언서 마케팅은 제품과 관련된 정보를 어떤 방식으로 전달할 것인지를 강조합니다. 퍼포먼스 마케팅은 디지털 광고의 매출 효과에 집중합니다.

이처럼 디지털 마케팅을 구성하는 하위 개념들은 용어만 잘 살펴봐도 어떻게 활용할 수 있을지를 직관적으로 알 수 있습니다. 이들은 저마다 강조하는 점이 다르지만, 모두 디지털 세상, 즉 인터넷과 모바일을 활용한다는 공통점을 갖고 있습니다.

디지털 마케팅을 활용할 때는 디지털 마케팅의 여러 특성을 명확하게 이해하고 전략적으로 필요한 활동이 무엇인지를 먼저 생각해야 합니다. 제품 사용이 다소 복잡하다면 제품 활용법을 쉽게 보여 줄 수 있는 콘텐츠 마케팅 전략을 채택할 수도 있고, 제품이 출시된 지 꽤 지나 더 이상 매출이 오르지 않는다면 퍼포먼스 마케팅 중심의 디지털 전략을 채택할 수도 있습니다. 브랜드 인지도가 낮다면 재미있는 숏폼을 기획하는 것도 좋은 방법입니다.

앞으로 디지털 마케팅 관련된 어떤 전문 용어가 나오더라도 당황하지 말고 용어가 전달하는 직관적인 의미를 상상해 보세요. 디지털 마케팅이 훨씬 쉬워질 것입니다.

04

디지털 마케팅으로 무엇을
할 수 있을까?

주변에서 디지털 마케팅을 시작하려는 분을 보면 안타까울 때가 있습니다. 디지털 마케팅을 통해 무엇을 달성하겠다는 목적도 없이 무조건 디지털 마케팅을 시작하려는 사람이 의외로 많기 때문입니다. 이런 분들은 크게 세 가지 이유 때문에 디지털 마케팅을 시작합니다.

첫째, 남들이 다하기 때문입니다. '친한 선배가 디지털 마케팅을 시작해서 광고비를 많이 절약했다더라', '경쟁사가 디지털 마케팅을 통해 돈을 많이 벌었다고 하더라'라는 소문이 들리면 당장이라도 디지털 마케팅을 시작해야 할 것 같습니다.

네이버와 구글에서 '디지털 마케팅'을 검색하기 시작합니다. 어려운 용어가 쏟아집니다. 디지털 마케팅에 대한 긍정적인 내용을 보니 디지털 마케팅에 대한 확신이 더욱 강해집니다. 아무리 찾아봐도 디지털 마케팅을 해서 손해를 봤다는 블로그는 없습니다. 아직까지는 디지털 마케팅이 뭔지 모르겠지만, 일단 디지털 마케팅을 시작했다며 주변에 자랑합니다.

둘째, 답답하기 때문입니다. 매출은 오르지 않고 비용은 하루가 다르게 증가합니다. 뭐라도 해야 한다는 절박감 때문에 디지털 마케팅에 관심을 돌리게 됩니다.

셋째, 아직은 막연하지만 지금 하고 있는 사업을 디지털과 연계시키면 앞으로 더 좋은 성과가 나올 것 같은 기대감 때문입니다. 동물적인 감각으로 디지털 마케팅의 가능성을 느낀 것이죠.

이처럼 시작한 이유는 각기 다르지만, 이와 비슷한 과정과 결과를 겪는 것을 종종 봅니다. 처음에는 흥분과 열의로 디지털 마케팅을 시작합니다. 주변의 도움을 받아가면서 조금씩 뭔가를 시도하게 됩니다. 어려운 용어에도 익숙해집니다. 하지만 가시적인 성과가 보이지 않습니다. 답답한 마음에 이것저것 시도해 봅니다. 디지털 에이전시도 만나 봅니다. 콘텐츠 마케팅을 하겠다며 노트에 글도 끄적거려 봅니다. 인스타그램에 멋진 사진도 올리기 시작합니다. 유명한 인플루언서와 제휴해서 매출이 크게 오르는 상상도 해 봅니다. 하지만 노력 대비 성과가 없습니다. 마침내 디지털 마케팅에 대한 열의는 없어지고 예전에 하던 방식으로 돌아갑니다.

왜 이런 안타까운 일이 벌어질까요? 디지털 마케팅을 하려는 목적이 명확하지 않기 때문입니다. 원론적인 말이기는 하지만, 때로는 기본을 지키는 것만큼 중요한 일도 없습니다.

디지털 마케팅을 통해 무엇을 달성하겠다는 구체적인 목적이 필요합니다. 최종적인 지향점이 없으면 이것저것 시도하다가 중간에 멈추게 됩니다. 중요한 것은 '꺾이지 않는 마음'이지만, 이것이 생각만큼 쉽지는 않습니다. 우리들의 일상에서 흔히 보는 현상입니다. 힘들더라도 구체적인 목적부터 설정해야 합니다.

디지털 마케팅을 도입하려는 회사 또는 마케터마다 처한 환경이 모두 다릅니다. 따라서 디지털 마케팅의 도입 목적 역시 서로 달라야 합니다. 디지털 마케터의 수만큼 디지털 마케팅의 목적이 많다고 하면 너무 무책임한 것 같아서 디지털 마케팅이 달성할 수 있는 세 가지 목적을 정리해 봤습니다.

첫째, '매출 증대'입니다. 마케팅, 영업 그리고 R&D 등은 매출을 올리고 수익을 확보하기 위한 활동입니다. 디지털 마케팅 역시 이와 마찬가지입니다. 네이버 또는 인스타그램에 광고를 하고, 퍼포먼스 마케팅을 통해 광고비 대비 매출액을 측정하고, 검색 엔진을 최적화하는 등과 같은 모든 활동은 매출과 직접적으로 연계됩니다. 멋진 동영상을 촬영하고 제품에 대한 감성적인 글을 쓰는 콘텐츠 마케팅 역시 소비자들이 제품에 관심을 갖도록 유도하고 제품을 최종적으로 구매하게 만드는 활동입니다.

매출 증대가 디지털 마케팅의 목적이라고 말하면, 한 가지 반론이 바로 제기됩니다. 비영리 기관 또는 비정부 기구NGO 등에서도 디지털 마케팅을 사용한다는 것이죠. 맞습니다. 영리를 목적으로 하는 회사들보다 마케팅 예산이 많이 부족한 비영리 기관과 비정부 기구일수록 가성비가 높은 디지털 마케팅에 더 많이 의지하게 됩니다. 어떤 조직이든 비용 절감은 꼭 필요합니다.

하지만 비영리 기관도 매출 대신 자신만의 목표를 갖고 있습니다. 더 많은 후원금을 모집해야 하고 더 많은 자원봉사자를 확보해야 합니다. 비영리 기관의 이러한 목표는 영리 기관의 매출과 동일한 위상을 갖고 있습니다. 그런 면에서 비영리 기관이나 영리를 목적으로 하는 회사의 첫 번째 목적은 같다고 해도 과언이 아닙니다.

종종 디지털 마케팅의 목적으로 매출과 수익 외에 다른 것은 필요 없다고 말하는 분을 봅니다. 우리가 자주 하는 말 중 "다 돈 벌려고 하는 것 아니야?"라는 말이 있죠. 앞에서 말한 것처럼 매출과 수익은 궁극적인 목적입니다. 하지만 매출과 수익을 달성하는 과정에서도 얼마든지 다른 목적과 중간 과정이 있을 수 있습니다.

한 가지 비유를 들어 볼까요? 조금 있으면 2024년 프랑스 파리 올림픽이 개최됩니다. 올림픽에 참가하는 국가 대표 선수들의 궁극적인 목적은 금메달입니다. 모든 선수는 금메달을 목표로 땀을 흘립니다. 하지만 정말 모든 선수의 목적이 금메달일까요? 누군가는 메달 순위권에 드는 것이 목표이고 누군가는 2028년 올림픽 금메달을 위해 경험을 쌓는 것이 목표일 것입니다. 어떤 선수는 올림픽 참가에 의의를 둘 수도 있죠. 최종 목적은 하나처럼 보이지만, 그 아래에는 다양한 목적이 존재합니다. 디지털 마케팅도 이와 마찬가지입니다.

매출 증대를 위해 단기적으로 브랜드의 인지도를 높이는 것이 목적일 수도 있고, 위기 관리 차원에서 제품에 대한 좋지 않은 소식을 막기 위해 SNS을 활용할 수도 있습니다. 디지털 마케팅을 잘 활용하면 매출 외에도 정말 다양한 성과를 낼 수 있습니다.

둘째, '브랜딩'입니다. 브랜딩은 일반적으로 '브랜드 마케팅'이라고 합니다. 좀 더 쉽게 말하면 인터넷 또는 스마트폰으로 자사의 제품과 서비스 또는 매장을 적극적으로 홍보하는 활동입니다.

브랜딩 활동을 제대로 하는 것은 어렵습니다. 브랜드만의 차별적인 브랜드 아이덴티티Brand Identity를 설정한 후 타깃 고객과 경쟁 브랜드들을 미리 분석해야 합니다. 브랜드 아이덴티티를 명확하게 보여 줄 콘텐츠와 상품도 필요합니다. 무엇보다 브랜딩에는 시간이 필요합니다. 브랜딩을 목적으로 한다면 매출 증대와는 조금 다른 전략과 전술이 필요합니다.

만약 디지털 마케팅을 통해 단기적인 매출을 증대하겠다면, 가격 할인과 다양한 제휴 마케팅을 선보이면 됩니다. 또한 퍼포먼스 마케팅에 집중해 광고비 대비 매출 효과성을 측정하고 이를 꾸준히 개선할 수도 있습니다. 반면 브랜딩에 집중하겠다면 차근차근 단계를 밟아 나가야 합니다. 타깃 고객의 관심을 받을 수 있는 콘텐츠를 기획하고 이들과 지속적으로 소통해야 합니다. 인스타그램과 오프라인 이벤트를 연계하는 활동도 기획하는 것이 좋습니다. 디지털 마케팅의 목표가 브랜딩이라면 우직하게 버틸 체력과 인내심이 필요합니다.

하지만 현실에서는 브랜딩을 위한 디지털 마케팅과 매출을 위한 디지털 마케팅을 혼용하고 있습니다. 지금 당장 진행하려는 디지털 마케팅의 목적이 명확하지 않으면 최적의 디지털 마케팅 운영 기획이 나오지 않습니다. 예를 들어 콘텐츠 마케팅을 도입할 타이밍에 퍼포먼스 마케팅을 도입하는 것을 들 수 있습니다. 디지털 마케팅이 아무리 만능이라고 해도 모든 것을 한 번에 해결할 수는 없습니다.

셋째, '실험'입니다. 디지털 마케팅에서 자주 쓰는 용어 중 'A/B 테스트'라는 것이 있는데, 이는 매우 간단한 테스트입니다. 예를 들어 보겠습니다.

다음 가을·겨울 시즌에 출시할 원피스가 있습니다. 디자인은 결정했는데, 색상은 아직 결정하지 못했습니다. 디자이너는 '약간 밝은 붉은색', 마케팅과 영업은 '짙은 붉은색'을 선호합니다. 이 경우, 아날로그 시대에는 소비자 조사를 통해 결정했습니다. 리서치팀이 몇 십 명의 소비자를 모아 품평회를 했습니다. 돈과 시간이 많이 들 수밖에 없습니다.

디지털 시대에는 먼저 디지털 광고 시안을 두 가지 만듭니다. A 광고에는 약간 밝은 붉은색 원피스를 입은 모델, B 광고에는 짙은 붉은색 원피스를 입은 모델이 등장합니다. 두 종류의 광고를 네이버, 인스타그램, 페이스북 등에 올립니다. 그리고 광고에 대한 반응, 즉 광고 체류 시간, 댓글, 구매 의향 등을 살펴봅니다. 확보된 데이터를 통해 가을·겨울 시즌의 원피스 색상을 결정합니다. A/B 테스트를 한다고 해서 돈이 더 들지도 않습니다. 실시간 반응도 확인할 수 있습니다. 보다 객관적이고 별도의 논쟁도 필요 없습니다.

이처럼 디지털 마케팅을 통해 회사에서 결정하기 어려운 문제를 해결하거나 소비자의 반응을 살펴볼 수도 있습니다. 아이디어만 있다면 무궁무진한 활동이 가능합니다.

디지털 마케팅이 할 수 있는 일들은 정말 다양합니다. 우선 이번에는 매출 증대, 브랜딩 그리고 실험 등의 세 가지만 말씀드렸습니다. 하지만 디지털 마케터의 상상력과 디지털 테크 기업들의 기술이 합쳐진다면 좀 더 다양한 목표를 꿈꿀 수 있습니다. 디지털은 상상하는 만큼 펼쳐지는 세상이니까요.

05

컴퓨터를 잘하지 못해도
디지털 마케팅은 가능하다

디지털 마케팅의 필요성에 대해 얘기할 때마다 꼭 듣는 한 가지 질문은 "나는 컴퓨터를 잘 다루지 못하는데 디지털 마케팅을 잘할 수 있을까요?"입니다. 의외로 이런 질문을 하는 분이 많습니다. 디지털 마케팅이라고 하면 디지털, 즉 컴퓨터와 프로그래밍, 좀 더 나아가 빅데이터, 인공지능 등이 연상되니까요. 저는 이런 질문을 하는 분들에게 다음과 같이 대답합니다.

"비행기를 모는 파일럿이 슈퍼맨처럼 하늘을 날 수 있어서 비행기를 조종하나요? 비행기의 원리를 알고 조종할 줄 알고 가고자 하는 목적지를 알기 때문에 비행기를 조정하는 것입니다. 디지털 마케팅도 이와 똑같습니다."

디지털 마케팅은 어딘지 모르게 컴퓨터와 스마트폰을 척척 다룰 수 있고 심지어 파이썬Python과 같은 프로그래밍도 할 줄 아는 사람만 할 수 있는 업무처럼 들립니다. 물론 디지털에 익숙한 세대, 흔히 말하는 디지털 네이티브는 디지털 마케팅을 보다 쉽고 빠르게 배울 수 있습니다. 디지털 네이티브는 디지털 환경 속에서 고객이 원하는 것을 보다 빨리 찾아낼 수 있고 보다 효과적으로 대응할 수 있습니다.

하지만 지금까지 반복적으로 말씀드린 것처럼 디지털 마케팅은 사업의 경쟁력을 향상시키기 위한 하나의 수단일 뿐입니다. 회사와 사업을 위해 디지털 마케팅이 필요하다고 결심했다면, 디지털 마케팅을 할 수 있는 사람을 채용하거나 전문 에이전시에게 맡기면 됩니다. 디지털 마케팅을 하기 위해 이것저것 준비하고 배울 것들은 많지만, 모든 것을 준비한 후에 시작할 필요는 없습니다. 사실 디지털 마케팅을 위한 완벽한 준비는 존재하지도 않습니다.

다만, 파일럿들이 비행기를 조정하기 위해 다양한 분야를 학습하는 것처럼 디지털 마케팅을 도입하고 운영하기 전에 반드시 알아야 하는 내용이 있습니다.

첫째, '디지털 마케팅의 운영 원리'입니다. 디지털 마케팅은 글자 그대로 디지털 매체를 활용해 광고 또는 홍보를 합니다. 다음 달에 여의도에 새로 오픈하는 레스토랑을 잠재 고객들에게 홍보한다고 가정해 볼까요? 예전처럼 레스토랑 주변에 전단지를 붙이거나 지역 신문에 광고를 할 수도 있습니다. 하지만 얼핏 생각해도 진짜 고객이 전단지를 볼 가능성은 높지 않죠. 하지만 네이버를 활용해서 여의도에 거주하는 사람들 중 맛집을 검색한 사람에게 디지털 광고를 내 보낸다면 어떨까요? 전단지 배포 대비 훨씬 더 많은 잠재 고객이 레스토랑 광고를 보게 될 것입니다. 만약, 레스토랑이 여의도 증권가에 위치하고 있다면, 직장인들이 많이 보는 블라인드 앱을 이용해 오전에 광고를 할 수도 있습니다. 영등포구에 있는 금융업 종사자로 한정하면 더욱 효과가 있을 것입니다. 이처럼 디지털 마케팅은 광고주가 원하는 지역, 잠재 고객, 검색 조건들을 조합해 광고를 내 보낼 수 있습니다.

디지털 마케팅은 마케터가 원하는 방식의 광고 형태를 설정하는 데 도움이 되기도 합니다. 네이버에서 실시간으로 보이는 광고를 선택할 것인지, 잠재 고객들이 많이 찾는 인스타그램에 광고를 할 것인지, 레스토랑을 방문한 고객들에게 이메일 또는 문자를 발송할 것인지 등 다양한 선택이 가능합니다. 광고 방식이 다양한 만큼 광고비, 소위 과금 방식도 다양합니다. 고객이 광고를 클릭해야만 광고비가 지출되거나(CPCCost Per Click 방식), 고객들이 광고에 노출된 횟수에 따라 광고비를 지불할 수도 있습니다(CPMCost Per Mille 방식). 고객들이 광고를 보고 제품을 구매할 경우(CPACost Per Action 방식)에만 광고비를 지불할 수도 있습니다. 디지털 마케터는 여러 가지 디지털 마케팅의 과금 방식 중에서 가장 적합한 방식을 선정할 수 있습니다.

디지털 마케팅은 다양한 광고 방식과 과금 체계들을 조합해 디지털 마케터가 원하는 최적의 광고 효과와 최소의 광고비 지출을 달성할 수 있도록 도와줍니다. 하지만 모든 것을 할 수 있다는 것은 결국 아무 것

디지털 마케팅 실전 활용

도 할 수 없다는 것과 같습니다. 디지털 마케터는 다양한 광고 형태와 광고 매체, 여러 가지 광고비 방식 등을 조합해 최적의 디지털 광고를 할 수 있지만, 너무 많은 조합 사이에서 길을 잃고 헤맬 수도 있습니다. 능력이 부족한 디지털 에이전시를 만나면 디지털 광고에 헛된 돈만 지출하게 됩니다. 디지털 마케터 스스로 디지털 마케팅을 통해 무엇을 하겠다는 뚜렷한 방향성이 있어야 합니다.

둘째, 디지털 마케팅 전략입니다. 디지털 마케팅을 시작하려고 디지털 전문가들과 미팅을 하면, 이들은 CPC, ROAS 등과 같은 전문 용어를 사용하면서 어떤 광고 방식을 선택할 것인지를 고르라고 요청합니다. 하지만 이런 방식은 옳지 않습니다.

파일럿이 수백 명의 승객을 태운 비행기를 운항하면 가장 먼저 목적지가 어디인지, 어떤 노선으로 비행할지를 확인합니다. 목적지와 노선이 결정돼야 필요한 연료의 양, 항해 시간 등을 확정할 수 있으니까요. 디지털 마케팅도 이와 마찬가지입니다. 디지털 마케팅을 통해 달성하려는 디지털 마케터만의 전략과 목표가 있어야만 다양한 디지털 마케팅 방식 중에서 최적의 방식을 선택할 수 있습니다.

디지털 마케팅이라는 용어도 아직 낯선데, 디지털 마케팅 전략까지 필요하다고 하면 더 어렵게 느껴집니다. 우리는 평소 '전략'이라는 말을 자주 사용합니다. 전략을 의미하는 영어 단어 'Strategy'는 그리스 로마 시대부터 군대와 밀접한 연관성을 갖고 있습니다. 지금도 전략은 '경쟁에서 이기는 방법'을 말합니다. 디지털 마케팅 전략 역시 디지털 환경

속의 경쟁에서 어떻게 승리할 것인지를 의미합니다.

스스로에게 "디지털 환경에서 승리하려면 무엇이 필요할까?"와 같은 질문을 던져 보십시오. 경쟁자 대비 나만의 강점을 어떻게 강화하고 단점을 어떻게 최소화할 것인지를 알아야 합니다. 이를 위해 우선 경쟁자들이 누구인지, 누가 내 제품, 내 서비스를 구매할 것인지를 알고 있어야 합니다. 이와 아울러 내 제품과 서비스에 대한 객관적인 평가도 필요합니다.

앞서 말한 여의도에 새로 오픈할 레스토랑의 예를 다시 생각해 볼까요? 배달 전문 식당이 아니라면 레스토랑은 인근 상권에 있는 다른 식당과 경쟁을 하게 됩니다. 레스토랑 주변의 식당들을 한번 둘러보죠. 대부분의 식당이 저렴한 가격을 무기로 영업을 하고 있군요. 이런 상황에서 나 역시 가격을 우선적으로 알리는 것이 좋을까요?

다행히 레스토랑 주변에는 젊은 사람들이 많이 보입니다. 아무래도 트렌드에 민감한 계층이므로 가격보다 새로 출시한 메뉴를 집중적으로 홍보하는 것이 좋을 것 같습니다. 또한 널리 알려진 프랜차이즈 레스토랑이 아니므로 오픈 초기에 고객들이 많이 모일 수 있도록 할인 쿠폰을 사전에 나눠 주는 아이디어도 좋아 보입니다.

디지털 마케터는 이와 같은 간단한 분석을 통해 다음과 같은 전략을 수립합니다.

"우선 상권 주변의 젊은 계층이 주로 보는 SNS 매체에 광고를 내 보자. 저렴한 가격보다는 신메뉴를 알릴 거니까 맛있어 보이는 이미지가 무엇보다 중요할 거야. 조금 비싸더라도 사진을 제대로 찍어야지. 그리고 카톡 채널에 가입한 사람들에게만 할인권을 준다고 알려야겠어."

이런 식으로 디지털 전략을 설계하면, 어떤 디지털 마케팅 방법을 적용할 것인지가 자연스럽게 도출됩니다. 디지털 마케터는 디지털 에이전시에게 다음과 같이 말합니다.

"신메뉴 이미지가 잘 보일 수 있는 매체를 추천해 주세요. 막연히 인스타그램이 아니라 인스타그램 내 어떤 계정이 좋은지를 구체적으로 알려 주면 좋겠습니다. 고객이 할인권을 다운로드해 매장에 한 번 이상 오는 것이 중요하므로 광고비는 할인권 다운로드 숫자와 연동하는 것이 좋겠어요. 그리고 우리가 이번 달에 쓸 수 있는 예산은 200만 원입니다."

유능한 디지털 에이전시라면 디지털 마케터의 전략 방향을 참고해 이미지 중심의 인스타그램에 CPA 방식으로 과금되는 디지털 광고를 추천합니다. 이때 디지털 마케터가 할 일은 에이전시가 추천하는 방식이 본인의 전략에 부합하는지를 확인한 후에 예산을 집행하는 것입니다.

마지막으로 디지털 마케터가 꼭 알아야 하는 일은 디지털 마케팅을 위한 콘텐츠를 준비하는 것입니다. 오프라인 광고 또는 디지털 광고 모두 소비자들에게 전달할 내용이 필요합니다. 제품과 브랜드를 알리는 한 줄의 광고 카피일 수도 있고 새로운 메뉴를 멋있게 보여 주는 좋은 이미지일 수도 있습니다. 아니면 새로 오픈한 레스토랑에 대한 사장님의 애정이나 경영 철학이 될 수도 있겠죠. 경쟁 상황을 한 번에 뒤집을 수 있는 기발한 판촉 계획이라면 더욱 좋습니다. 이처럼 디지털 환경에서 소비자의 눈을 사로잡을 수 있는 콘텐츠가 사전에 기획되고 준비돼야 합니다.

디지털 마케터에게 전략 방향만 전달하고 뭐라도 만들어 오라고 하면 의미를 알 수 없는 광고안만 나오게 됩니다. 디지털 마케터가 사용할 수 있는 최소한의 콘텐츠와 아이디어가 필요합니다. 회사 또는 매장의 사장님과 디지털 마케터가 모여 좋은 아이디어와 자료 그리고 콘텐츠를 기획할수록 좀 더 효과적인 디지털 마케팅 실행안이 나오게 됩니다.

그렇다고 해서 사장님과 디지털 마케터가 직접 포토샵 프로그램을 이용해 이미지를 가공하거나 카피 문구를 한 줄 한 줄 다듬을 필요는 없습니다. 디지털 마케팅 분야에는 뛰어난 전문가가 많습니다. 이들을 잘 활용해야 합니다. 전문가들이 활용할 수 있는 적절한 이미지 소스와 카피를 만들 수 있는 핵심 아이디어만 제시해 주세요. 사소해 보이지만, 이런 간단한 콘텐츠의 준비 여부가 디지털 마케팅의 완성도에 큰 영향을 미칩니다.

디지털 마케팅은 이제 선택이 아닌 필수가 됐습니다. 그렇다고 해서 모든 사람이 디지털 전문가가 될 필요는 없고 될 수도 없습니다. 디지털을 활용해서 성과를 더 창출할 수 있는 전문 경영인이 되거나 큰 그림을 그릴 수 있는 디지털 마케터가 되면 될 것 같습니다.

이를 위해서는 디지털 마케팅의 원리와 전략을 충분히 이해하고 있

디지털 마케팅 실전 활용

어야 합니다. 그리고 디지털 마케터와 에이전시를 적절히 리드할 수 있는 최소한의 지식과 경험을 갖고 있어야 합니다. 적어도 디지털 마케팅에 대한 서적 정도는 한 권 정도 갖고 있는 것이 좋겠네요. 비행기 파일럿들이 늘 갖고 다니는 운항 매뉴얼처럼 말이죠.

06

디지털 마케팅을
꼭 해야 할까?

    디지털 마케팅과 관련해서 제가 자주 받는 질문은 "디지털 마케팅을 어떻게 해야 하나요?"입니다.

    정말 많은 분이 궁금해합니다. 어떻게 해야 디지털 마케팅을 잘할 수 있는지, 어떻게 해야 더 많은 성과를 낼 수 있는지를 알고 싶어합니다. 이는 무척 중요한 질문입니다. 디지털 마케팅을 어떻게 운영하느냐에 따라 매출액이 바뀔 수 있기 때문입니다. 물론 디지털 마케팅을 잘못해서 브랜드가 망가질 수도 있습니다.

    하지만 제가 듣고 싶은 질문은 "디지털 마케팅을 왜 해야 하나요?"입니다. 당연히 디지털 마케팅을 하는 것이 좋습니다. 전통적인 마케팅에 비해 많은 장점이 있기 때문입니다. 가성비, 효율성, 타깃팅 등 여러 가지 면에서 시도해 볼 가치가 있습니다. 그리고 앞으로 빠르게 발전할 분야이므로 미리 시작해야 합니다. 어쩌면 지금도 빠른 편이 아닙니다.

    "어떻게 하느냐?"와 "왜 하느냐?"는 비슷한 듯하지만, 전혀 다른 질문입니다. "어떻게 하느냐?"는 결국 "어떻게 하면 잘할 수 있느냐?"라는 질문과 연계됩니다. 반면, "왜 하느냐?"는 "무엇을 위해 하느냐?"라는 질문과 연계됩니다.

우리들은 항상 무엇이든 잘하고 싶어합니다. 공부도 잘하고 싶고, 사업도 잘하고 싶고, 돈벌이도 잘하고 싶어합니다. 못하는 것보다는 잘하는 것이 좋습니다. 하지만 구체적인 목적 없이 잘하려고 하면 종종 엉뚱한 결과를 맞이하게 됩니다. 디지털 마케팅 역시 이와 마찬가지입니다. 목적 없이 그냥 잘하려고 할 경우, 어떤 일이 벌어질지 설명드리겠습니다.

이 책을 집필하면서 되도록 복잡한 수식이나 어려운 공식은 피하려고 했지만, 한 가지 공식만은 피할 수 없었습니다. 디지털 마케팅뿐 아니라 이커머스를 설명하기 위해 반드시 한 번은 언급해야 합니다.

퍼포먼스 마케팅과 이커머스에서 가장 많이 보이는 용어는 ROAS입니다. ROAS는 '광고비 대비 매출액'을 의미합니다. ROAS는 사실 매우 간단합니다. 다음 공식을 보시죠.

$$\text{ROAS} = \frac{\text{광고에 따른 매출액}}{\text{광고비}} \times 100$$

이번에 출시된 신제품을 위해 100만 원 규모의 디지털 광고를 했습니다. 디지털 광고를 본 사람이 총 1,000 만 원 어치의 제품을 구매했습니다. 이 경우, ROAS는 1,000%로 계산됩니다. ROAS는 상품 카테고리마다 다르지만, 1,000%는 무척 높은 수치입니다. ROAS는 디지털 마케팅을 어떻게 하느냐에 따라 올라가거나 내려갑니다.

디지털 마케팅의 성과를 평가하기 위해 종종 ROAS 수치를 사용하기도 합니다. 지난달보다 ROAS 수치가 올랐다면 이번 달에는 디지털 마케팅을 잘한 것이고 이와 반대로 수치가 떨어지면 디지털 마케팅에 문제가 있다는 것이죠. 매우 명쾌합니다. 하지만 디지털 마케팅에 대한 모든 관심이 '잘하는 것'에만 집중되면 부작용이 생길 수 있습니다. 앞의 공식을 다시 한번 떠올려 볼까요?

ROAS의 분모는 광고비, 분자는 광고에 따른 매출액으로 구성됩니다. ROAS 수치를 꾸준히 올려 디지털 마케팅이 잘하고 있다는 모습을 보이고 싶다면 어떻게 해야 할까요? 매우 간단합니다. 광고비를 줄이면 됩니다. 시장에서 매출을 증대시키는 것보다 회사 내부에서 광고비를 줄이는 일이 쉽습니다. 모두 공감하시죠?

물론 회사에서는 ROAS뿐 아니라 전반적인 매출도 살펴보겠지만, 매출은 영업 부서가 일차적인 책임을 집니다. 디지털 마케터는 ROAS에 더 민감합니다.

만약 디지털 마케팅의 목적이 브랜딩이라면 어떻게 될까요? 4장에서 브랜딩은 디지털 마케팅의 중요한 목적이지만, 매출 달성보다 시간과 비용이 든다고 말씀드렸습니다. 디지털 마케터는 ROAS도 챙겨야 하지만, 무엇보다 소비자가 브랜드를 많이 접할 수 있도록 해야 합니다. 광고비가 늘어날 수밖에 없습니다. 브랜드가 정착되기 전까지는 매출도 잘 안 나올 수 있습니다. 보기 좋은 ROAS 수치를 기대하기는 어렵지만,

ROAS는 과정 지표일 뿐, 궁극적인 지표는 아니니까요. 오히려 ROAS를 올리기 위해 광고비를 줄이는 디지털 마케터가 있는지 자세히 살펴봐야 합니다.

다소 과격하게 표현하면, 디지털 마케팅을 잘한다는 표현은 ROAS와 같은 특정 디지털 마케팅의 성과를 기술적으로 잘 뽑아 내는 것을 의미합니다. 디지털 마케팅의 목적은 브랜딩과 같은 디지털 마케팅의 방향성과 평가 기준을 설정하는 활동을 의미합니다. 목적과 방향성이 없다면 '잘했다', '못했다'를 평가할 수 없습니다.

만약 디지털 마케팅을 시작할 것인지를 고민하고 있다면, 반드시 '왜 디지털 마케팅을 하고 싶은지'를 차분히 생각해 보기 바랍니다. 디지털 마케팅을 통해 달성하고 싶은 목표만 있다면 나머지는 자연스럽게 준비할 수 있습니다. 주변에 도움을 줄 수 있는 전문가와 에이전시들이 많으니까요. 하지만 그 누구도 디지털 마케팅의 목적을 대신 설정해 줄 수는 없습니다.

마지막으로 디지털 마케터를 꿈꾸는 분들에게 말씀드리고 싶습니다. 디지털 마케터로서 기술적인 숙련도는 중요합니다. 멋진 콘텐츠 마케팅을 기획하고 ROAS를 단시일에 향상시키는 기술도 중요합니다. 하지만 디지털 마케터로서 전략 방향을 설정하고 목표를 제시하는 능력 역시 보유하고 있는 것이 좋습니다. 결국 디지털 마케터는 전략가가 돼야 하니까요.

02

디지털보다 마케팅을
먼저 알아보자

2부에서는 디지털 마케팅의 기초인 마케팅에 대한 내용을 다룹니다. 디지털 마케팅과 마케팅은 서로 다릅니다. 디지털 마케팅은 마케팅을 구성하는 한 가지 분야입니다. 즉 '디지털에 특화된 마케팅'이라고 볼 수 있습니다.

디지털 마케팅은 '디지털'과 '마케팅'이라는 두 개의 날개를 갖고 있습니다. 하지만 종종 우리들은 '디지털'에만 매몰되는 모습을 볼 수 있습니다. 사람보다는 디지털 기술을 먼저 생각하는 것 같습니다. 하지만 디지털 마케팅이 성과를 내기 위해서는 가장 먼저 '사람'을 이해해야 합니다. 마케팅은 사람에 대해 고민하는 분야입니다.

7장에서는 마케팅을 먼저 고민해야 하는 이유를 설명드리겠습니다. 8장은 마케팅의 개념에 대한 설명입니다. 9장은 마케팅 전략을 수립하는 데 필요한 경쟁사, 고객, 자사 분석 등을 다룹니다.

10장은 마케팅의 핵심 개념인 세그멘테이션, 타깃팅, 포지셔닝을 다룹니다. 11장은 마케팅 활동을 어떻게 평가하고 측정할 것인지에 대한 내용입니다. 마지막으로 12장에서는 마케팅과 인문학 사이의 관계를 살펴봅니다. 마케팅은 사람에 대한 고민에서부터 시작되며 인문학은 결국 사람에 대한 학문입니다. 마케팅과 인문학은 서로 밀접하게 연결돼 있습니다.

마케팅에 익숙한 분이라면 2부를 가볍게 읽어도 좋습니다. 하지만 2부를 통해 마케팅과 디지털 마케팅의 본질에 대해 다시 한번 생각해 보는 기회를 가져 보는 것은 어떨까요?

07

이것은 디지털인가,
마케팅인가?

디지털 마케팅은 '디지털'과 '마케팅'의 합성어입니다. 우리들은 일상생활에서 디지털과 마케팅이라는 단어를 많이 사용합니다. 오히려 디지털이라는 단어가 들어가지 않은 가전 제품을 구입하는 것이 불가능하죠. 물론 레트로Retro 열풍으로 가장 아날로그스러운 LP 음반이 큰 인기를 끌고 있습니다. 마케팅 역시 이와 마찬가지입니다. 삼성전자와 같은 대기업이든, 지하철역 앞에 있는 작은 매장이든 마케팅이라는 단어를 자주 사용합니다.

마케팅, 디지털과 같은 용어들은 자주 붙어 다닙니다. 마치 처음부터 관련이 있었던 단어들처럼 보이죠. 하지만 디지털과 마케팅은 원래 거리가 먼 단어입니다.

옥스포드 영어 사전[4]을 살펴보면, 디지털Digital은 15세기 라틴어인 '디지투스Digitus'에서 유래했습니다. 디지투스는 '손가락'과 '발가락'을 의미합니다. 디지투스는 시간이 지나면서 숫자와 번호를 의미하는 단어

가 됐습니다. 동서양을 불문하고 역시 숫자는 손가락으로 하나하나 세
나 봅니다. 이후 '디지트Digit'라는 영어 단어로 변환돼 0부터 9까지의 숫
자를 의미하게 됩니다. 디지털은 이러한 숫자들 중 0과 1을 조합해 정보
를 나타내는 방식입니다. 현재 디지털은 아날로그의 반대 개념으로 인
식되고 있습니다.

반면 마케팅은 시장을 뜻하는 영어 단어인 '마켓Market'에 영어의 진
행형을 의미하는 '-ing'가 붙은 단어입니다. 즉, '시장에서 뭔가가 이뤄
지는 모습'을 의미합니다. 여러분은 전통 시장 또는 마트에 왜 가나요?
필요한 물건을 사거나 팔기 위해 갑니다. 마케팅에 대한 학문적 의미와
상관없이 마케팅은 서로 얼굴을 보면서 상품과 돈을 주고받는 활동이라
는 것을 쉽게 알 수 있습니다.

디지털 마케팅에는 이처럼 0과 1의 가상 세계를 구성하는 디지털과
사람이 직접 상호작용을 하는 마케팅이라는 서로 다른 개념이 결합돼
있습니다. 디지털 마케팅의 이런 모순적인 결합은 디지털 마케팅의 특
성을 오히려 잘 보여 줍니다. 예전에는 불가능할 것 같은 1대1 마케팅이
자연스럽게 이뤄집니다. 광고비당 매출 공헌도도 알 수 있습니다. 물론
아직까지는 완벽하지 않습니다. 특히 디지털이라는 기술적인 맹신에 빠
지면 매우 위험합니다. 어떤 위험이 있는지 간단하게 알아보겠습니다.

D2C라는 용어를 들어 보셨나요? D2C는 'Direct to Customer'를 의
미하는 이커머스 비즈니스 모델입니다. D2C는 기업이 오프라인 매장,
아마존과 같은 이커머스 플랫폼을 이용하지 않고 브랜드가 직접 운영

하는 온라인 자사몰을 활용해 제품을 판매합니다. D2C는 전 세계적으로 엄청난 성공을 거뒀습니다. 올버즈Allbirds, 캐스퍼Casper, 와비 파커Warby Parker 등과 같이 D2C를 표방하는 브랜드들은 단기간에 놀라운 매출 증대 및 고객의 관심을 받았습니다. D2C 브랜드들은 고객 맞춤형 디지털 마케팅 광고를 바탕으로 자신들의 웹사이트에서 제품을 판매합니다. 매력적인 스토리텔링 역시 병행됩니다. 중간 마진이 없으므로 가격도 저렴하다고 말합니다.

D2C가 이커머스와 디지털 마케팅의 미래라는 찬사를 들었지만, 지금은 D2C에 대한 우려의 목소리가 높아지고 있습니다.[5] 온라인 자사몰에만 의존하는 매출 구조이므로 매출 확장이 어렵습니다. 물류 배송비역시 점점 부담이 됩니다. 디지털 마케팅을 통해 소비자를 끊임없이 새로 찾아 유인해야 하므로 광고비가 기하급수적으로 증가합니다. 올버즈와 와비 파커처럼 유니콘이 될 줄 알았던 D2C 브랜드들은 최근 심각한 매출 저하와 주가 하락을 겪고 있습니다. 이들을 롤모델로 삼아 디지털마케팅과 이커머스를 계획했던 많은 기업은 서둘러 사업 전략을 재검토하는 중이고요.

빅데이터 역시 이와 마찬가지입니다. 최근 모든 프로젝트의 유행은이름 앞에 빅데이터를 붙이는 것 같습니다. '빅데이터를 반영한 지방 상권 활성화 프로젝트', '빅데이터 기반의 영업 정상화 전략' 등 빅데이터는 마치 형용사처럼 사용됩니다. 조금이라도 데이터 확보가 가능한 곳에는 빅데이터를 일단 붙이고 봅니다. 빅데이터가 들어가면 일단 웅장하고 과학적인 것처럼 들리는 듯합니다. 인공지능도 이와 비슷하고요.

얼마 전까지 메타버스Metaverse가 유행했지만, 최근에는 인기가 많이 수그러들었습니다. 페이스북은 모 기업의 이름을 메타Meta로 바꿀 정도 였지만, 기술적인 한계와 소비자들의 저조한 관심 때문에 인기가 많이 식었습니다. 메타의 메타버스 부문은 2022년 137억 달러의 영업 손실을 기록했고 주가도 크게 급락했습니다. 반면, 메타버스 사업의 우선순위를 낮춘 후에는 오히려 주가가 급등하기도 했습니다.[6]

물론 좀 더 두고 볼 필요도 있습니다. 2024년 1월 미국 라스베이거스에서 개최된 CES[3]에서는 메타버스가 다시 큰 인기를 끌었습니다.[7] 메타버스가 다시 디지털 마케터의 관심을 받을 수 있을까요?

디지털 마케팅은 IT 기술과 밀접하게 관련돼 있지만, 앞에서 살펴본 것처럼 IT 트렌드를 맹목적으로 추종하는 것은 위험합니다. 언제 기술적 트렌드가 바뀔지 모르기 때문입니다. 메타버스, NFT와 같은 기술이 유행이라고 해서 큰 예산을 디지털 마케팅에 투자했다가 유행이 지나 손해를 보는 경우를 주변에서 쉽게 봅니다.

한국관광공사의 메타버스 홍보관의 사례를 살펴볼까요? 한국관광공사는 10대와 20대 외국인들에게 한국을 알리기 위해 7억 원을 들여 2022년 메타버스 홍보관을 지었습니다. 하지만 결과는 썩 좋지 않았습니다. 2023년 10월 접속자 수가 한 달 9명에 불과합니다.[8] 메타버스 홍보관은 어떤 면에서 디지털 마케팅의 모든 장점을 갖고 있습니다. 메타

---

3 CES는 매년 1월 미국 라스베이거스에서 개최되는 세계 최대 규모의 IT 및 가전 제품 전시회로, IT 및 가전과 관련된 최신 IT 트렌드와 가장 혁신적인 기술을 볼 수 있습니다.

버스에 들어온 개인별로 맞춤 정보를 제공할 수 있고 지속적인 소통도 가능합니다. 방문객에게 제대로 된 정보를 제공하면 얼마든지 좋은 결과, 즉 많은 방문객을 메타버스로 끌어들일 수도 있습니다. 하지만 한 달 방문객 9명은 조금 민망한 결과입니다.

심지어 한국관광공사의 메타버스 홍보관에 대한 신문 기사는 '지역 특산품이 한글로만 표기돼 있고 와불과 미황사처럼 한국인도 낯선 문화재에 대한 영어 설명도 없다. 그리고 한국 대표 먹거리가 햄버거라고 기록돼 있다'라고 지적하고 있습니다.

디지털 마케팅의 관점에서 살펴봤을때 한국관광공사의 메타버스 홍보관은 디지털만 강조하고 마케팅은 등한시했습니다. 메타버스는 새로운 기술을 발빠르게 적용했고 이를 실제로 가상현실에서 구현했습니다. 디지털 차원에서는 훌륭한 시도입니다. 하지만 메타버스 홍보관의 타깃 고객을 대상으로 한 마케팅에는 실패했습니다.

좀 더 본질적인 문제가 있습니다. 10대와 20대, 즉 MZ 세대라고 해서 무조건 메타버스에 들어올까요? 인공적인 메타버스 대신 진짜 자연과 문화재를 잘 보여 주는 동영상을 더 보고 싶어할 것 같습니다. 그리고 외국의 MZ 세대 중 관광을 위해 메타버스에 얼마나 들어올 것인지를 조사했는지도 궁금합니다. 그리고 한 가지 더! 디지털 마케팅이 제대로 운영되기 위해서는 지속적인 홍보와 소통이 필요합니다. 특히 중장기 캠페인으로 기획된 디지털 마케팅은 방문자들의 반응을 살펴보면서 꾸준히 홍보해야 합니다. 볼거리가 많은 디지털 세상에서는 조금만 홍보를 미루면 바로 관심 영역에서 사라집니다.

메타버스로 구현된 한국관광공사의 홍보관은 디지털 마케팅에 대한 일반적인 인식을 잘 보여 줍니다. 디지털적인 기술에 일차적으로 의존하는 모습이죠. 사실 좀 더 중요한 것은 '마케팅'이라고 생각합니다. 마케팅의 관점에서 소비자를 이해하고 이들과 어떻게 소통할 것인지를 결정한 후 어떠한 디지털 기술을 적용할 것인지를 결정해야 합니다. 디지털 기술은 항상 변화하고 진화하지만, 마케팅의 대상이 되는 소비자는 그렇게 빨리 변화하지 않습니다. 소비자의 특성을 잘 이해하면 오랫동안 안정적인 소통이 가능합니다.

저는 디지털 마케팅에 대한 강의 또는 컨설팅을 할 때 항상 마케팅을 먼저 강조합니다. 소비자를 중심으로 하는 마케팅 전략을 우선 고민한 후에 디지털을 활용하는 방법론을 찾아야 합니다. 성격이 급한 분들은 디지털 기술을 먼저 고민하지만, 디지털보다는 마케팅이 먼저인 것 같습니다.

08

마케팅이란
무엇인가?

꽤 오래전 경영학과 선배에게 들은 얘기를 소개합니다. 일종의 전설 급인 옛날 이야기입니다. 마케팅 원론의 첫 번째 시험 시간, 나이가 지긋하신 교수님이 들어오셔서 칠판에 딱 한 줄을 적으셨다고 합니다. 시험 문제는 정말 간단합니다.

"마아케팅이란 무엇인가?"

시험 범위가 무척 광범위하고 어렵습니다. 교과서의 내용을 암기해서 적으면 될지, 자신만의 의견을 담아 내야 할지 고민됩니다. 재미있는 점은 미국에서 공부한 친구들도 이와 비슷한 전설을 미국 대학에서 들어봤다고 하네요.

대학교에서 마케팅을 처음 배울 때는 정말 말도 안 되는 시험이라고 생각했습니다. 하지만 사회에서 마케팅 전략과 디지털 마케팅을 담당하면서 생각이 조금 바뀌었습니다. 회계학과 재무 관리 그리고 통계학 등은 학과의 성격이 매우 뚜렷합니다. 하지만 마케팅은 다소 애매합니다.

마케팅이 한국에 처음 도입됐을 때는 '시장 관리'라고 불렸다고 합니다. 하지만 시장 관리라는 이름은 마케팅의 특성을 극히 일부분만 보여주기 때문에 결국 마케팅이라는 명칭을 그대로 사용하게 됐죠.

다행히 마케팅은 한국마케팅학회처럼 공신력 있는 기관들이 오랫동안 개념을 연구하고 다듬었습니다. 저는 마케팅을 설명할 때 한국마케팅학회에서 정의한 내용을 자주 인용합니다. 2장에서 이미 말씀드렸지만, 다시 한번 말씀드리겠습니다.

"마케팅은 조직이나 개인이 자신의 목적을 달성시키는 교환을 창출하고 유지할 수 있도록 시장을 정의하고 관리하는 과정이다."

다소 학문적인 느낌이 나지만, 핵심은 간단합니다. 마케팅은 자신의 목적, 즉 돈을 벌거나 후원자를 확보하기 위해 제품과 서비스를 구매할 소비자를 찾고 관리하는 활동입니다. 마케팅의 대가인 필립 코틀러 교수는 마케팅의 개념을 "마케팅은 고객의 욕구를 수익성 있게 충족시키는 활동"[9]이라고 설명합니다. 즉, 마케팅은 '돈을 벌면서 고객의 만족도를 추구하는 활동'입니다.

마케팅 실무를 담당하는 마케터들은 다음 두 가지를 기억하는 것이 좋습니다.

첫째, 마케팅은 소비자, 즉 고객을 대상으로 합니다.

둘째, 마케팅은 교환Exchange 과정을 통해 완성됩니다.

이 두 가지만 체화하면 어떤 곳에 가든 유능한 마케터라는 소리를 들을 수 있습니다.

특히 소비자와 교환은 디지털 마케팅에서도 중요한 개념입니다. 앞에서 디지털 마케팅은 소비자별로 개별화된 메시지를 보낼 수 있다고 말씀드렸습니다. 소비자별로 개별화된 메시지의 전제 조건은 소비자가 무엇을 좋아하고 어떤 웹사이트에 자주 방문하는지를 아는 것입니다. 따라서 유능한 디지털 마케터는 소비자의 이미지를 최대한 구체적으로 형상화하려고 합니다. 이런 활동을 흔히 '소비자 프로파일Customer Profile 을 잡는다'라고 표현합니다.

교환 역시 중요한 개념입니다. 교환이라고 할 때 가장 먼저 떠오르는 이미지는 마트에서 돈과 물건을 주고받는 모습입니다. 쿠팡이나 네이버 스토어에서 신용카드로 결제하는 모습도 생각납니다. 마케팅이 말하는 일차적인 교환은 이처럼 현금과 카드 결제처럼 돈이 오가는 과정입니다. 하지만 마케팅에서 생각하는 교환은 이보다 훨씬 다양합니다. 예를 들어 볼까요?

성수동에 베이글 가게를 새로 오픈했습니다. 당연히 주변에는 오랫동안 인스타그램 및 SNS에서 인기가 많은 카페가 즐비합니다. 사장님은 디지털 마케팅을 활용해 베이글 가게를 알리고 고객을 확보하려고 합니다. 사장님이 디지털 마케팅을 통해 첫 번째로 얻고자 하는 것은 무엇일까요? 디지털 마케팅으로 다음날부터 고객으로 가게를 가득 채울 수 있는 방법은 없습니다.

첫 번째 단계는 새로 생긴 베이글 가게를 알려 성수동 근처에 있는 다른 카페에 가려는 사람들의 관심을 유도하는 것입니다. 이때 디지털 마케팅에 사용된 광고 예산과 잠재 소비자의 관심이 서로 교환됩니다.

사장님은 더 높은 교환 비율, 즉 광고비 대비 더 많은 소비자의 관심을 받고 싶어합니다. 디지털 마케팅의 역할이 더욱 중요해집니다. 디지털 마케팅은 우리 베이글 가게에 관심을 보인 사람들을 정교하게 잡아냅니다. 그리고 이들을 다시 한번 유인합니다. 이번에는 매장을 직접 방문하라는 쿠폰을 보냅니다. 사용된 쿠폰 가격과 소비자의 방문 의지가 교환됩니다.

마지막은 베이글과 현금의 교환일까요? 아닙니다. 진짜 마지막은 방문 인증 사진과 해시태그를 남긴 사람들에게 주는 '무료 음료 교환권'입니다. 당연히 다음 매장 방문부터 사용할 수 있습니다. 고객의 재방문 가능성과 무료 음료를 서로 주고받았습니다. 이처럼 디지털 마케팅은 단계별로 다양한 교환 관계를 만들어 낼 수 있습니다.

마케팅은 항상 소비자와 교환이라는 두 가지 렌즈를 이용해 살펴보는 것이 좋습니다. 소비자가 무엇을 원하는지를 꼼꼼히 알아야 합니다. 그리고 소비자와 내가 갖고 있는 것들을 어떻게 교환해야 나에게 가장 좋을지를 고민해야 합니다. 쉬워 보이지만 막상 하려면 어렵습니다.

마케팅에 대한 말이 나온 김에 이것 한 가지는 빼놓을 수 없을 것 같군요. 마케팅의 4P 말입니다. 마케팅의 4P는 마케터뿐 아니라 비즈니스를 하는 분들은 대부분 알고 있는 단어입니다. 4P는 제품Product, 가격Price, 프로모션Promotion, 유통Place을 가리킵니다. 흔히 '마케팅 믹스Marketing Mix'라고도 부릅니다.

마케팅의 4P만 잘 조합하면 얼마든지 훌륭한 마케팅 캠페인을 기획할 수 있습니다. 제품 특성을 잘 뽑아내고 좋은 가격을 설정할 수 있습니다. 소비자들이 많이 찾는 매장을 중심으로 재미있는 판촉 활동을 시작해 보세요. 매출이 금방 오를 듯합니다. 하지만 현실은 그렇게 쉽지 않습니다.

좋은 제품을 만들고 소비자들이 자주 찾는 오프라인 매장에 입점하려면 제품 단가가 오를 수밖에 없습니다. 가격을 경쟁자 수준으로 낮출수도 없습니다. 하지만 내부적으로 열심히 연구해 가격을 낮췄습니다. 그랬더니 매장에서는 대규모 광고 캠페인을 진행하는 제품만 입점시키겠다고 합니다. 광고비를 지불하고 나면 원가는 더 오를 것 같습니다. 이처럼 4P는 서로 밀접하게 연계돼 있습니다. 하나를 누르면 다른 하나가 튀어 오릅니다. 훌륭한 마케터는 이들 4P의 최선의 조합을 찾아내는 사람입니다.

디지털 마케터 역시 4P를 능숙하게 다뤄야 합니다. 디지털 환경 속에서 최적의 온라인 스토어를 발굴하고 적정 가격대를 제시해야 합니다. 그리고 치열한 디지털 광고와 캠페인 속에서 자신의 제품이 돋보일 수 있는 디지털 캠페인을 기획해야 하죠. 때때로 디지털 스토어 전용 상품도 만들어야 합니다.

잘 조율된 4P는 소비자의 눈높이와 딱 맞습니다. 그렇기 때문에 소비자와 원하는 것을 효율적으로 주고받을 수 있습니다. 결국 4P도 소비자와의 교환을 쉽게 하기 위한 수단입니다.

8장에서는 마케팅의 핵심 개념인 소비자와 교환에 대해 이야기했습니다. 그리고 너무나 유명한 4P에 대해서도 짧게 말씀드렸습니다. 하지만 아무리 좋은 4P를 찾아도 결국 경쟁에서 이기는 방법을 알아야 합니다.

09

경쟁에서
승리하는 방법

러시아의 대문호인 톨스토이가 쓴 소설 《안나 카레니나》는 다음과 같은 문장으로 시작합니다.

"행복한 가정은 모두 모습이 비슷하고 불행한 가정은 모두 제각각의 불행을 안고 있다."[10]

《안나 카레니나》의 첫 번째 문장은 마케팅 분야에도 동일하게 적용됩니다. 성공한 마케팅 사례들에는 공통점이 있습니다. 소비자에 대해 꼼꼼하게 연구했고 경쟁사의 강약점을 잘 파악했으며 내가 무엇을 잘할 수 있는지를 알고 있습니다. 물론 약간의 운도 필요한 것 같습니다. 실패한 마케팅 사례들은 뭔가 하나씩 부족합니다. 경쟁사 분석을 등한시했거나 소비자를 명확하게 파악하지 못한 경우도 있습니다. 무엇보다 스스로를 객관적으로 보지 못한 브랜드들도 많습니다.

마케팅을 잘한다는 것은 결국 경쟁에서 이기는 것을 의미합니다. 오프라인과 온라인에서 벌어지고 있는 무수히 많은 경쟁 속에서 자신의 제품과 서비스를 고객에서 전달해야 합니다. 이는 절대로 쉬운 일이 아닙니다. 어려운 만큼 가치 있고 재미있는 일이기도 합니다.

경쟁에서 이기기 위해 마케팅과 경영 전략 분야에서 핵심적으로 살펴보는 세 가지 요인은 다음과 같습니다. 이 세 가지 요인만 꼼꼼하게 살펴보면 실패 가능성을 크게 낮출 수 있습니다.

첫 번째 요인은 '경쟁사Competitor', 두 번째 요인은 '내가 속한 회사Company' 그리고 마지막 요인은 '소비자Consumer'입니다. 이들 모두 영어의 스펠링이 C로 시작하기 때문에 '3C 분석'이라고도 합니다. 경영학을 공부했거나 회사에서 전략 기획 등의 업무를 한 적이 있다면 익숙한 용어일 것입니다.

얼핏 생각해도 경쟁사와 나 자신을 살피는 것은 당연한 것 같습니다. 심지어 동양의 오래된 병법서인《손자병법》에 나오는 유명한 구절도 생각이 납니다. '지피지기, 백전불태知彼知己,百戰不殆'[11]라는 말처럼 '상대방을 알고 나를 알면 백 번 싸워도 위태롭지 않다'라고 하죠. 비즈니스적인 관점에서 보면 상대방은 '경쟁사', 나는 '우리 회사'를 가리킵니다. 시대가 바뀌면서 손자병법에 '소비자'가 추가됐습니다. 이제 경쟁사와 우리 회사 그리고 소비자까지 모두 알아야 경쟁에서 이길 수 있습니다.

3C 분석은 절대 어렵지 않습니다. 경쟁사의 강·약점을 파악하고 나 자신의 강·약점을 분석해야 합니다. 그리고 소비자들이 무엇을 원

하는지를 고민하면 됩니다. 간단한 분석이지만, 종종 우리들의 주관적인 판단이 개입되면서 상황이 악화됩니다. 마리오 푸조의 소설인《대부 Godfather》에는 다음과 같은 문장이 나옵니다.

"사람들은 자신의 장점은 과대평가하고 스스로의 약점은 과소평가한다."[12]

3C 분석에서 경쟁사와 우리 회사를 분석할 때도 이와 동일한 일이 벌어집니다. 경쟁사의 잘못은 과대평가하고 자기 회사의 약점은 과소평가하는 것을 종종 보니까요.

지금부터 경쟁사, 내가 속한 회사, 그리고 소비자를 어떻게 분석해야 하는지를 말씀드리겠습니다. 경쟁사 분석은 벌써 많이 해 보셨을 거라 믿고 회사와 소비자 분석에 대해 좀 더 자세히 설명하겠습니다.

먼저 경쟁사를 분석할 때는 경쟁사가 누구인지를 매우 구체적으로 알아야 합니다. 우리 가게 옆에 있는 카페의 이름을 알고 있다고 해서 경쟁자를 다 아는 것은 아닙니다. 직접 방문해서 경쟁 카페의 주력 상품을 맛보고 서비스의 수준을 확인해야 합니다. 가격을 유심히 살펴보고 언제 매장을 여닫는지를 파악해야 합니다. 심지어 배달도 시켜봐서 배달할 때 서비스로 주는 품목이 있는지도 확인하는 것이 좋습니다. 우리들이 마케팅을 통해 고객을 얻기 위해 노력하는 것만큼 경쟁사도 노력하고 있다고 생각해야 합니다. 따라서 경쟁사를 더욱 철저하게 분석해야 합니다.

3C 분석의 두 번째는 나의 회사를 파악하는 것이죠. 경쟁사 분석은 차라리 쉽습니다. 더 어려운 것은 스스로를 아는 것이 아닐까요? 이쯤 해서 "너 자신을 알라!"라는 고대 철학자의 말이 생각납니다. 3C 분석에서 제일 어려운 것은 '스스로에 대한 분석'입니다. 경쟁사와 소비자에 대한 분석은 정보가 부족하기 때문에 어렵습니다. 아는 만큼 보이는데 경쟁사와 소비자에 대한 핵심 정보들은 모두 숨어 있습니다.

반면 나 스스로에 대한 정보는 너무 많습니다. 이번에 출시되는 신제품에 대해 나만큼 많은 애착과 정보를 갖고 있는 사람은 없을 것입니다. 문제는 '소비자 역시 나만큼 제품에 대한 큰 사랑을 느낄 것'이라고 믿는다는 점입니다. 소비자들은 내가 이렇게 힘들게 개발한 제품과 레시피를 무조건 좋아할 것이라고 믿습니다. 정말 그럴까요? 완벽주의를 추구하는 분은 이와 정반대의 성향을 보입니다. 신제품이 내 기준에 비해 많이 부족하기 때문에 소비자들이 싫어할 것이라고 지레 짐작하는 경우도 있습니다. 당연히 제품 출시 시기가 늦어져서 경쟁사가 이미 시장을 장악하기 시작합니다. 나 자신을 객관적으로 보는 것은 정말 힘듭니다. 그렇기 때문에 전문 컨설턴트와 계약을 맺고 기업 분석을 하기도 합니다.

3C 분석에서 자기 자신을 분석할 때는 경쟁사와 동일한 기준 및 항목을 살펴봐야 합니다. 성수동에 새로 오픈한 베이글 가게의 예를 다시 살펴볼까요?

우리 가게에서 조금 떨어진 곳에는 오래된 베이글 가게가 있습니다. 사장님은 경쟁 가게의 약점은 '낡은 인테리어', 강점은 '충성 고객'이라고 판단했습니다. 하지만 우리 가게의 약점은 '비싼 가격', 강점은 '좋은 원재료'라고 판단했습니다. 사장님이 아무래도 베이글을 직접 굽다 보니 재료에 대한 자부심이 무척 강하네요. 하지만 경쟁사와 우리 가게를 비교할 수 있는 기준이 다릅니다. 비교할 수 없으므로 문제점을 찾거나 마케팅에서 강조할 포인트를 찾을 수 없습니다. 맛이면 맛, 가격이면 가격, 방문객의 연령이면 연령 등 되도록 동일한 기준으로 경쟁사와 스스로를 비교해야 합니다. 그래야만 개선할 점이 나오고 마케팅에서 강하게 공략할 수 있는 콘텐츠를 개발할 수 있습니다.

다음은 소비자 분석입니다. 정말 많은 분이 소비자 분석을 쉽게 생각합니다. "내가 업계의 전문가이기 때문에 소비자들이 무엇을 좋아하는지 다 알고 있다"라고 말하는 분을 자주 볼 수 있습니다. 만약 20년 전이라면 그분의 말씀이 맞을 것입니다. 하지만 지금은 모든 것이 너무 빨리 변하고 있습니다. MZ 세대는 말할 것도 없고 경쟁사 역시 발빠르게 움직입니다. 소비자들이 접하는 SNS 역시 수시로 바뀝니다. 고객들은 여전히 인스타그램을 보고 있다고요? 아닙니다. 인스타그램에서 인기 있는 인플루언서와 계정은 이미 수십 번 바뀌었습니다. 인스타그램이 아니라 인스타그램의 계정을 살펴야 합니다.

소비자들은 어디로 튈지 모르는 '살아 있는 생명체'입니다. 소비자의 취향과 구매 패턴, 그들에게 영향을 미치는 인플루언서, SNS, 최근 트렌드 등을 폭넓게 살펴보면서 소비자가 무엇을 원하는지를 상상해야 합니다.

저는 개인적으로 소비자 조사를 좋아합니다. 스티브 잡스처럼 소비자 조사를 싫어하는 사람도 있지만, 이처럼 유용한 방법도 없습니다. 그렇다고 해서 소비자 조사를 위해 별도의 예산을 쓸 필요는 없습니다. 우선 급한 대로 매장에 찾아오는 손님들에게 넌지시 물어보세요. 경쟁 매장 대비 어떠한지, 생각했던 것보다 좋았는지, 가격은 적당한지 등 잠깐만 물어보면 좋은 대답을 많이 얻을 수 있습니다. 의외로 손님들은 솔직하게 말해 줍니다. 이런 식의 정보가 모이면, 나름 빅데이터가 됩니다. 전문 용어로 '비정형 데이터'를 모을 수 있습니다.

3C 분석에 대한 말씀을 많이 드렸지만, 세 가지 C가 서로 동떨어진 것처럼 느낄 수도 있습니다. 3C 분석을 좀 더 구체적으로 파악하기 위해서는 다음 그림과 같이 세 개의 원을 그리는 것이 좋습니다.

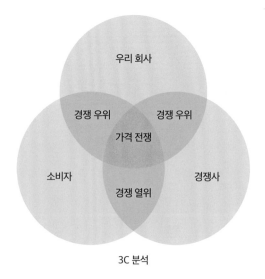

3C 분석

3개의 원은 경쟁사, 우리 회사 그리고 소비자를 의미합니다. 원들이 서로 중첩될수록 서로 공유하는 내용이 많아집니다. 만약 우리 회사와 소비자의 원들이 100% 겹치고 경쟁사와 소비자의 원들이 완벽하게 분리돼 있다면, 우리 회사만이 소비자가 원하는 모든 것을 완벽하게 제공하는 상황입니다.

마케팅 전략에서 3C 분석은 각각의 원을 충실하게 조사하는 것에서 시작됩니다. 나의 장점과 단점을 객관적으로 살피고 경쟁사의 장단점을 찾아야 합니다. 소비자 역시 꼼꼼하게 살펴야 합니다. 분석이 끝나면 우리 회사의 원과 소비자의 원이 최대한 겹칠 수 있는 전략을 짜고 제품을 기획해야 합니다. 만약 나와 경쟁자 그리고 소비자가 모두 겹치는 부분이 있다면 적극적으로 경쟁사와 싸울 것인지, 자원을 아껴 나의 강점을 더 부각시킬 것인지를 고민하는 것이 좋습니다.

3C 분석은 오프라인 마케팅과 디지털 마케팅에 동일하게 적용됩니다. 오프라인보다 디지털 환경의 경쟁자들이 훨씬 더 많습니다. 하지만 소비자 역시 많으므로 걱정할 필요는 없습니다. 기본 원칙은 언제나 동일합니다. 오랫동안 검증된 3C 분석을 디지털 마케팅에도 적용하면서 전략과 실천 방안을 계속 보완하는 것입니다. 전략을 수집하고 분석하는 데 들어가는 시간과 노력은 절대로 우리를 배신하지 않으니까요.

10

쪼개고 선별하고
뽐내는 법, STP

디지털 마케팅에 대한 책을 집필하면서 불필요한 전문 용어는 되도록 사용하지 않으려고 노력했습니다. 특히 마케팅에 대한 대략적인 스케치에 해당하는 2부에서는 더더욱 전문 용어를 사용하지 않았습니다. 하지만 지금부터 설명할 세 가지 용어는 어쩔 수가 없네요. 디지털 마케팅을 위해서라도 꼭 아셨으면 합니다.

STP라고 불리면서 늘 같이 뭉쳐 다니는 마케팅 용어가 있습니다. 즉, 시장 '세분화Segmentation', '타깃팅Targeting', '포지셔닝Positioning'입니다. 이 세 가지 용어와 개념은 개별적으로도 중요하지만 함께 있어야 더욱 힘을 발휘합니다.

STP는 궁극적으로 소비자와 관련된 개념입니다. 종종 P에 해당하는 포지셔닝을 제품 개발로 생각하는 분도 있지만, 포지셔닝 역시 소비자를 기준으로 생각하는 것이 맞습니다. 소비자의 머릿속에 제품의 이미지가 자리 잡도록 하기 때문이죠.

STP, 즉 시장 세분화, 타깃팅 그리고 포지셔닝은 마케팅에서 가장 중요한 개념 중 하나입니다. 각각의 개념을 연구한 국내외 논문들도 엄청나게 많습니다. 하지만 우리는 STP를 공부하기 위해 지금 이 책을 읽는 것이 아닙니다. 디지털 마케팅을 더 잘하기 위해 STP를 찾아보는 것이죠. 되도록 쉽게 그리고 디지털 마케팅과 연계해서 설명드리겠습니다.

저는 STP를 종종 "쪼개고 선별하고 뽑낸다."라고 설명합니다. 오히려 영어가 더 이해하기 쉬운가요? STP는 소비자에 대한 내용이라고 말씀드렸습니다. STP는 마치 한 덩어리로 뭉쳐 있는 것처럼 보이는 소비자를 몇 개의 그룹으로 먼저 쪼갭니다. 쪼개진 그룹 하나하나를 '세그먼트Segment'라고 부릅니다. 이제 몇 개의 세그먼트들 중 가장 적합한 세그먼트를 하나 골라야 합니다. 나의 역량과 경쟁 상황 등을 고려해 최적의 세그먼트를 하나 선택합니다. 이를 '타깃팅'이라고 합니다. 마지막으로 선정된 타깃 세그먼트를 위한 제품과 서비스가 제일 잘 보일 수 있도록, 즉 스스로를 뽐낼 수 있는 터전을 마련합니다. 좀 더 구체적으로 말씀드리면 고객의 머릿속에서 우리 브랜드가 차별적으로 자리 잡도록 하는 활동을 '포지셔닝'이라고 합니다.

STP의 세 가지 활동은 서로 밀접하게 연계돼 있습니다. 마케터들이 가장 흔히 말하는 포지셔닝을 제대로 하기 위해서는 타깃 소비자의 특성을 잘 파악해야 합니다. 그리고 타깃 소비자의 특성은 다른 잠재 소비자들과의 비교를 통해 더욱 명확해집니다. 결국 포지셔닝도 소비자에 대한 고민에서 시작합니다.

다시 시장 세분화로 돌아가겠습니다. 시장 세분화는 다음 그림에서 알 수 있는 것처럼 '하나의 커다란 소비자 집단을 동일한 특성을 지닌 몇 개의 하위 그룹으로 나누는 활동'입니다.

시장 세분화를 통한 하위 그룹 도출

간단한 예를 들어 보겠습니다. 요즘 '런던베이글뮤지엄'과 같은 베이글이 인기가 많습니다.

성수동에 베이글 가게를 오픈하려고 합니다. 성수동에는 이미 유명한 카페와 베이커리가 있고 서울에도 베이글로 유명한 매장이 많습니다. 사장님은 고민 중입니다. 이미 베이글 레시피와 매장 콘셉트는 정해졌습니다. 다만 어떤 고객을 대상으로 하는 것이 좋을지를 정하지 못했습니다. 선배들은 인스타그래머블Instagramable[4]한 카페와 맛집을 선호하는

---

4 '인스타그램에 사진을 올릴 만하다'라는 의미의 신조어로, 사진이 트렌디하고 인스타그램 이용자들의 '좋아요'와 관심을 많이 받을 수 있는 사진을 의미합니다.

MZ 세대를 타깃으로 해야 살아남는다고 말합니다. 하지만 조금만 더 생각해 보면 전국의 모든 베이글 가게와 인스타그래머블한 콘셉트를 추구하는 카페들은 모두 동일한 MZ 세대를 잠재 고객으로 생각하고 있습니다. 고객의 특성이 똑같다면 매장에서 제공하는 제품과 서비스도 천편일률적으로 비슷해집니다. 똑같은 고객에게 비슷한 서비스를 제공해서 경쟁에서 살아남을 수 있을까요? 더욱이 후발주자인데요. 기껏해야 베이글의 맛을 좀 더 바꾸거나 가격을 낮출 뿐입니다.

먼저 베이글 가게의 잠재 고객을 몇 가지 그룹으로 나눠 보려고 합니다. 고객을 나누는 기준을 생각해 보니 소득 수준, 연령, 거주지 등처럼 맨눈으로 살펴봐도 알 수 있는 기준[5]이 있습니다. 하지만 베이글처럼 트렌디한 아이템을 찾아오는 고객들이 나이와 성별처럼 단순한 기준으로 나눠질까요? 차라리 취향이라는 기준이 다소 막연하지만 좀 더 좋아 보입니다. 여기에 라이프스타일을 추가하면 더욱 좋습니다.

얼핏 생각해 봐도 자신만의 취향이 확고한 그룹이 있습니다. 자신만의 취향을 갖고 아직 남들이 보지 못한 트렌드를 만드는 사람이죠. 숫자는 많지 않지만, 영향력이 큰 그룹입니다. 두 번째 그룹은 취향은 나쁘지 않지만 뭔가를 새로 찾지는 않습니다. 앞선 사람들의 취향을 믿고 따르는 스타일이죠. 영향력은 크지 않지만, 숫자는 아주 많죠. 또 다른 그룹은 특별한 취향은 없지만 대세 추종파라서 남들이 좋다면 무조건 가봐야 합니다. 이들 역시 숫자는 많지만, 영향력은 크지 않습니다. 마지

---

[5] 소득 수준, 연령, 거주지, 학력 등과 같은 기준들을 '인구 통계학적 지표(Demographic Index)'라고 합니다.

막 그룹은 트렌드나 취향에는 큰 관심이 없습니다. 다만 유명한 곳이라면 남들을 따라 한두 번 가 보는 사람이죠. 의외로 이런 사람이 많기 때문에 매출이 쏠쏠할 것 같습니다. 다만 충성 고객은 힘들 것 같네요. 이 밖에도 좀 더 세부적으로 잠재 고객군, 즉 세그먼트를 나눌 수 있습니다. 가장 적합한 시장 세분화 그림이 나올 때까지 계속 고민해야 합니다.

세그먼트를 구분하는 절대적인 기준은 없습니다. 하지만 몇 가지 참고할 수는 있죠.

첫째, 어느 정도 사이즈가 나와야 합니다. 마케팅에서 흔히 '니치 마켓Niche Market'이라고 부르는 그룹이 있습니다. 니치 마켓이란, '주류가 될 만큼의 사이즈는 나오지 않고 취향 또는 선호도 등이 매우 특화된 작은 시장'을 말합니다. 세그먼트를 나눌 때는 니치 마켓도 고려해야 하지만, 좀 더 사이즈가 큰 그룹부터 찾아보는 것이 좋습니다. 물론, 디지털 마케팅 시대에서는 니치 마켓도 나름대로 큰 힘을 갖고 있습니다. 이 부분은 나중에 다시 설명하겠습니다.

둘째, 차별성이 있어야 합니다. 몇 가지 기준으로 사람들을 칼같이 양분할 수는 없습니다. 서로 어느 정도의 취향을 공유하니까요. 하지만 시장 세분화를 할 때는 최대한 대상을 명확하게 차별화하는 것이 좋습니다. 몇 가지 기준을 활용해 시장 세분화 결과로 도출된 그룹 A, 그룹 B, 그룹 C 등이 서로 차별적인 특성을 잘 보일 수 있어야 나중에 타깃팅에서 그룹을 선택할 수 있으니까요.

시장 세분화를 위한 팁: MECE하게 나누는 법

오랜만에 조금 어려운 표현을 하나 소개합니다. 주로 컨설팅 분야에서 많이 사용하는 표현입니다. MECE를 간단히 말하면, '모아 놓았을 때 서로 겹치지 않고 흩어 놓았을 때 빠진 부분이 없는 상태'를 말합니다. MECE의 원문은 'Mutually Exclusive, Collectively Exhaustive'입니다.

다음 그림을 보면 좀 더 쉽게 이해할 수 있습니다. 왼쪽에는 여덟 마리의 펭귄들이 A, B, C 세 그룹으로 각각 분류돼 있습니다. 반면, 오른쪽에는 A와 B에 겹치는 펭귄이 한 마리 보입니다. 그리고 A, B, C 어디에도 속하지 않는 펭귄도 있습니다. 왼쪽과 같은 분류 방식을 'MECE하게 묶여 있다'라고 말합니다.

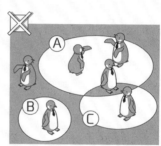

고객을 MECE하게 나눈다면 어떻게 나눌 수 있을까요? 성별로 나눌 수도 있고 연령으로 나눌 수도 있습니다. 면세점이라면 고객을 내국인과 외국인으로 나눠 프로모션을 달리 할 수도 있습니다. 카페에서는 처음 방문 고객과 여러 번 방문한 고객으로 나눌 수도 있습니다. 다만 20대 남성 고객 그룹과 아이스 라테를 즐겨 먹는 고객 그룹을 동일한 기준으로 놓고 볼 수는 없습니다. 서로 MECE하지 않기 때문이죠.

시장 세분화는 최대한 MECE하게 나누는 것이 좋습니다. 하지만 소비자들은 이론처럼 깔끔하게 쪼갤 수 없습니다. 실제로 대부분의 마케터들도 MECE적 접근법을 추구하지만, 현실적으로 어느 정도 타협합니다. 유능한 마케터일수록 언제 어떻게 타협점을 찾을지 잘 알고 있습니다. 하지만 최대한 MECE하게 타깃을 나눈다는 원칙만은 늘 기억하는 것이 좋습니다.

마지막 기준은 '접근 가능성'입니다. 아무리 좋은 소비자라도 자신의 제품과 서비스 그리고 매장 등을 쉽게 홍보할 수 있고 소비자들이 나의 제품과 매장을 이용할 수 있어야 합니다.

예를 들어 보겠습니다. 성수동에 작은 약과 전문점을 냈습니다. 규모는 작지만, 나름 맛에는 자신이 있습니다. 매장을 널리 알리기 위해 블랙핑크, 뉴진스 등과 같은 톱 연예인을 잠재 고객으로 삼고자 합니다. 가능할까요? 처음 시작한 작은 매장이 유명한 연예인들을 고객으로 삼기는 어렵습니다. 이들은 디지털 마케팅의 결과로 나중에 방문할 수는 있지만, 뉴진스를 처음부터 고객으로 한정해서 사업을 하기는 어렵습니다. 어느 정도 현실적으로 접근 가능한 고객을 찾아야 합니다.

앞에서 디지털 마케팅 시대에는 니치 마켓도 큰 힘이 될 수 있다고 말씀드렸습니다. 디지털 마케팅의 가장 큰 힘은 무수히 많은 디지털 매체와 SNS를 통해 작은 사이즈의 고객에게도 자신만의 메시지를 보낼 수 있다는 점입니다. 지금 당장 유튜브를 열어 보세요. 정말 다양한 채널이 있다는 것을 알 수 있습니다. 뜨거운 여름에는 시원한 물을 마시는 소리만 들려 주는 유튜브 채널들이 인기를 끕니다. 흔히 ASMR 중심의 채널이죠. 심지어 할머니들이 명주를 짜면서 도란도란 나누는 소리, 누에가 사각사각 뽕잎을 먹는 소리 등을 담은 유튜브 동영상은 370만 뷰를 달성했고 이들 중 절반은 해외에서 유입됐습니다.[13] 디지털 마케팅을 기획할 때는 전통적인 오프라인 마케팅보다 훨씬 다양하고 작은 사이즈의 고객을 머릿속에 두고 이미지를 그려야 합니다. 물론 시장 세분화의 그림이

작을수록 매출의 규모도 줄어듭니다. 하지만 작게 시작해서 크게 키우는 것이 마케팅의 매력이 아닐까요?

두 번째 단계는 타깃팅입니다. 시장 세분화를 통해 몇 개의 잠재 시장을 파악했다면, 이제 한 개 또는 두 개를 선택해야 합니다. 왜 한 개가 아니라 두 개 이상을 선택해야 할까요? 만약 하나의 고객군에 올인해 승부를 보겠다면 딱 하나의 세그먼트만 선택해도 됩니다. 하지만 비즈니스는 어렵습니다. 항상 플랜 B가 필요하고 만약을 대비한 고객군도 필요합니다. 사업이 너무 잘돼 사업 확장을 위한 고객이 필요할 수도 있습니다.

따라서 핵심 고객 세그먼트를 정해 타깃팅한 후 부수적으로 두 번째 고객군을 정하는 것이 좋습니다. 다만 핵심 고객과 두 번째 고객은 서로 보완적이거나 연관된 고객 특성을 갖는 것이 좋습니다. 너무 취향이 다른 고객군을 선정하는 것은 한 번에 전혀 다른 사업들을 진행하는 것과 마찬가지입니다.

타깃팅을 통해 선정된 고객이라도 상황에 따라 유연하게 대처해야 합니다. 한 번 선정된 타깃 집단에 집중해서 일관된 브랜딩 및 서비스를 제공하는 것도 중요하지만, 사업의 발전 단계, 시장 환경, 경쟁 강도 등을 고려해서 새로운 타깃을 설정할 것인지, 기존 타깃의 프로파일을 변경할 것인지, 몇 개의 세그먼트를 통합해서 새로운 타깃 집단을 도출할 것인지 등과 같은 고민을 해야 합니다.

마지막 단계는 포지셔닝입니다. 포지셔닝과 관련된 책은 서점에 많습니다. 가장 대표적인 책은 앨 리스Al Ries와 잭 트라우트Jack Trout가 쓴《포지셔닝Positioning》[14]입니다. 마케터에게 포지셔닝처럼 친숙한 단어는 없을 것 같습니다.

포지셔닝을 한 마디로 정의하면, 소비자의 머릿속에 우리 제품과 서비스만의 차별적 경쟁력을 위치시키는 것입니다. 애플의 아이폰과 삼성전자의 갤럭시라고 하면 각각에 대한 특별한 생각과 이미지가 머릿속에 그려집니다. 이와 마찬가지로 여러분이 좋아하는 카페를 떠올려 보세요. 그리고 근처에 카페가 있지만 자주 찾지 않는 카페도 함께 생각해 보세요. 좋아하는 카페와 달리, 거의 찾지 않는 카페에 대한 이미지는 거의 떠오르지 않을 것입니다. 좋아하는 카페는 여러분의 머릿속에 명료하게 자리 잡고 있습니다. 이런 식으로 고객의 머릿속에 경쟁자에 비해 구체적인 이미지를 갖도록 하는 모든 활동을 '포지셔닝'이라고 합니다.

포지셔닝에 대한 오해가 한 가지 있습니다. 심지어 마케터들도 자주 하는 오해입니다. 포지셔닝이라고 하면 대부분 이미지와 광고를 떠올립니다. 멋진 SNS 콘텐츠와 이미지를 전달하면 된다고 생각하죠. 하지만 포지셔닝의 핵심은 차별적인 특성과 품질입니다. 실체가 동반되지 않은 이미지는 오래 가지 못합니다. 특히 SNS처럼 트렌드가 빠르게 변화하고 이미지가 중심이 되는 세상에서는 이미지로 뜨고 이미지로 사라집니다. 되도록 실체적 품질과 내실을 전달하는 것이 필요합니다.

디지털 마케팅은 STP를 더욱 쉽고 편하게 만들었습니다. 예전에는 마케터들이 아무리 좋은 아이디어와 제품이 있더라도 타깃 고객을 구체화하거나 접근하기 힘들었습니다. 특히 타깃 고객군의 사이즈가 적은 경우에는 광고비도 뽑지 못하는 경우가 많았습니다. 하지만 디지털 마케팅은 고객군의 사이즈가 작더라도, 고객군이 아무리 멀리 떨어져 있더라도 정교하게 잡아 내 제품과 서비스를 알릴 수 있습니다. 그리고 트렌드의 변화에 따라 신속하게 제품 이미지를 변화시키면서 경쟁에 대응할 수 있습니다.

누구를 타깃으로 할지 그리고 나의 제품과 서비스가 어떤 차별적 경쟁력을 갖고 있는지를 항상 고민해야 합니다. 디지털 마케팅 때문에 STP가 쉬워진 만큼, 고민 없이 이런저런 시도를 하면 브랜드의 이미지만 혼탁해지니까요.

11

마케팅을 위한 성과 관리는
달라야 한다

"측정할 수 없다면, 관리할 수 없다"[15]라는 말을 들어 보셨나요? 이는 현대 경영학의 대가인 피터 드러커Peter Drucker가 성과 측정과 관리의 중요성을 강조하기 위해 사용한 말입니다. 하지만 우리들은 '관리'라는 단어를 썩 좋아하지 않습니다. 왠지 관리라는 단어는 다른 사람을 속박하거나 번거롭게 한다는 인상을 줍니다. 하지만 일을 하면서 결과를 만들어 내고 성과를 창출하기 위해서는 관리가 필요합니다. 그리고 관리의 핵심은 원하는 결과가 제대로 나오는지를 파악하는 것입니다.

오프라인 마케팅과 디지털 마케팅 역시 '관리'라는 단어에서 자유로울 수 없습니다. 마케팅은 매출 확대, 신제품 개발, 브랜딩, 인지도 증대, 고객 확보 등과 같은 성과를 만들어 내야 합니다. 종종 마케팅은 예술적이고 창조적인 활동이라고 생각하는 분이 있습니다. 당연히 회계학 또는 재무 관리에 비할 수 없을 만큼 마케팅은 창의적인 활동입니다. 하지만 화가, 음악가 같은 예술가들도 최종 결과물로 예술 작품을 만들어야 합니다. 뉴진스와 BTS 역시 멋진 음악과 퍼포먼스를 하나의 결과물로 보여 줍니다. 마케팅이 비록 창의적인 업무를 동반하지만, 마케팅을 위해 많은 예산이 투입되면 구체적인 결과물이 나와야 합니다.

마케팅의 결과를 살피는 과정을 흔히 '마케팅 성과 측정'이라고 합니다. 우선 성과를 측정하고 관리하는 데 도움이 되는 책을 한 권 추천하고 싶습니다. 마케팅이 성과 측정을 위해 어떤 지표를 활용하는지 궁금하신 분은 《마케팅 메트릭스Marketing Metrics》[16]라는 책을 읽어 보는 것이 좋습니다. 시장 점유율, 마진율, 마케팅 관련 재무적 지표 등 정말 다양한 지표를 확인할 수 있습니다. 다만 현재 절판된 상태이므로 서점에서 쉽게 구할 수 없습니다. 혹시 중고서점 등에서 보이면 꼭 구입하기 바랍니다.

성과 측정 지표에는 여러 가지가 있지만, 디지털 마케팅과 연계해서 꼭 알아야 하는 한 가지 지표를 소개하려고 합니다. 전통적인 마케팅 지표로 활용되기 시작했지만, 현재는 디지털 마케팅과 이커머스 등에서도 핵심적인 지표로 사용됩니다. 어쩌면 이러한 성과 지표는 성과 측정 지표를 넘어 의사소통을 위한 중요 키워드 정도로 위상이 높아졌을지 모릅니다.

지금부터 설명할 성과 지표는 '디지털 마케팅 퍼널'입니다. 다음 그림처럼 아래로 갈수록 좁아져서 종종 '깔때기'라고도 부르지만, 마케팅에서는 '퍼널Funnel'이라고 부릅니다. 퍼널은 학자와 에이전시에 따라 여러 가지 형태로 분류되거나 세부 구성이 변형될 수 있습니다. 11장에서는 디지털 마케팅에 특화된 가장 기초적인 퍼널에 대해 설명하겠습니다.

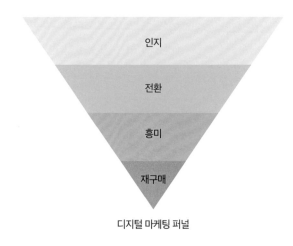

디지털 마케팅 퍼널

퍼널은 소비자가 제품을 처음 접하고 실제로 구매할 때까지의 과정을 몇 개의 단계로 구분합니다. 마케팅 교과서에서 나오는 AIDA 모델 역시 일종의 '퍼널 구조'입니다. 이는 '고객 구매 행동 모델'이라고도 부릅니다. AIDA는 주의Awareness, 관심Interest, 욕망Desire, 행동Action의 첫 글자입니다. AIDA 모델은 20세기 초부터 논의되기 시작했으므로[17] 100년 이상의 역사를 가진 모델입니다.

AIDA 모델은 초기에는 광고 및 영업 전문가들의 연구에서부터 시작됐습니다. 소비자들에게 제품을 더 많이 판매하기 위해서는 소비자들의 마음속을 들여다 볼 필요가 있으니까요. 이들은 제품 또는 광고에 소비자들이 어떻게 반응하는지 알고 싶어했습니다. 이러한 호기심이 하나하나 모여 정교한 커뮤니케이션 모델로 발전합니다. 요즘에는 AIDA 모델이 많이 사용되지는 않습니다. 좀 더 정교한 모델이 많으니까요.

마케팅에서 말하는 퍼널은 사실 매우 간단한 개념입니다. 예를 들어 볼까요?

7월 광고비로 1,000만 원을 책정하고 100명의 사람에게 광고를 노출시키려고 합니다. 네이버를 통해 광고를 내 보낸 후 결과를 확인했습니다. 총 80명의 사람이 광고를 봤네요. 광고에 흥미를 갖고 광고를 클릭한 사람은 50명이고 광고를 본 사람 중 20명이 온라인으로 제품을 주문했습니다. 그리고 20명 중 단지 1명만이 재구매했습니다. 퍼널은 이런 식으로 광고 노출에서부터 최종 구매 단계를 가정하고 단계별 고객의 수치를 관리합니다.

수치들을 보면 바로 감이 올 것입니다. 100명, 80명, 50명, 20명, 1명 등으로 단계가 하나하나 줄어들 때마다 수치가 줄어듭니다. 마치 깔때기와 같이 아래로 내려갈수록 좁아집니다. 아무리 재미있는 광고를 보더라도 실제로 제품을 구매하는 사람은 몇 명 안 됩니다. 디지털 마케터와 광고 기획자는 광고를 본 사람들 모두가 제품을 구매하는 꿈을 꿉니다. 하지만 어디까지나 꿈과 현실은 다르니까요.

디지털 광고비를 집행한 마케터의 입장에서는 광고를 본 사람들 모두가 제품을 구매하는 것이 좋겠지만, 현실을 인정해야 합니다. 퍼널과 관련해서 가장 좋은 전략 방향은 최대한 두툼한 깔때기 모양을 만드는 것입니다. 압정처럼 맨 위만 넓고 아래쪽은 빨대처럼 가느다란 모습은 좋지 않습니다.

회사의 경영자, 이커머스 대표, 카페의 사장 등은 구매 전환율을 가장 궁금해합니다. 아무리 광고 노출이 많더라도 구매가 이뤄지지 않으면 소용없으니까요. 따라서 광고 또는 제품에 관심을 보인 사람들 중에서 실제로 구매한 사람들의 비율, 즉 '구매 전환율'에 집착하게 됩니다. 일단 실제 구매를 한 사람들의 비율을 '구매 전환율'이라고 부릅니다. 구매 전환율이 핵심 지표인 것은 맞지만, 구매 전환율만 중요할까요? 그렇지는 않습니다.

디지털 마케팅에서 퍼널은 마케터의 전략 방향과 예산 또는 신제품 출시 등 다양한 요인을 고려해서 어떤 단계에 집중할 것인지를 결정해야 합니다.

예를 들어 성수동에 새로 매장을 오픈해서 주변 사람들에게 매장을 많이 알리고 싶다면, 퍼널의 핵심 관리 지표는 인지율이 돼야 합니다. 반면 광고를 본 사람이 온라인에서 최대한 많은 제품을 구매하게 하려면 퍼널의 성과 지표는 '구매 전환율의 극대화'입니다. 참고로 디지털 마케팅에서는 '구매' 대신 '전환'이라는 용어를 많이 사용합니다. 디지털 마케터는 현재 제품 및 매장의 상황을 고려해 퍼널을 구성하는 몇 가지 단계 중 어디에 집중할 것인지를 정해야 합니다.

퍼널과 관련해서 한 가지는 꼭 명심해야 합니다. 주어진 예산과 인력으로 퍼널 내의 모든 지표를 한번에 올리는 방법은 없습니다. 디지털에 많은 예산을 투입하는 입장에서 당연히 디지털 광고를 통해 한번에 인지도도 올리고 전환율도 증대하고 싶고 재구매율도 높이고 싶어합니다. 실제로 모든 것을 한번에 해결하라고 말씀하는 사장님도 많이 봅니다.

디지털 마케팅 실전 활용

하지만 현실적으로 불가능합니다.

퍼널 내 모든 지표를 한번에 올리는 일은 엄청난 마케팅 예산을 집행하는 삼성전자도 하기 어렵습니다. 예산의 제약도 있지만, 퍼널 단계별로 서로 다른 콘텐츠와 메시지가 필요하기 때문입니다. 따라서 당장 급하거나 전략적으로 중요한 지표에 우선 집중해야 합니다.

디지털 마케팅에서 퍼널은 정말 중요한 지표입니다. 앞에서 말씀드린 것처럼 마케터와 디지털 에이전시는 퍼널을 전략적으로 관리합니다. 왜냐하면 퍼널은 중요한 성과 지표이자 마케팅 활동 목표이기 때문입니다. 현재 상황을 꼼꼼하게 점검하고 어떤 모습의 퍼널을 만들어갈 것인지를 고민하기 바랍니다.

12

디지털 마케팅을 위한
인문학

답이 정해져 있는 질문을 하나 하려고 합니다. 모르긴 몰라도 10명 중 7명은 "예(Yes)"라고 대답할 것입니다. "아니요(No)"라고 대답한다고 해서 틀린 것은 아닙니다. 어쩌면 "아니요"라는 답을 얻기까지 더 많이 고민했을 수도 있습니다. 질문은 매우 간단합니다.

"디지털 마케팅에도 인문학이 필요할까요?"

물론 정답은 "예"입니다. 스티브 잡스가 '기술과 인문학의 교차로'라는 개념을 들고 나온 이후 대부분의 경영자와 학자 그리고 언론인은 인문학의 필요성과 가치를 강조하고 있습니다. 한동안 서점가에서 인문학에 대한 책이 베스트셀러가 됐고 '인문학 5분 완성'과 같은 족집게 강좌도 크게 유행했습니다.

흔히 문·사·철로 대변되는 인문학은 문학, 역사, 철학, 예술 등을 다루는 학문이라고 합니다. 오래전부터 인류는 인문학적 지식과 교양을 바탕으로 사회를 발전시켰고 인문학을 통해 한 시대의 정신과 사상을 다음 세대로 전달했습니다. 인문학적 지식과 소양이 없다면 사회의 지도층이 될 수도 없었죠.

하지만 돈을 벌고 성장하기 위해 경영·경제, 공학, 수학과 IT 등이 더 각광을 받게 된 것도 사실입니다. 인문학은 시대에 뒤처진 학문이자 현실성이 결여된 분야라는 인식이 강해졌죠. 실제로 취업을 위해 인문학부를 피하는 대학생들이 많은 것도 현실입니다.

그럼에도 불구하고 성공한 기업인들이 인문학의 가치를 말하는 데는 분명 이유가 있습니다. 비즈니스는 사람을 대상으로 하기 때문입니다. 로봇이 아니라 사람이 물건을 사 주고 사람이 물건을 개발하고 판매합니다. 인문학은 이러한 사람을 이해하고 고민하는 학문입니다. 소비자와 생산자를 인문학적인 지식과 관점을 바라보면 단순히 사고파는 행위의 이면에 감춰진 본질적 가치와 욕망을 좀 더 쉽게 이해하게 됩니다. 여기서 진정한 인문학의 가치가 드러납니다.

전통적인 마케팅과 디지털 마케팅 역시 이와 마찬가지입니다. 전통적인 마케팅은 신문, 텔레비전, 오프라인 행사 등을 통해 제품과 서비스를 알렸습니다. 디지털 마케팅은 '디지털'이라는 도구를 이용하지만, 본질적으로 사람을 위한 제품을 개발하고 SNS를 통해 홍보하는 활동입니다. 디지털 마케팅이라고 해서 로봇이 제품을 개발하고 파이썬Python 같은 컴퓨터 언어가 제품을 판매하는 것은 아닙니다. '사람'이라는 소비자와 판매자, 개발자가 있는 한 디지털 마케팅 역시 사람을 연구하는 인문학이 반드시 필요합니다.

처음에 던졌던 질문으로 돌아가 볼까요? 정확한 통계는 아니지만, 3명 정도는 인문학이 필요하지 않다고 말합니다. 그렇다고 이들이 틀린 것도 아닙니다. 디지털 마케팅은 철저한 숫자의 세계 속에서 존재합니다. 모든 결괏값은 입력된 수치에 따라 결정됩니다.

예를 들어 '이번 달에 1,000만 원의 디지털 마케팅 예산을 집행했더니 ROAS가 전월 대비 50% 상승했다'처럼 디지털 마케팅은 숫자가 결과를 지배합니다. 이러한 디지털 마케팅의 메커니즘을 알기 위해 역사와 철학 그리고 예술 등을 이해할 필요는 전혀 없어 보입니다. 오직 숫자와 숫자를 만들기 위한 아이디어가 필요하겠죠. 따라서 "아니요"라고 대답한 사람들은 디지털 마케팅의 원리와 결과를 누구보다 잘 이해하고 있는 사람들입니다.

위대한 수학자들은 위대한 철학자였다는 사실을 알고 계신가요? 혹시 '피타고라스Pythagoras'라는 사람을 기억하나요? 피타고라스 함수를 만든 그리스의 수학자입니다. 피타고라스는 위대한 수학자이자 철학자였습니다. 20세기 영국의 저명한 수학자인 버트런드 러셀Bertrand Russell[6] 역시 뛰어난 철학자로 유명합니다. 눈에 보이지 않는 무한의 영역을 상상하고 이를 수학적 공식으로 정리하기 위해서는 아무래도 철학적 또는 종교적 통찰력이 필요한 것 같습니다.

---

6 버트런드 러셀(1872~1970년)은 영국의 철학자, 논리학자, 수학자이자 사회 운동가로, 1950년 노벨 문학상을 수상했습니다.

디지털 마케팅이 숫자를 중시하더라도 결국 숫자를 만들고 숫자를 해석하는 존재는 바로 '사람'입니다. 사람, 즉 디지털 마케터가 어떤 콘텐츠를 기획할 것인지를 결정하고 사람, 즉 소비자가 콘텐츠를 보고 제품을 구매합니다. 결과는 차가운 숫자로 갈무리되지만, 숫자가 만들어지는 과정에는 사람의 역할과 개입이 꼭 필요합니다.

디지털 마케팅도 인문학이 필요하다는 것은 알겠습니다. 그렇다면 어떤 인문학이 필요하다는 것일까요? 철학, 역사, 종교, 예술 중 무엇부터 시작해야 할까요?

여기서 인문학과 관련된 두 번째 질문이 등장합니다. 첫 번째 질문과 달리, 두 번째 질문에는 정답이 없습니다. 열 명이면 열 가지 정답을 갖고 있는 질문이니까요.

디지털 마케팅을 위해 필요한 인문학은 '길 위의 인문학'입니다. '길 위의 인문학'이라고 하니 무척 예술적이네요. 철학, 역사, 문학 등과 관련된 지식과 경험도 필요하지만, 디지털 마케터에게 더욱 필요한 인문학적 소양은 사람이 실제로 무엇을 보고, 무엇을 경험하는지를 관찰하는 능력입니다. 이러한 인문학적 소양은 컴퓨터 모니터 안에서는 절대로 충족될 수 없습니다. 아무리 큰 모니터라도 사람들의 현실 세계 모습과 감정을 모두 보여 줄 수는 없습니다. 오직 실제 현장에서 마케터가 진짜 소비자들과 부딪치면서 얻게 되는 경험이기 때문에 '길 위의 인문학'이라는 이름을 붙였습니다.

경영자, 개발자 그리고 마케터는 자신의 제품과 서비스를 너무 잘 알고 사랑합니다. 제품의 특징과 기능 그리고 경쟁 제품 대비 차별적 우위 등을 상세히 알고 있기 때문에 소비자들도 자신들처럼 제품을 이해하고 사랑해 줄 것이라 믿습니다. 디지털 마케터들은 이런 성향이 더욱 강한 것 같습니다. 실시간으로 생성되는 판매 수치와 고객 반응을 보면서 고객을 충분히 이해할 수 있다고 믿기도 합니다.

고객이 SNS 광고에 노출된 순간부터 제품을 실제로 구매하는 순간까지 실시간으로 보이는 숫자가 고객을 100% 나타낸다고 생각합니다. 마치 사람을 구성하는 산소, 탄소, 수소 등의 비율만 알 수 있다면 사람에 대한 모든 것을 알고 있다고 믿는 것과도 같죠. 하지만 정말 그럴까요? 사람은 이보다 훨씬 복잡한 존재입니다.

이러한 착각을 없애는 가장 좋은 방법이 바로 '현장으로 나가는 것'입니다. 디지털 마케터는 아무리 바빠도 실제로 제품을 구매하는 사람을 현장에서 관찰해야 합니다. 매장에서 실제로 제품을 구매하는 사람을 만나고 제품을 사용하는 사람의 의견을 들어 봐야 합니다. SNS에 올라온 구매 후기와 사용 후기는 빙산의 극히 작은 일부이거나 왜곡될 수 있는 의견입니다.

전통적인 마케팅을 경험했던 마케터들의 최고 강점은 철저한 현장지향적 생각과 태도입니다. 오프라인, 즉 이마트에서는 제품을 구매하는 고객을 매대 바로 앞에서 관찰할 수 있습니다. 만약 궁금한 점이 있다면 고객에게 바로 물어볼 수도 있습니다. 하지만 디지털 마케팅에서는 이런 소비자의 모습은 보이지 않습니다. 오직 클릭에 따른 결과만 나타날

뿐이죠.

디지털 마케팅을 위한 '길 위의 인문학'의 실천 방법은 무엇일까요?

첫째, 소비자들이 많이 모이는 오프라인으로 직접 나가는 것입니다. 젊은 여성들을 위한 패션 상품을 기획하고 온라인에서 유통한다면, 잠재 고객 또는 트렌드 세터들이 자주 찾는 청담동이나 '힙지로'[7]라고도 불리는 을지로 등에 직접 가 보는 것이 좋습니다. 실제로 어떤 옷을 입고, 어떤 장소를 방문하는지를 눈으로 보고 귀로 들어야 합니다. 온라인에서 밀키트를 만들어 판매한다면 일주일에 한두 번은 이마트나 홈플러스에 가서 매대에서 어떤 밀키트를 살 것인지 고민하는 사람을 살펴봐야 합니다.

둘째, 제품을 온라인에서 구매했거나 SNS에 댓글을 남긴 사람에게 직접 메시지, 즉 DMDirect Message을 보내 솔직한 의견을 물어보는 것입니다. 간단한 설문을 진행하는 것도 좋은 방법입니다. 가장 좋은 방법은 장바구니에만 담아놓고 구매를 하지 않는 사람에게 DM을 보내 확인하는 것이죠. 물론 「개인정보 보호법」을 고려해 사전에 개인정보 공유를 허락한 사람에게만 접근해야 합니다.

셋째, 제품 개발 또는 제품 소싱 단계부터 디지털 마케터가 참여하는 방법입니다. 제품이 소비자에게 어떤 가치와 편익을 제공할 것인지를 시작 단계에서부터 이해한다면 디지털 콘텐츠와 SNS 광고의 내용과 깊이가 달라집니다. 좀 더 소비자 중심적인 내용으로 발전하게 되죠.

---

7 힙지로는 '힙하다'와 '을지로'의 합성어로, 몇 년 동안 인기를 끌고 있는 을지로 일대를 부르는 명칭입니다.

디지털 마케팅을 위한 '길 위의 인문학'은 스스로에게 "왜"라는 질문을 던지고 이에 대한 자기 나름의 대답을 찾는 것이 아닐까요? 그리고 자신만의 답을 찾는 과정에서 다양한 인문학 분야 중 하나를 깊게 고민하게 됩니다. 예를 들어 볼까요? 젊은 여성이 최근 레트로 패션에 열광하는 것을 관찰했다면, 왜 레트로가 유행인지를 역사적인 관점에서 좀 더 파악해 볼 수 있을 것 같습니다. 디지털 마케터는 역사 속에 등장한 레트로 열풍을 공부하면서 더 많은 아이디어와 콘텐츠를 역사 속에서 얻을 수 있습니다. 단순히 '레트로가 유행이구나'가 아니라 '레트로는 신구 세대 간의 간극이 클 때마다 등장한다'와 같은 자신만의 관점을 가질 수 있다면 인문학은 자신의 역할을 톡톡히 해낸 것입니다.

디지털 마케팅은 모니터가 아닌 사람과 현실 세계로부터 시작해야 합니다. 현실에서 "왜"라는 질문을 건져 낸 인문학에서 자신만의 답을 찾아야 합니다. 즉각적으로 답이 도출되는 숫자 대신 "왜"라는 질문을 찾는 것은 어쩌면 시간 낭비처럼 보일 수 있죠. 하지만 디지털 마케팅도 결국 사람에서 시작해 사람으로 끝납니다. 따라서 디지털 마케팅에도 인문학이 필요합니다.

03

디지털 마케팅을 위한
사전 준비물

디지털 마케팅을 시작할 때 가장 중요한 것은 무엇일까요? 열정? 꼭 필요하죠. 성능 좋은 컴퓨터? 있는 것이 좋습니다. 컴퓨터 활용 능력? 다른 것과 마찬가지로 꼭 필요합니다. 하지만 더 필요한 것이 있습니다. 바로 '전략적 사고'와 '체계적인 접근법'입니다. 디지털 마케팅이 제대로 된 성과를 내기 위해서는 사전에 준비해야 할 사항이 제법 많습니다. 3부에서는 어떤 준비가 선행돼야 하는지를 다룹니다.

13장은 디지털 마케팅을 위한 전략에 대해 다룹니다. 모든 경영 활동은 전략적 사고가 필요합니다. 그렇다고 너무 심도 깊은 내용을 다루지는 않습니다. 14장은 디지털 마케터에 대한 내용입니다. 실제로 많이 간과하는 영역이 바로 '사람에 대한 내용'입니다. 디지털 마케팅에는 인공지능 대신 사람이 필요합니다. 15장에서는 디지털 마케팅을 위한 예산 책정 방법에 대해 설명합니다.

16장에서는 어떤 특성을 지닌 제품과 서비스가 디지털 마케팅에 적합한지를 다룹니다. 17장은 디지털 에이전시에 대한 궁금증을 해소하기 위해 준비했습니다. 나에게 맞는 디지털 에이전시만 찾아도 성과를 쉽게 낼 수 있습니다. 마지막으로 18장에서는 디지털 마케팅을 위한 원페이지 기획서를 만드는 방법을 다룹니다. 짧지만 핵심이 들어간 기획서는 디지털 마케팅을 위한 훌륭한 가이드를 제공합니다.

3부의 내용을 충분히 숙지하면 디지털 마케팅을 시작하는 데 큰 어려움은 없을 것입니다.

13

디지털 마케팅에도
전략이 필요하다

새로운 사업을 시작합니다. 신제품을 개발하고 같이 일할 팀원들도 모집했습니다. 사무실 한쪽을 가득 채운 제품을 보니, 그동안의 고생이 꿈만 같습니다. 이제 열심히 팔기만 하면 될 것 같습니다. 디지털 마케팅을 활용해 가성비 있게 제품을 홍보하고 판매를 이끌어 내려고 합니다. 아직 회사의 규모가 크지 않아서 디지털 마케터는 채용하지 않았지만, 지인이 소개한 유능한 디지털 에이전시와 계약하려고 합니다. 디지털 에이전시와 미팅을 하는데, 생각지도 못한 질문을 받았습니다.

"사장님, 생각해 놓은 디지털 마케팅 전략이 있으신가요?"
"당연히 전환율[8]과 ROAS[9]를 최대한 올려서 판매량을 확보하는 것이죠."

---

8 전환율(Conversion Rate)은 자사몰 등과 같은 웹사이트를 방문한 고객 중에서 제품을 실제로 구입한 사람의 비율을 말합니다.
9 ROAS는 광고비 대비 매출액을 가리키며 일반적으로 % 단위로 표기됩니다.

"그건 단순한 방법론이고요. 큰 틀에서의 전략을 알려 주셔야 저희가 일을 할 수 있어요."

갑자기 머리가 복잡해집니다. 디지털 마케팅에 대해 고민하면서 내린 결론은 'ROAS의 극대화'입니다. ROAS, 즉 광고비 대비 매출을 최대한 이끌어 내는 것 말고 다른 전략이 있을까요?

13장에서는 디지털 마케팅을 더 잘 수행하는 데 필요한 전략을 알아보겠습니다. 전략이라고 해서 크게 어려운 내용은 아닙니다. 상식을 기반으로 전략에 대한 몇 가지 오해와 디지털 마케팅 전략에 필요한 세 가지 요소를 살펴보겠습니다.

먼저 전략이라는 단어는 글자 그대로 군대에서 시작됐습니다. 한마디로 '싸우는 책략'을 말합니다. 전략의 영어 단어인 'Strategy'는 군대를 이끄는 장군을 가리키는 그리스어에서 유래했습니다.[18] 유능한 장군과 군인들은 전쟁에서 싸워 이기기 위해 전략을 익히고 이를 실제 전쟁에 적용했습니다. 전략이라는 단어와 개념은 비즈니스 현장에서도 많이 쓰입니다. 심지어 일상생활에서도 자주 볼 수 있습니다.

몇 년 전 국내 대기업인 P 사를 방문했습니다. 회의실 앞을 지나가는데, 다음과 같은 문구가 적혀 있었습니다.

'전략적 베트남어 학습'

싸우는 방법인 전략과 언어 학습이 어떻게 연결되는 것일까요? 아마도 전투하듯이 치열하게 그리고 체계적으로 베트남어를 배운다는 의미인 듯합니다. 이처럼 '전략' 또는 '전략적'이라는 단어는 일상에서 '체계적으로', '목표를 갖고' 등과 같은 의미로 사용됩니다.

전략은 비즈니스에서 매우 중요합니다. 비즈니스 현장은 하루하루가 전쟁터라는 말도 있듯이, 비즈니스에서는 경쟁에서 살아남는 것이 가장 중요합니다. 이를 위해 비즈니스도 전략의 개념을 도입했고 경영학과에서는 경영 전략을 가르칩니다. 당연히 이와 관련된 연구도 진행 중입니다.

하버드 대학의 마이클 포터Michael Porter 교수는 전략을 다음과 같이 정의합니다.[19]

"전략은 다양한 활동을 포함하고 있는 차별적이고 가치 있는 포지션을 만드는 활동이다."

"전략은 경쟁에서 무엇을 하지 않을지를 결정할 것을 요구한다."

"운영을 효과적으로 하는 것이 전략은 아니다."[20]

포터 교수가 말한 첫 번째와 두 번째 개념은 쉽게 이해할 수 있습니다. 하지만 마지막 문장은 조금 이해하기 어렵습니다. 큰 규모의 기업을 경영하든, 작지만 단골 손님이 많은 카페를 갖고 있든 운영을 잘하는 것은 정말 중요합니다. 운영을 잘하기 위해서는 정말 많은 노력과 고민이 필요하죠. 자신만의 운영 노하우는 분명히 차별적인 강점이 될 수 있습니다. 하지만 포터 교수의 말처럼 효과적인 운영이 곧 전략은 아닙니다.

전략은 경쟁자와 비교해서 차별적이고 가치 있는 뭔가를 창조하는 활동입니다. 효과적인 운영 방식은 전략을 달성하기 위한 세부 활동입니다. 효과적인 운영이 전략이 되려면 운영을 통해 엄청난 가치를 만들어야만 합니다. 예를 들어 경쟁 매장에서는 베이글 한 개의 원가가 2,000원이지만, 우리 매장에서는 혁신적인 기법을 사용해 원가를 500원까지 낮췄습니다. 이렇다면 경쟁 매장보다 4배 정도 싼 가격에 베이글을 팔 수도 있고 2배 정도 싸게 팔지만 2배 정도 높은 마진을 가져갈 수도 있습니다. 이 정도가 돼야 효과적 운영이 전략의 역할을 하게 됩니다. 명칭도 '효과적인 운영'이 아니라 '혁신적인 운영'이라고 바꿔야하겠네요.

디지털 마케팅을 도입할 때 가장 흔히 저지르는 실수는 '전략'과 '전략적인 목표'를 착각하는 것입니다. 디지털 마케팅은 비용을 최소화하면서 구매 전환율을 극대화하는, 즉 ROAS를 최대화하는 것이 중요하다고 여러 번 말씀드렸습니다. 하지만 ROAS 극대화는 달성해야 하는 전략적인 목표입니다. 경영자와 디지털 마케터는 어떻게 ROAS를 달성할 것인지에 대한 전략이 필요하죠. 디지털 마케팅 전략이 없는 상태에서 마케터에게 업무를 맡기면 불필요한 자원만 낭비되거나 기업 전체의 전략과 불일치되는 현상이 발생할 수도 있습니다.

디지털 마케팅에서 필요한 전략이란, 경영 목표를 달성하고 경쟁에서 이기기 위한 중장기적 계획이라고 볼 수 있습니다. 경쟁자와 차별적인 가치를 창조하는 활동이기도 합니다. 다만 일반 경영 전략과 다른 점은 디지털 마케팅의 전략은 일간 판매 및 고객 유입 데이터를 기반으로 하는 영업 중심적 계획에 집중한다는 것입니다. 실시간 데이터에 기반을 둔 영업 중심적 전략에 집중하기 때문에 디지털 마케팅 전략은 상대적으로 단기적인 전략 목표를 수립하게 됩니다. 10년 앞을 내다보고 장기적인 관점에서 전략을 수립하기보다는 단기적으로 성과를 도출하는 전략에 집중하게 됩니다.

디지털 마케팅 전략을 수립할 때는 크게 세 가지 요소를 꼭 고려하는 것이 좋습니다. 첫째, 누가 고객인지를 명확하게 정하는 것입니다. 고객을 명확하게 아는 것이 마케팅의 첫걸음이지만, 많은 경영자와 마케터는 자신의 고객이 누구인지를 구체적으로 말하지 못합니다. 대략적으로 '젊은 여성', '화장품에 관심 있는 사람' 등으로 막연하게 대답하죠. 하지만 디지털 마케팅처럼 온라인에서 고객을 직접 대면하지 않고 마케팅을 하거나 제품을 판매하기 위해서는 고객이 무엇을 좋아하고 어떤 성향을 갖고 있으며 어떤 SNS를 자주 방문하고 어떤 콘텐츠에 더 쉽게 반응하는지를 알아야 합니다. 마케팅에서는 이를 '고객 프로파일'이라고 하는데, 고객 프로파일이 구체적일수록 고객의 자발적인 참여와 구매를 유도할 수 있는 디지털 광고를 만들 수 있습니다.

둘째, 제품과 서비스의 특성을 고객 친화적으로 구체화하는 것입니다. 디지털 세상에서는 고객들은 클릭 한 번으로 다른 제품과 광고로 넘어갈 수 있습니다. 제품과 콘텐츠가 조금만 마음에 들지 않으면, 냉정하게 다른 웹사이트로 넘어갑니다. 아무리 고객의 특성을 잘 파악하고 있더라도 결국 제품들 간의 매력 싸움에서 이겨야 합니다. 따라서 나의 제품이 어떤 SNS 또는 이커머스 채널에서 어떤 경쟁품과 경쟁하는지를 알아야 하고 차별화 포인트가 무엇인지 명확하게 설정해야 합니다. 막연하게 '5% 더 빠른'과 같은 설명은 효과가 없습니다. 어떤 메시지와 컬러로 제품을 뽐낼 것인지 그리고 브랜드 이미지를 어떻게 형성할 것인지를 미리 결정해야 합니다.

셋째, 선택과 집중입니다. 앞에서 전략은 '하지 않을 활동을 결정'하는 것이라고 말했습니다. 모든 조직은 예산과 경영 자원의 한계를 갖고 있습니다. 경영자의 역할은 예산과 자원을 효율적으로 배분하는 것이라고 합니다. 제품 출시 전부터 제품을 홍보할 것인지, 제품이 매장에 입점된 후에 디지털 광고를 할 것인지를 결정해야 합니다. 이러한 의사결정은 제품 생산, 배송, 영업 등 전사적 의사결정이 필요한 일이므로 디지털 마케터가 혼자서 결정할 수는 없습니다. 오직 경영자 또는 사장만이 내릴 수 있는 의사결정입니다.

지금까지 말한 세 가지 전략적 고려사항 외에도 디지털 마케팅을 성공적으로 수행하기 위해서는 조직과 프로세스에 대한 고려도 필요합니다. 기업이 디지털 마케터를 채용했다고 해서 갑자기 디지털 친화적 회사가 되지는 않습니다. 전략만큼 중요한 것은 전략을 뒷받침할 수 있는 조직입니다. 디지털 마케팅 조직을 신설하거나 디지털 마케터를 많이 뽑으라는 것은 아닙니다. 전사적으로 디지털 마케팅의 역할을 공지하고 영업, 생산, 회계 등 다양한 부서와의 업무 프로세스만 잘 구축해도 디지털 마케팅이 원활하게 운영될 수 있습니다.

디지털 마케팅을 위한 프로세스를 수립할 때는 디지털 마케터가 언제 그리고 어떤 부서들과 업무를 수행할 것인지를 구체적으로 명기하는 것이 좋습니다. 디지털 마케팅은 제품 개발에서부터 홍보 그리고 영업 등 거의 모든 영역의 업무와 겹치는 부분이 많기 때문이죠.

다시 처음으로 돌아가 볼까요? 디지털 마케팅 전략이 무엇인지 물어보는 에이전시에게 다음과 같이 대답하면 어떨까요?

"인스타그램에서 화장품 인플루언서들을 주로 검색하는 20대 고객을 우선 타깃으로 하고 있습니다. 그리고 우리 제품은 패키지 디자인에 올인했으므로 동영상으로 자세히 보여 주고 싶습니다. 제품 출시 전부터 미리 인지도와 호기심을 끌어올린 후에 매출을 한 번에 끌어올리는 전략을 쓰고 싶어요. 이때 ROAS 목표는 무조건 1000% 이상입니다. 잘 부탁드릴게요!"

14

누구를 디지털 마케터로
뽑아야 할까?

    디지털 마케팅을 본격적으로 도입하기로 했지만, 사무실을 둘러보니 걱정부터 앞섭니다. 사무실에 많은 직원이 있지만, 이 중에서 과연 누구에게 디지털 마케팅을 맡겨야 할까요? 디지털 마케팅은 컴퓨터를 잘 몰라도 할 수 있지만, 디지털 마케팅 업무를 담당할 사람은 있어야 합니다. 사장님이 영업도 하고 제품도 개발하고 디지털 마케팅 업무까지 다 맡아서 할 수는 없으니까요. 물론 1인 기업이라면 어쩔 수 없습니다. 하지만 사업을 계속 키우기 위해서는 전담 직원을 조금씩 늘려 나가는 것이 좋습니다.

    디지털 마케터는 디지털 마케팅을 본격적으로 시작하기 위해 꼭 필요합니다. 대기업이나 중견 기업이라면 이미 있는 직원 중 한 명을 디지털 마케터로 임명할 수도 있습니다. 예산만 있다면 신규 채용도 가능합니다. 하지만 아직 규모가 크지 않은 기업이라면 신규 채용을 하거나 기존 인력의 보직을 변경하기가 어렵습니다. 하지만 디지털 마케팅의 중

                    디지털 마케팅 실전 활용

요도를 생각한다면 디지털 마케터는 반드시 필요합니다.

디지털 마케터를 회사 내부에서 뽑을 경우, 흔히 세 가지 유형을 보게 됩니다. 실제로 자주 볼 수 있는 방법입니다. 첫째와 둘째 유형이 가장 일반적이지만, 의외로 셋째 유형도 자주 볼 수 있습니다. 하지만 바람직한 방법은 아닙니다.

첫째, 마케팅 또는 영업을 담당하던 부서에 디지털 마케팅 업무를 맡기는 방법입니다. 이미 마케팅을 하던 부서이므로 담당 업무에 '디지털'을 덧붙인다고 해서 크게 문제가 될 것 같지는 않습니다. 하지만 마케팅 부장에게 슬쩍 '디지털'도 해 보라고 했더니 눈을 동그랗게 뜨고 반대합니다. 자신들은 오프라인 마케팅과 브랜딩을 하는 사람이라 디지털에는 자신이 없다고 말합니다.

전통적인 오프라인 마케팅과 디지털 마케팅은 기본적으로 마케팅이라는 공통분모를 갖고 있습니다. 따라서 오프라인 마케터라고 해서 디지털 마케팅을 담당하지 않을 이유는 없습니다. 오히려 요즘 젊은 마케터들은 디지털의 가능성을 보고 디지털 마케팅 커리어를 쌓으려고도 합니다.

마케팅 또는 영업 부서의 직원을 디지털 마케터로 보직 변경할 경우에는 적절한 지원책이 필요합니다. 이들은 마케팅과 영업을 하는 사람일 뿐, '디지털'을 잘 아는 사람들은 아닙니다. 마케팅과 영업력을 바탕으로 디지털 역량을 확보할 수 있도록 해야 합니다. 가장 쉬운 방법은 디지털 에이전시와 함께 업무를 볼 수 있도록 하는 것입니다. 마케터로서 전략적 방향성과 업무를 관리하고 에이전시가 진행하는 기술적인 내용을 빨리 배울 수 있도록 하는 것이 좋습니다. 다만, 디지털 마케터로 성장하기 위해서는 디지털 테크와 디지털 원리를 충실히 이해할 수 있어야 합니다. 또한 디지털 트렌드와 단기적 성과를 창출할 수 있는 순발력이 필요합니다. 기존 마케터와 영업 사원들을 디지털 마케터로 전환하기 전에 누가 이런 특성을 지녔는지를 꼭 확인해야 합니다.

둘째, '디지털'과 가장 친근할 것 같은 전산 부서에 업무를 맡기는 방법입니다. 마케팅 부서에서 사람을 선발하는 것과 180도 다른 접근법이죠. 전산 직원들은 디지털은 잘 알지만, '마케팅'은 잘 모릅니다. 그래서 전산 부서를 직접 방문해 전산 부서의 직원이 담당하는 업무를 살펴보면 이 방법은 바로 포기하게 됩니다. 하루 종일 전산 기기, IT 인프라와 씨름하는 엔지니어 출신의 직원이 과연 소비자의 세밀한 감성을 이해해서 디지털 마케팅을 구현할 수 있을 것 같지 않기 때문입니다.

물론 전산 부서의 직원들을 처음부터 포기할 필요는 없습니다. 이들 중에도 보석 같은 직원이 있을 것입니다. 어쩌면 마케터에게 디지털을 가르치는 것보다 IT 담당자가 마케팅을 배우는 것이 더 효율적일 수 있으니까요. IT 담당자가 디지털 마케터의 역할을 맡으면, 종종 기술적 성과 또는 기술적 우수성에 몰입되는 경우가 있습니다. 새로운 IT 테크가 나오면 바로 도입해서 활용하고 싶어합니다. 디지털 분야에서는 바람직하지만, 소비자들 역시 신기술에 대한 수용도를 갖고 있는지 확인해야 합니다. 디지털 기술은 마케팅과 소비자를 위해 발전하고 존재하는 것일 뿐, '디지털을 위한 디지털'은 무의미합니다.

디지털 기술에만 매몰됐다가 실패했던 사례가 있습니다. 바로 디지털 마케팅의 대명사인 '페이스북'의 사례입니다. 2007년 페이스북은 '비콘Beacon'이라는 광고 서비스를 출시했습니다. 비콘은 페이스북 이용자들이 페이스북의 제휴 웹사이트에 들어가 제품을 구매하면 구매 정보를 페이스북에 전달할 뿐 아니라 이용자들의 친구들에게도 구매 정보를 제공합니다. 페이스북은 비콘 정보를 통해 이용자들에게 보다 개인화된 광고 및 마케팅을 할 수 있었습니다. 또한 친구들에게 내가 어떤 것에 관심을 갖고 있다는 정보를 제공합니다. 2007년의 기술로는 매우 혁신적이었죠. 하지만 출시한 지 얼마 지나지 않아 엄청난 반발과 대규모 소송에 직면합니다.[21] 이용자들이 개인정보 보호를 소홀히 취급한 페이스북에 크게 분노한 것입니다. 결국 2009년 페이스북은 비콘 서비스를 종료합니다. 기술이 가져다 주는 혜택에 눈이 멀어 소비자들이 느낄 불편함을 보지 못한 사례입니다.

기술과 관련된 또 다른 재미있는 사례가 있습니다. 1999년 코카콜라는 온도에 따라 가격이 변동되는 자판기를 개발했습니다.[22] 예를 들어 자판기의 음료 가격은 평상시 1,600원이지만, 실외 온도가 30도 이상이 되면 1,800원으로 상승합니다. 경제학적인 관점에서 보면 날씨가 더우니 시원한 코카콜라에 대한 수요가 증가할 것이고 더 비싼 가격에도 자판기를 이용하게 되죠. 기술의 발전으로 온도와 자판기 가격을 상시 연동시킬 수 있게 된 것입니다. 결과는 어떻게 됐을까요? 이런 방식의 온도와 연동된 자판기 계획은 철저히 실패했습니다.[23] 당연합니다.

날씨가 덥다고 자판기의 가격이 110%로 상승한다면 어떨까요?

덥다고 더 비싼 콜라를 마실까요?

마케팅 관점에서 소비자와 제품을 살펴보면 실패할 수밖에 없습니다. 소비자에게 여름에 마시는 코카콜라는 갈증을 없애 주는 다양한 탄산음료 중 한 가지일 뿐입니다. 더욱이 소비자는 자판기에서 판매되는 코카콜라의 가격을 명확히 인식하고 있습니다. 날씨가 조금 덥다고 더 비싼 가격에 판매되는 코카콜라를 보면 어떤 생각이 들까요? 더욱이 유명 관광지도 아닌데 말입니다. 마케터라면 코카콜라에 대한 부정적 인식을 초래할 이런 기술은 도입하지 않을 것입니다.

코카콜라 자판기와 관련된 한 가지 예를 더 들어 보겠습니다. 얼마 전 일본에서는 코카콜라 자판기에 변동 가격제를 도입했습니다.[24] 야간부터 이른 오전에는 자판기의 음료가 100원 할인돼 판매되는 것입니다. 일본 본사에서 디지털적으로 자판기 내 재고 수량과 지역, 입점 장소 등을 고려해 변동 가격을 도입했다고 합니다. 이번에는 성공할지 궁금합니다. 한 가지 확실한 것은 코카콜라가 자판기 사업에는 진심이라는 점입니다.

셋째, '젊으니까' 또는 'SNS를 많이 하니까'와 같은 이유로 회사에서 가장 어린 직원에게 디지털 마케팅 업무를 맡기는 방법입니다. 회사의 규모가 작을수록, 직원이 이미 다수의 업무를 맡아서 할수록 이런 경우를 많이 보게 됩니다. 아무래도 디지털에 익숙한 어린 직원이 그렇지 않은 직원 대비 디지털 마케터가 될 가능성이 높습니다. 하지만 이 직원이 디지털과 마케팅 두 가지 모두에 관심이 없거나 아는 바가 없다면 어떻게 될까요?

음식 맛을 잘 보거나 맛집 순례가 취미라고 해서 좋은 셰프가 되지는 않습니다. 단지 가능성이 좀 더 있을 뿐입니다. 디지털 마케팅은 단기적으로 성과를 창출하고 실시간 판매 데이터에 기반을 둔 의사결정을 해야 합니다. 가능성 있는 직원을 선정해서 장기간 육성한다는 인사 정책이 아니라면, 디지털 마케터는 디지털과 마케팅 중 어느 한 가지라도 전문성이 있는 직원이 하는 것이 가장 바람직합니다.

가장 바람직한 방법은 전문적인 디지털 마케터를 외부에서 채용하는 것입니다. 만약 디지털 마케팅 부서를 새로 만들고 부서장을 뽑는다면 헤드헌터를 이용하거나 주변의 추천을 받는 것이 좋습니다. 연차가 낮은 디지털 마케터를 채용한다면 사람인, 잡코리아 등과 같은 채용 플랫폼을 이용해 이력서를 받을 수도 있습니다.

디지털 마케터를 뽑는 채용 면접에서는 주의할 점이 있습니다. 반드시 직무 중심적으로 물어봐야 한다는 것입니다. 인성과 태도는 중요합니다. 하지만 ROAS를 올릴 수 있는 방법, 인스타그램의 클릭 수와 회원 수 증대를 위한 방법 등처럼 디지털 마케팅과 관련된 내용을 상세히 확인해야 합니다.

지원자가 현업에서 바로 실력을 발휘할 수 있는지도 알아야만 합니다. 디지털 마케팅은 브랜딩과 달리, 단기적이고 성과 중심적입니다. 새로 입사한 직원이 자리 잡기까지 많은 시간을 줄 수 없습니다. 바로 실력을 발휘할 수 있어야 합니다. 따라서 채용 인터뷰에서는 회사가 시작하려는 디지털 마케팅과 관련된 충분한 역량을 갖췄는지 확인해야 합니다. 만약 회사 내에 지원자의 역량을 평가할 만한 사람이 없다면 외부 전문가의 도움을 받을 것을 적극 추천합니다.

디지털 마케터를 채용했다고 해서 모든 고민이 사라지는 것은 아닙니다. 1인 기업이나 작은 카페라면 모르지만, 이미 몇 개의 부서가 있는 기업이라면 새로 채용한 디지털 마케터를 특정 부서에 배속시켜야 합니다.

일반적으로는 마케팅 팀에 디지털 마케터를 배치합니다. 디지털 마케팅을 통해 기업의 브랜드 가치를 올리고 기존 오프라인 마케팅과의 연계성을 높이고 싶다면 디지털 마케터는 마케팅 팀과 함께 일하는 것이 좋습니다. 마케팅 팀에 소속된 디지털 마케터는 전사 마케팅을 담당하는 부서장의 지시에 따라 디지털 매체를 활용해서 기업의 브랜드 가치를 증대시키는 활동을 하게 됩니다. 마케팅 부서장은 디지털 마케터가 인스타그램, 블로그 등과 같은 SNS 매체를 관리하거나 다양한 콘텐츠를 기획할 수 있도록 업무 방향을 잡아 줘야 합니다.

반면 디지털 마케팅을 통해 단기적인 매출 극대화 또는 새로운 영업 채널을 만들고자 한다면, 영업부에 디지털 마케터를 배속시킬 수도 있습니다. 또는 회사에 이커머스를 담당하는 부서가 따로 있다면 이커머스 팀과 함께 일하게 할 수도 있습니다. 영업부에 배속된 디지털 마케터의 핵심 KPI는 당연히 ROAS 극대화입니다. 디지털 마케터의 모든 역량은 매출 증대이며 브랜드 마케팅보다는 퍼포먼스 마케팅이 주요 업무가 됩니다.

인사 및 조직 관리에서 정답은 없습니다. 하지만 경영학의 오래된 명제처럼 조직은 전략을 따르는 것이 일반적인 관행입니다.[25] 이와 마찬가지로 디지털 마케팅의 전략과 목적이 정해지면, 이에 맞는 조직 설계를 하는 것이 보편적입니다. 따라서 회사가 처한 상황과 전략적 방향에 따라 디지털 마케터의 업무와 조직의 특성이 달라집니다. 따라서 주변에서 디지털 마케터를 어느 부서에 배치했다는 말에 현혹되지 말고 자신이 처한 상황과 과제를 먼저 확인해야 합니다.

이미 몇 개의 부서와 몇십 명의 직원을 보유하고 있는 회사들만 디지털 마케팅을 하는 것은 아닙니다. 하지만 작은 카페의 사장님, 최근 개업한 피부과 원장님, 동네 어귀에 멋있게 오픈한 레스토랑의 셰프 등처럼 혼자 일하거나 두세 명의 직원들과 함께 일하는 경우에는 상황이 조금 다릅니다.

이 경우에는 어쩔 수 없이 사장님, 원장님, 셰프님 모두 슈퍼맨이 돼야 합니다. 본업도 수행해야 하지만 디지털 마케팅 업무도 수행해야 합니다. 대신 맡아서 해 줄 사람을 찾거나 채용하기 전까지는 어쩔 수 없습니다. 다만 디지털 마케팅을 너무 무리해서 진행할 필요는 없습니다.

카페, 병원, 레스토랑 등처럼 지역 밀착형 매장들은 디지털 마케팅을 통해 SNS, 네이버 등에서 매장이 좀 더 잘 노출될 수 있도록 해야 합니다. 그리고 매장과 원장님 등에 대한 좋은 이미지를 심어 줄 수 있는 사진, 동영상 등의 콘텐츠를 준비해야 합니다. 요즘에는 스마트폰 하나로 충분히 가능합니다. SNS에 올라오는 댓글에도 반응해야 하지만 본업이 먼저입니다. 대신 시간이 날 때마다 조금씩 댓글을 챙겨 주세요. 점점 디지털 마케팅에 대한 긍정적인 반응이 나타나면, 업무를 대신해 줄 수 있는 디지털 에이전시를 찾아보세요. 제일기획이나 에코마케팅처럼 큰 에이전시 대신 주변에서 업무를 도와주는 곳을 찾는 것이 좋습니다. 그러면서 조금씩 디지털 마케팅에 대한 노하우와 경험을 쌓아 보세요.

디지털 마케팅에서 디지털, 즉 IT 테크Tech는 매우 중요합니다. 종종 디지털 마케팅과 관련해 인공지능에 의한 자동화 또는 마테크Martech[10]를 활용한 업무 효율화에 대한 기사를 봅니다. 이러한 IT 기술들을 활용하면 몇십 명이 할 일을 한두 명이 할 수도 있습니다. 하지만 바로 그 한두 명이 '디지털 마케터'입니다. 디지털 마케팅을 하기 위해서는 디지털 마케팅을 담당하는 사람이 반드시 필요합니다. 꼭 디지털 전문가가 아니라도 충분한 지식과 경험을 갖고 있어야 합니다.

디지털 마케팅을 시작하기에 전에 어떤 역량과 전문성을 갖춘 디지털 마케터가 필요한지 고민해 보기 바랍니다. 유능한 디지털 마케터를 찾는다면 여러분의 디지털 마케팅은 금방 활성화될 수 있으니까요.

---

10 마테크는 '마케팅+테크놀로지'의 합성어로, 디지털 기술을 활용한 광고 및 마케팅의 자동화, 시각화 등을 가능하게 해 주는 기술을 의미합니다.

15

디지털 마케팅, 얼마면 돼?

디지털 마케팅을 시작하려는 분이 가장 궁금해하는 질문이 있습니다. 디지털 마케팅을 어떻게 진행할 것인지, 디지털 마케팅의 목적을 어떻게 설정할 것인지 등과 같은 중요한 질문보다 더 절박하게 알고 싶어 하는 질문입니다. 하지만 대답하기 정말 까다로운 질문입니다. 어떤 질문일까요?

"디지털 마케팅을 하려면 대략 얼마 정도 예산을 준비해야 하나요?"

바로 돈에 대한 질문입니다. 아무래도 새로운 활동을 시작할 때 돈이 얼마나 필요한지 궁금합니다. 이런 궁금증은 디지털 마케팅에만 국한되지 않습니다. 새로 공장을 짓거나, 새로운 부서를 만들거나, 카페에 신메뉴를 도입할 때는 추가 비용이 발생합니다. 온라인 스토어를 운영하더라도 신제품을 추가하면 비용이 발생합니다. 경영을 하는 입장에서는 새로 발생하는 비용에 민감할 수밖에 없습니다. "돈이 얼마 들든지 당장 시작해!"라고 호기롭게 외치는 회장님은 어쩌면 웹 소설에만 존재할지 모릅니다.

앞에서 디지털 마케팅은 가성비가 좋다고 말씀드렸지만, 이는 상대적인 가성비를 말합니다. 전통적인 오프라인 광고 대비 돈이 조금 든다는 말일 뿐, 디지털 마케팅은 '돈이 거의 들지 않는다'라는 개념은 절대 아닙니다.

간혹 디지털 마케팅은 비용이 거의 들지 않고 단지 성능 좋은 노트북 컴퓨터 한 대만 구입하면 된다고 생각하는 분도 있습니다. 하지만 디지털 마케팅을 하려면 돈이 필요합니다. 경우에 따라서는 많은 비용이 들어가기도 합니다. 비용이 발생하는 몇 가지 경우를 살펴보겠습니다.

첫째, 광고비입니다. 만약 디지털 마케터가 회사가 직접 운영하는 매체, 즉 블로그나 인스타그램 채널에 직접 광고를 만들어 올린다면 광고비는 들지 않습니다. 회사가 운영하는 매체를 흔히 '온드 미디어Owned Media'[26]라고 합니다.

예를 들어 내가 직접 운영하는 카페의 전면 유리창에 신제품 포스터를 붙이는 데 돈이 들까요? 포스터 제작 비용 외에는 돈이 들지 않습니다. 디지털 마케팅도 이와 마찬가지입니다. 내가 운영하는 인스타그램 계정에 신제품 이미지를 올리는 데는 돈이 들지 않습니다. 하지만 더 많은 사람에게 신제품 소식을 알리려면 인스타그램, 네이버 등에 광고비를 내고 광고를 해야 합니다. 이때 광고 유형에 따른 광고비가 발생합니다.

디지털 마케팅을 처음부터 끝까지 혼자 할 수 있으면 좋겠지만, 현실은 그렇지 않습니다. 디지털 마케팅은 여러 가지 전문 영역으로 쪼개져 운영됩니다. 따라서 전문가, 즉 디지털 에이전시의 도움을 받아야 합니다. 당연히 디지털 에이전시와 일하는 데는 수수료가 발생합니다. 적게는 5%, 많게는 20% 미만까지 에이전시가 해 주는 업무의 범위와 전문성에 따라 수수료가 달라집니다. 대부분 에이전시 수수료를 생각하지 않고 있다가 나중에 견적을 보고 깜짝 놀랍니다.

만약 더 좋은 디지털 광고, 예를 들어 소비자들의 열광적인 반응을 이끌어 내거나 관심을 끄는 광고를 원한다면 디지털 광고를 만드는 데 추가 비용이 발생합니다. 유명 인플루언서와 제휴 마케팅이라도 하면 비용은 한없이 올라갑니다. 좋은 아이디어와 온몸을 불사르는 열정으로 디지털 광고를 저렴하게 만들 수는 있습니다. B급 감성이 충만한 광고와 콘텐츠에 더욱 열광적으로 반응하는 소비자들도 있습니다. 하지만 정말 소수의 B급 콘텐츠만이 겨우 살아남습니다.

어찌어찌 디지털 광고와 콘텐츠를 준비했습니다. 광고를 집행할 네이버, 유튜브 등에 3개월 동안 광고할 비용도 책정했고 에이전시 수수료도 이미 확인했습니다. 하지만 이번에는 내부에서 일이 터집니다. 직원이 일이 많아 디지털 마케터를 뽑아달라고 합니다. 당장 디지털 마케터를 채용할 여력은 없지만, 전담 인력은 필요해 보입니다. 우선 단기 계약직을 채용해 급한 불을 끄게 됩니다. 하지만 인건비라는 예상하지 못했던 추가 비용이 발생합니다. 디지털 마케팅을 담당할 계약직 인력이 사용할 노트북 구매 비용과 각종 부대 비용 등은 덤입니다.

이처럼 디지털 마케팅을 시작하면 여러 가지 면에서 비용이 발생합니다. 디지털 마케팅을 시작하는 입장에서는 큰 금액입니다. 유명 연예인을 사용한 광고에 비해 월등히 저렴하다고 만만하게 생각했다가 정말 크게 놀랍니다.

이쯤에서 다시 한번 질문이 나옵니다. "그래, 디지털 마케팅 관련해서 돈이 드는 것은 알겠어. 그래서 얼마면 되는데?"라고 말이죠. 하지만 그 누구도 이 질문에 대한 답을 갖고 있지 않습니다. 너무 많은 변수가 있기 때문이죠.

검색 엔진 최적화는 네이버, 구글 등에서 소비자가 특정 브랜드 또는 제품을 검색할 때 자신이 판매하는 제품 또는 매장이 가장 먼저 나오도록 하는 방법입니다. 검색 엔진 최적화에서 가장 중요한 것은 '키워드'입니다. 어떤 키워드로 검색하느냐에 따라 자신의 브랜드가 검색 과정에서 가장 먼저 나올지, 나중에 나올지가 결정됩니다. 키워드가 중요한 것은 맞지만, 키워드는 유한한 자원입니다. 사람이 원하는 키워드는 제한적이죠. 그래서 키워드 가격은 마치 경매하듯이 결정됩니다. 흔히 '비딩Bidding한다'라고 말합니다.

좀 더 쉽게 설명드리겠습니다. 다시 성수동에 오픈한 베이글 가게를 생각해 보죠. 이번에는 '베이글 바이 성수Bagel by Seongsu'라는 카페 이름도 있습니다. 사장님은 '베이글 바이 성수'가 네이버의 최상단에 나타나기를 바랍니다. 디지털 마케터와 상의했더니 키워드 광고를 하자고 하네요.

키워드 광고는 '베이글' 또는 '성수동'을 네이버에서 검색했을 때 네이버 파워링크를 통해 바로 맨 위로 올리는 방법입니다. 키워드 단가를 에이전시를 통해 확인합니다. 베이글처럼 일반 명사를 활용해 네이버나 구글 상단에 올리기 위해서는 비싼 가격을 치러야 합니다. 실시간 비딩일 경우, 몇 천 원까지 상승합니다. 하지만 '베이글 바이 성수'를 키워드로 설정하면 아주 싼 값에 비딩할 수 있습니다. 왜냐하면 '베이글 바이 성수'는 아직 아무도 찾지 않는 키워드니까요. 키워드는 인기가 많을수록 비싸지고 인기가 없거나 특정 대상에만 한정하면 가격이 낮아집니다. 그리고 키워드는 경쟁 상황에 따라 그때그때 달라집니다.

키워드를 다소 길게 설명했지만, 핵심은 이해했을 것입니다. 어떤 키워드를 갖고 광고할 것인지에 따라 지출되는 비용이 몇 배의 차이가 나게 됩니다. 그렇기 때문에 저는 디지털 마케팅에 얼마 정도의 돈이 드는지 알 수 없습니다. 어떤 키워드를 쓸지 모르니까요.

그뿐 아니라 디지털 미디어별로 금액이 달라집니다. 최근에는 유튜브와 인스타그램이 대세입니다. 당연히 광고비가 높을 것입니다. 페이스북은 인기가 예전만 못하니 광고비가 상대적으로 저렴해지고 있죠. 광고비는 어떤 SNS를 고르느냐에 따라 달라집니다. 또한 규모가 큰 글로벌 에이전시를 쓸 수도 있고 신생 에이전시라서 믿음은 아직 안 가지만 싼 곳을 쓸 수도 있습니다. 그리고 어떤 콘텐츠를 제작할 것인지에 따라서도 비용이 다르겠죠. 인플루언서를 무조건 써서 초기 인지도를 높이고자 한다면 디지털 마케팅의 비용은 크게 올라갑니다.

결국 디지털 마케팅을 위한 비용은 회사와 디지털 마케터의 전략과 운영 계획에 달려 있습니다. 디지털 마케팅의 예산은 누가 결정해 주는 것이 아니라 내부적으로 얼마 정도 쓰겠다는 가이드가 필요합니다. 일반적으로 통용되는 디지털 마케팅 예산의 한도가 있을까요? 당연히 없습니다. 모든 것은 '케이스 바이 케이스'이고 회사마다 상황이 다르니까요. 하지만 다행히 일반적으로 통용되는 수치는 있습니다.

회계적으로 디지털 마케팅에 들어가는 비용은 '광고비'에 해당합니다. 외부에 공시되는 회계 자료에서 광고비 항목은 디지털 마케팅, 오프라인 마케팅 등으로 세분화돼 공시되지 않습니다. 따라서 우선 광고비의 규모를 알아봐야 합니다. 회사마다 매출 규모와 광고비 규모가 다르기 때문에 절대적인 금액으로 비교하는 것은 의미가 없습니다. 따라서 매출액 대비 광고비의 비율을 확인하게 됩니다.

한국회계학회에 등재된 연구 논문[27]을 살펴보면, 매출액 대비 광고비는 약 1% 전후입니다. 경기가 호황이면 1.2%까지 오르지만, 금융 위기가 오면 1% 미만으로 크게 떨어집니다. 역시 광고는 경기에 민감하게 반응하네요.

물론 연구 대상 기업들에는 광고를 별로 하지 않는 산업재 회사와 광고 의존도가 높은 식품 회사가 모두 포함돼 있습니다. 식품 회사는 매출액 대비 광고비 비율이 높은 편입니다. 롯데제과의 2022년 하반기 매출액 대비 광고비 비율은 약 2.6%[28]입니다.

광고비의 규모는 기업의 상황에 따라 유동적으로 변경됩니다. 마켓컬리의 매출액 대비 광고비 비율의 변화를 살펴볼까요? 2014년에 설립된 마켓컬리는 2019년 전후로 사업을 본격적으로 키웁니다. 당연히 공격적인 마케팅을 하게 되죠. 특히 마켓컬리는 디지털 마케팅에 힘을 많이 써서 타깃 고객인 젊은층의 여성들과 주부들을 공략합니다. 2019년 매출액 대비 광고비의 비율이 약 8.4%까지 증가했습니다. 하지만 차츰 사업이 안정되고 비용의 통제가 이뤄지면서 광고비의 비율이 2020년 3.1%, 2021년 2.8%까지 낮아졌습니다.[29] 마케팅의 입장에서는 광고를 많이 하고 싶지만, 경영자의 입장에서는 광고를 되도록 적게 하고 싶습니다. 광고는 곧 비용이기 때문입니다. 광고비는 사업의 발전 단계에 따라 조율하는 것이 좋습니다.

최근에는 디지털 광고 비중이 전통적인 광고, 즉 텔레비전, 신문, 옥외 광고의 비중보다 높습니다. 따라서 매출액 대비 광고비의 절반 이상을 디지털 광고에 쓰고 있다고 추정할 수 있습니다.

디지털 마케팅의 예산에 대한 결론은 다음과 같습니다. 우선 질문을 바꿔야 합니다. "얼마나 써야 하는가?"라는 질문 대신 "얼마나 쓸 수 있는가?"로 말이죠. 즉, 내가 갖고 있는 매출 또는 투자금 중에서 어느 정도의 예산을 집행할 수 있는지를 파악해야 합니다. 그리고 그 금액 안에서 최적의 방법을 찾아야 합니다. 쓸 수 있는 예산이 연간 10억 원이라면 10억 원 안에서 최적의 디지털 마케팅 방안을 찾으세요.

만약 연간 1,000만 원만 광고비에 쓸 수 있다고 하더라도 상관없습니다. 아이디어와 기획만 좋다면 1,000만 원으로도 좋은 성과를 낼 수 있습니다. 다만 1,000만 원으로 10억 원의 성과를 기대하면 안 됩니다. 1,000만 원으로 2,000만 원 또는 3,000만 원의 성과를 목표로 하는 것이 좋습니다.

마지막으로 예산과 관련된 팁입니다. 디지털 마케팅과 관련해서 다짜고짜 "얼마 정도만 내면 다해 주겠다"라고 말하는 디지털 에이전시 또는 마케터는 되도록 피하는 것이 좋습니다. 이런 분들은 고객사의 상황과 목적에 관심이 없습니다. 고객에 맞는 문제 해결 역시 가능하지 않습니다. 자신들이 할 수 있는 방법 딱 한 가지만 알고 있습니다. 그 방법이 맞을 수도 있지만, 맞지 않을 가능성이 훨씬 더 높습니다. 디지털 마케팅 예산은 고객의 상황에 따라 항상 변한다는 점을 꼭 기억하세요.

16

디지털 마케팅에 특화된
제품을 찾아라

오랜만에 챗GPT에게 질문을 했습니다. 개인적으로 답을 갖고 있었지만, 누군가의 의견을 듣고 싶었거든요. 왠지 모르겠지만 챗GPT는 무척 객관적이고 이성적인 의견을 줄 것 같다는 생각을 하게 됩니다.

Prompt: 디지털 마케팅에 적합한 제품이 따로 존재하는가?

챗GPT: 디지털 마케팅에 적합한 제품은 특정한 범주에 제한되지 않습니다. 대부분의 제품과 브랜드는 디지털 마케팅 전략을 통해 브랜드 인지도를 높이고 고객과의 상호작용을 강화할 수 있습니다. 다만, 제품의 특성과 시장 환경에 따라 어떤 디지털 마케팅 전략이 더 효과적인지는 다를 수 있습니다.

여러 산업과 제품 범주에서 디지털 마케팅을 활용하는 몇 가지 고려사항은 다음과 같습니다.

• 소비재 제품: 소비재 제품은 소셜 미디어, 온라인 광고 콘텐츠 마케팅 등을 활용해 브랜드 인지도를 높일 수 있습니다. 제품의 특징, 혜택, 사용법 등을 시각적이고 강렬한 콘텐츠로 전달하는 것이 중요합니다.

• B2B 제품 및 서비스: 기업 간 비즈니스에서는 전문적인 콘텐츠, 이메일 마케팅, 검색 엔진 마케팅 등을 활용해 전문성을 강조하고 타깃 비즈니스를 유치할 수 있습니다.

- 전자 상거래: 온라인 판매를 중점으로 하는 제품은 검색 엔진 최적화, 소셜 미디어 광고, 이메일 마케팅 등을 통해 고객 획득 및 유지에 중점을 둘 수 있습니다.
- 소프트웨어 및 앱: 디지털 제품은 소셜 미디어, 콘텐츠 마케팅, 온라인 광고 등을 활용해 제품의 기능과 사용자 경험을 강조할 수 있습니다.
- 건강 및 웰빙: 건강 제품 및 서비스는 교육적인 콘텐츠, 소셜 미디어 캠페인, 온라인 이벤트 등을 통해 소비자 교육과 상호작용을 촉진할 수 있습니다.
  따라서 디지털 마케팅은 제품의 특성, 목표 고객층, 경쟁 환경에 따라 맞춤화돼야 합니다. 핵심은 목표와 전략을 정의하고 타깃 오디언스에게 가치를 전달하는 데 있습니다.

챗GPT에게 이와 동일한 질문을 단어와 문장을 바꿔 물어봐도 비슷한 대답이 나옵니다. 결론적으로 모든 제품과 서비스는 디지털 마케팅이 가능하다는 것입니다. 단, 오해하면 안 되는 점이 있습니다. 디지털 마케팅의 대상이 되는 제품과 온라인 판매가 가능한 제품은 다릅니다. 술, 담배, 의약품, 무기류, 음란물, 상표권 침해 제품 등은 온라인 판매가 금지돼 있습니다.[30] 콘택트렌즈[11], 도수가 들어간 안경처럼 전문적인 검사와 처방이 필요한 제품도 온라인 판매가 불가능합니다.

하지만 디지털 마케팅은 온라인 판매와 상관없이 가능합니다. 예를 들어 보겠습니다. 맥주, 소주와 같은 술은 온라인에서 판매하지 못합니다. 쿠팡이나 마켓컬리 등에서 카스, 참이슬 같은 주류 제품은 팔 수도 없고 살 수도 없습니다. 단, 논알콜 맥주와 전통주 등은 판매할 수 있습니다. 하지만 광고는 이와 다릅니다. 당연히 주류 광고는 규제가 까다롭습니다. 저녁 10시 이전에는 소주 등의 광고가 불가능하며 술을 미화하

---

11 콘택트렌즈는 2011년부터 국민의 눈 건강을 위해 온라인 판매가 금지됐지만, 2024년부터 단계적으로 위험도가 낮은 일회용 콘택트렌즈의 온라인 판매를 허용할 계획입니다.

는 광고 내용도 금지돼 있습니다. 하지만 우리들은 유튜브와 네이버 등에서 다양한 주류 광고를 볼 수 있습니다. 지금도 이찬원, 손석구, 수지 등과 같은 유명 연예인이 소주와 맥주 모델로 활동 중입니다. 다만 SNS 광고 중에서 가장 법 위반률이 높은 광고가 바로 '주류 광고'라고 합니다.[31] 그만큼 주류 광고는 준법과 위법 사이에 애매하게 존재하고 있습니다.

챗GPT가 알려 준 것처럼 마트에서 판매하고 있는 모든 제품은 디지털 마케팅의 대상이 됩니다. 인터넷에서 쉽게 보는 영어 학습 과정과 대입 교육 학습 프로그램도 훌륭한 마케팅 대상입니다. 심지어 기업 간 거래를 하는 소프트웨어 및 IT 솔루션 역시 디지털 마케팅을 통해 매출을 올리고 브랜딩을 하고 있습니다. 전철역 앞에 새로 오픈한 작은 카페도 디지털 마케팅을 할 수 있고 파주 인근에 새로 지은 커다란 베이커리도 디지털 마케팅을 통해 손님을 모으고 있습니다.

따라서 어떤 업종, 어떤 제품, 어떤 서비스를 하든 상관없습니다. 디지털 마케팅을 통해 달성하고자 하는 목적과 전략이 있다면 디지털 마케팅이 가능합니다. 이미 앞에서 여러 차례 설명한 것처럼 맹목적으로 "디지털 마케팅이라도 해 볼까?"라는 생각만 하지 말아 주세요. 디지털 마케팅에 대한 구체적 의지와 목적, 방향성이 있다면 서서히 성과를 낼 수 있습니다.

어떤 제품이든 디지털 마케팅이 가능하지만, 현실적으로 디지털 마케팅에 특화된 제품과 서비스들은 존재합니다. 이 제품들은 디지털 마케팅을 통해 광고하기도 좋고 이커머스를 통한 매출 확보 역시 상대적으로 쉽습니다.

디지털 마케팅에 적합하려면 제품을 차별화하기 쉬워야 합니다. 제품의 성능이 좋거나, 더 좋은 원재료를 사용하거나, 제작 방식이 다른 것이 좋습니다. 차별화가 가능할수록 디지털 마케터는 더 좋은 콘텐츠를 만들 수 있습니다. 이런 차별화 포인트를 시각적으로 보여 줄 수 있으면 더욱 좋습니다. 아무래도 디지털 마케팅은 이미지에 영향을 많이 받으니까요. 무조건 눈에 잘 들어오는 이미지 또는 콘텐츠가 필요합니다. 소비자들의 눈에 들어오지 않는 제품에게는 두 번의 기회란 없습니다.

또 다른 특성은 구매의 부담이 없다는 점입니다. 구매의 부담이 없다는 것은 두 가지를 의미합니다. 첫 번째는 상대적으로 비싸지 않은 가격입니다. 실패하더라도 비싸지 않으니까 한번 사 보는 제품이죠. 온라인에서 구매할 수 있는 패션 의류들이 이에 해당합니다. 두 번째는 제조사 또는 판매처를 신뢰하는 경우입니다. 우리는 100만 원이 훌쩍 넘는 노트북 컴퓨터를 쿠팡이나 네이버에서 쉽게 구매합니다. 자주 가는 웹사이트에서 노트북 광고를 보고 있다가 어느 순간 쿠팡에서 노트북 구매 버튼을 누르고 있습니다. 가격은 비싸지만, 구매한 이후에 대한 걱정은 없습니다. 고장이 나면 AS는 어차피 삼성전자에서 해 줄 것이니까요. 이처럼 제조사가 확실하면 디지털 마케터는 더 힘을 낼 수 있습니다.

그렇다면 중소기업 또는 신생 스타트업은 디지털 마케팅이 어려울까요? 당연히 삼성전자 또는 애플 정도의 화력을 쏟아붓는 디지털 마케팅은 불가능합니다. 여기서 화력은 당연히 광고비입니다. 디지털 마케팅도 광고비 앞에서는 장사가 없습니다. 하지만 디지털 마케팅은 더 적은 예산으로 더 효과적인 마케팅을 할 수 있습니다. 정교한 타깃팅과 새로운 디지털 기술을 활용하면 가능합니다. 그리고 자신만의 명확한 스토리와 차별점이 있다면 더욱 좋습니다. 중소기업이 삼성전자 규모의 매출을 목표로 하지 않는다면 충분히 가능합니다.

해외로 눈을 돌리면 재미있는 제품을 더 많이 찾아볼 수 있습니다. 특히 D2CDirect to Customer 분야에서 쉽게 볼 수 있습니다. D2C는 회사가 고객에게 자사의 온라인 판매 웹사이트를 통해 직접 물건을 파는 방식입니다.

D2C를 통해 침대 매트리스를 판매하는 '캐스퍼Casper'라는 브랜드가 있습니다. 침대 매트리스는 가격이 제법 비쌉니다. 무엇보다 부피가 어마어마하죠. 미국에서는 매트리스를 구매하면 대부분 본인이 직접 차에 실어 와야 합니다. 그래서 매트리스를 쉽게 교체하기 어렵습니다. 캐스퍼는 두꺼운 매트리스를 돌돌 말아 작은 박스에 넣어 고객에게 직접 배송합니다. 고객이 구매 과정에서 겪는 장벽을 제거함으로써 엄청난 성공을 거뒀습니다.

이와 마찬가지로 '올버즈'라는 신발 브랜드는 신발 밑창에서부터 신발 끈까지 모든 소재를 천연 양모로 만들었습니다. 한때 실리콘밸리의 CEO 10명 중 7명이 올버즈를 신었습니다. 차별화하기 힘든 신발 시장에서 100% 천연 소재와 친환경으로 큰 성공을 거뒀습니다.

이미 눈치챈 분도 있을 것입니다. 캐스퍼는 2020년 큰 기대를 받으면서 상장했지만, 2022년 상장을 철회했습니다.[32] 올버즈는 2021년 상장했지만, 지금은 지속적인 품질 이슈로 힘든 시간을 보내고 있습니다.[33] 2024년 시점으로 본다면 캐스퍼와 올버즈는 모두 실패한 사례처럼 보입니다. 특히 D2C라는 비즈니스 모델에 대한 비판도 무척 많습니다. D2C 모델은 필연적으로 과도한 디지털 광고 의존, 오프라인 매장의 부재에 따른 고객 경험의 결여 그리고 유사 제품의 난입에 따른 경쟁 과도화 등의 문제를 겪을 수밖에 없습니다. 최근 D2C 비즈니스 모델에 대한 우려는 계속 커지고 있습니다.

그럼에도 제가 캐스퍼와 올버즈를 예로 든 이유는 간단합니다. 차별적인 특성을 보유한 브랜드일수록 디지털 마케팅은 더 큰 효과를 가져옵니다. 디지털 마케팅은 브랜드의 차별화 포인트를 극대화하는 힘이 있습니다. 물론 브랜드가 지속 가능하려면 디지털 마케팅뿐 아니라 또 다른 노력, 즉 R&D, 오프라인 매장 등과 같은 활동이 필요하죠.

디지털 마케팅이 불가능한 제품과 서비스는 없습니다. 하지만 제품과 서비스가 차별화되거나 자신만의 콘텐츠를 갖고 있어야 디지털 마케팅이 힘을 받을 수 있습니다. 그래서 지금 당장 하실 일은 나의 브랜드가 얼마나 차별화 요인을 갖고 있는지를 객관적으로 살펴보는 것입니다. 남들과 다른 뭔가가 있다면, 디지털 마케팅은 다른 뭔가에 멋진 날개를 달아 줄 테니까요.

17

디지털 마케팅의 파트너,
디지털 에이전시

디지털 마케터끼리 모이면 디지털 에이전시에 대한 이야기가 빠지지 않습니다. 모임에서는 최근 미팅을 가졌던 디지털 에이전시에 대한 정보를 공유합니다. 그리고 에이전시를 어떻게 활용하면 좋을 것인지에 대한 의논도 합니다. 누군가는 디지털 에이전시와의 최근 캠페인의 성과를 자랑하지만, 디지털 에이전시에 대한 분노를 표출하는 마케터들도 간혹 볼 수 있습니다.

디지털 마케터의 제일 가까운 파트너이자 애증의 관계이기도 한 디지털 에이전시는 무슨 일을 하는 조직일까요? 디지털 에이전시는 광고주를 대신해서 디지털 마케팅과 관련된 대부분의 업무를 대행합니다. 예전에는 에이전시들이 글자 그대로 업무를 대신 처리해 줬기 때문에 흔히 '광고 대행사'라고 불렸습니다. 하지만 디지털 분야에서는 '에이전시'라는 용어로 정착된 것 같습니다.

디지털 에이전시는 광고주의 디지털 마케팅 업무의 많은 부분을 대신 처리해 줍니다. 하지만 여기서 오해하면 안 되는 부분이 있습니다. '대신 처리'한다는 것은 광고주가 하지 못하는 업무 또는 광고주보다 성과를 낼 수 있는 업무를 담당한다는 의미일 뿐, 광고주의 수족처럼 일한다는 의미는 아닙니다. 예전에는 '을'의 대표 주자가 대행사였습니다. 하지만 최근에는 대행사 또는 에이전시 모두 하나의 프로페셔널한 조직으로 인정을 받고 있습니다.

디지털 에이전시를 잘 활용하기 위해서는 에이전시가 어떤 일을 하는 조직이고 무엇을 잘하는지를 알고 있어야 합니다. 좋은 에이전시를 선별해서 성과가 나오는 협업 관계를 유지하기 위해서는 소위 '갑'이라고 불리는 고객사와 '을'이라고 불리는 에이전시 모두 서로에 대해 많은 공부를 해야 합니다. 먼저 에이전시가 어떤 일을 하는지 살펴보겠습니다.

디지털이 처음 등장할 당시, 디지털 에이전시의 주요 업무는 웹 페이지 제작이었습니다. 기업들이 서로 자신만의 홈페이지를 제작했기 때문에 웹 제작사에 대한 수요가 폭발했습니다. 지금은 워드프레스WordPress와 같은 플랫폼을 이용해 쉽게 제작할 수 있습니다. 하지만 기업의 홈페이지는 기업의 얼굴이므로 나름 전략적인 측면도 고민해야 합니다. 어떻게 해야 힘들게 만든 홈페이지에 방문객이 많이 방문할 수 있을지를 연구하기도 했습니다.

최근에는 디지털 에이전시의 업무가 고도화됨에 따라 브랜딩 또는 매출 증대로 무게추가 많이 옮겨가고 있습니다. 디지털 에이전시는 검색 광고, 바이럴 광고, SNS 마케팅 등을 전문적으로 수행하면서 광고주의 제품을 알리고 매출 증대에 공헌합니다. 예를 들어, 신제품을 고객에게 알리기 위해 광고주는 디지털 에이전시에게 신제품이 네이버 검색창에서 상단에 노출될 것을 요청하게 됩니다. 또한 디지털 에이전시는 인스타그램과 같은 SNS 채널에서 신제품 관련 조회 수가 높게 나오는 광고를 만들기도 합니다. 물론 광고의 방향성과 기본 콘텐츠들은 광고주가 먼저 제공해야 합니다.

디지털 에이전시는 디지털 마케터의 파트너입니다. 디지털 마케터는 파트너인 에이전시로부터 전략적 방향성과 인사이트 그리고 시장 동향 등 다양한 의견을 물어보고 싶어합니다. 꽤 오래전부터 디지털 에이전시는 전략적 분석과 사업 기획 역량을 갖추기 위해 노력해 왔습니다. 단순히 SNS 광고만 만들거나 콘텐츠만 제작하는 업무는 수익성도 낮고 시장에서 쉽게 교체되기 때문이죠. 고객과 디지털 마케팅에 대한 전략을 같이 수립할 수 있다면, 매년 벌어지는 경쟁 입찰에서 유리한 고지를 차지할 수 있으니까요.

마케팅 전략은 일차적으로 광고주가 제공해야 합니다. 하지만 디지털 세상에서 기술 발전과 경쟁 환경이 정말 빠르게 변하고 있으므로 디지털 세상의 최전선에서 활동하는 디지털 에이전시의 안목과 전문성에 귀를 기울여야 합니다. 다만 광고주는 디지털 에이전시의 제안이 옳고 그른지를 판단할 수 있는 역량을 갖추고 있어야 합니다.

디지털 마케팅 분야에는 '미디어랩'이라고 불리는 독특한 조직이 있습니다. 미디어랩은 'Media'와 영업 대표자를 뜻하는 'Representative'의

합성어입니다. 미디어랩은 네이버와 같은 매체사의 위탁을 받아 에이전시 또는 광고주에게 매체의 지면과 시간을 파는 업무를 진행합니다. 갑자기 매체사, 디지털 에이전시, 미디어랩 등 처음 보는 용어가 쏟아져 나와 혼란스럽죠? 이들의 업무는 다음 그림을 보면 이해하기 쉬울 것입니다.

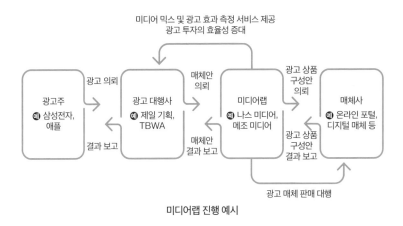

미디어랩 진행 예시

사실 미디어랩은 디지털 시대 이전부터 있었습니다. 아날로그 시대처럼 전통적인 광고밖에 없었을 때는 한국방송광고진흥공사KOBACO가 1981년부터 방송 광고 거래 업무를 독점적으로 대행했습니다. 지금은 다양한 온라인 미디어가 나옴에 따라 독점적 지위를 상실하면서 위상이 많이 약화됐습니다.

미디어랩이라는 용어는 디지털 시대에 접어들어 더욱 많이 알려집니다. 워낙 다양한 디지털 미디어들이 있기 때문에 특정 업체 한 곳이 모든 매체 판매 및 구매를 대행할 수 없게 됩니다. 따라서 나스 미디어, 메조 미디어 등과 같은 디지털 미디어에 특화된 조직들이 생겨납니다. 참고로 나스 미디어의 2022년 매출액은 1조 원을 상회합니다. 어마어마하죠? 미디어랩 기업들의 매출은 광고 수탁고를 기준으로 합니다. 즉, 나스 미디어는 2022년 1조 원 규모의 디지털 매체를 구입했고 실제 순이익은 디지털 매체 대행에 따른 수수료입니다.

디지털 에이전시와 일을 하게 되면 아무래도 비용이 발생합니다. 에이전시 수수료는 에이전시의 업무에 대한 마진과 미디어 구매에 따른 미디어 비용으로 크게 나눌 수 있습니다. 에이전시가 순수하게 콘텐츠만 제작했다면 콘텐츠 제작 비용만 지불하면 됩니다. 하지만 에이전시가 네이버와 같은 매체[12]에 광고까지 한다면 매체 비용도 추가됩니다. 다만 매체 비용은 에이전시가 갖는 것이 아니라 미디어랩에 전달됩니다. 미디어랩은 자신의 수수료만 남기고 매체 비용을 매체사에 전달합니다. 어떻게 보면 중간 유통 단계가 많아서 수수료만 증가하는 것처럼 보이지만, 디지털 마케팅의 산업적인 특성을 이해하는 것이 좋습니다. 디지털 마케팅은 매우 분업화된 산업입니다. 특정 업체 하나가 모든 업무를 다 할 수는 없습니다. 따라서 업무가 전문화된 서비스와 기술을 제공하는 다양한 기업과 산업군으로 분산됩니다. 비록 단계가 많아짐에 따라 수수료가 증가하지만 업무 전문성과 효율성을 위해 정착된 프로세스라고 이해하는 것이 좋습니다.

---

[12] 네이버는 포털의 기능을 하지만, 디지털 마케팅에서는 디스플레이 광고 등을 실어 주는 디지털 매체의 기능을 하기도 합니다.

디지털 마케팅을 이제 막 도입한 기업은 종종 어떤 디지털 에이전시와 계약하면 좋을지를 궁금해합니다. 하지만 질문을 바꾸는 것이 더 좋을 것 같습니다.

첫 번째 질문은 "언제 디지털 에이전시와 계약하면 좋은지"가 돼야 합니다. 에이전시를 언제 뽑을지를 결정하기 위해서는 두 가지 전제 요건이 필요합니다.

첫 번째는 디지털 에이전시를 관리할 수 있는 내부 역량의 보유입니다. 팀원 중 업무가 적은 사람에게 에이전시 관리를 맡기는 경우를 종종 봅니다. 하지만 에이전시를 리드하면서 체계적인 업무 가이드라인을 제공하는 일은 절대로 쉬운 작업이 아닙니다. 또한 에이전시에게 적절한 피드백을 제공하고 에이전시가 제대로 업무를 수행하는지를 검증할 수 있는 능력도 필요합니다. 에이전시를 맡아서 관리할 직원은 전문성과 경험을 모두 갖추고 있는 것이 좋습니다.

디지털 마케팅 초기부터 디지털 전문가를 고용할 수는 없습니다. 하지만 에이전시와 최소한의 커뮤니케이션을 할 수 있는 인력은 무조건 있어야 합니다. 회사의 사장님이 직접 수행할 수도 있고 기존 인력을 단기간 트레이닝시켜 업무를 맡겨도 됩니다. 이때 중요한 점은 에이전시 관리 역량 없이 에이전시를 선발하면 에이전시에 휘둘릴 가능성이 높아진다는 것입니다. 간혹 '갑질' 대신 '을질'을 당했다는 디지털 마케터를 보게 됩니다. 에이전시의 감언이설에 사장님이 넘어가 성과도 없는 일에 돈을 썼다는 것이죠. 에이전시와의 관계는 항상 뜨거운 협력과 차가

운 견제가 동시에 필요합니다.

두 번째 전제 요건은 충분한 업무량입니다. 디지털 광고 한두 개를 맡기기 위해 에이전시와 계약을 맺을 필요는 없습니다. 적어도 체계적으로 업무를 맡길 정도의 업무량이 있어야 합니다. 직원 한 명이 전체 업무 시간의 일정 수준, 최소한 절반 이상을 디지털 업무에 할애하고 있고 누군가의 전문적인 도움이 필요한 수준이라면 에이전시의 선발을 고려할 수 있습니다.

언제 디지털 에이전시를 선정할 것인지를 결정했다면 이제 어떤 에이전시를 뽑을지를 검토해야 합니다. 한국에는 수백 개의 에이전시가 있습니다. 제일기획 같은 종합 에이전시에서도 디지털 마케팅 서비스를 제공하고 오직 검색 광고만 담당하는 소규모 에이전시들도 있습니다. 규모가 크고 다양한 서비스를 제공하는 에이전시일수록 비용이 올라갑니다. 물론 작은 에이전시라고 해서 서비스가 부족한 것은 아니며 오히려 특정 영역, 예를 들어 이커머스에 특화된 에이전시들도 많습니다. 비싸지만 이름 있는 에이전시를 찾을지, 작지만 전문성 높은 에이전시를 찾을지는 광고주의 몫입니다.

또한 에이전시에게 어떤 업무를 맡길지를 명확하게 정해야 합니다. 전략적 파트너십이 필요한지, 단순히 디지털 콘텐츠 개발만 필요한지 등에 따라 고려해야 할 에이전시의 규모 및 비용이 달라지니까요. 에이전시가 어떤 서비스를 제공하는지를 물어보지 말고 내가 필요한 서비스를 제공하는지를 물어봐야 합니다. 내게 필요한 서비스가 무엇인지를 알기 위해서라도 회사에는 디지털 마케팅에 어느 정도 이해도가 있는 직원이 있어야 합니다.

에이전시에게 작업을 요청하기 위해 정리한 문서를 '제안 요청서RFP' 라고 합니다. 디지털 마케터는 제안 요청서를 작성하면서 자신이 계획하고 있는 업무를 명확하게 정리하게 됩니다. 머릿속에만 있는 아이디어들은 문서로 정리해야 구체화됩니다. 또한 에이전시는 제안 요청서를 보고 제안에 참여할지, 참여하지 않을지를 결정하게 됩니다. 에이전시도 기업이므로 수익성을 따져야 하고 잘할 수 있는 과업인지를 판단해야 하니까요.

"똑똑한 광고주가 똑똑한 에이전시를 만난다"라는 말이 있습니다. 오랫동안 마케팅에 종사했지만, 에이전시와의 관계에서는 정말 꼭 맞는 말입니다. 에이전시는 광고주의 역량만큼 성과를 발휘하니까요.

18

디지털 마케팅을 위한
원페이지 기획서

이제 디지털 마케팅이 뭔지 알 것 같습니다. 디지털 마케팅의 기본이 되는 마케팅 개념에 대해서도 이해했습니다. 그리고 나에게도 디지털 마케팅이 꼭 필요하다는 확신도 생겼습니다.

본격적으로 디지털 마케팅에 도전해 보려고 합니다. 얼마 전 아는 분이 추천해 준 디지털 에이전시의 웹사이트에도 들어가 봅니다. 디지털 에이전시는 자신이 만들어 낸 성공 사례들을 보여 줍니다. 디지털 에이전시답게 웹사이트 역시 최신 기술과 디자인으로 구성돼 있습니다. 에이전시의 연락처를 다시 한번 확인하고 소개받은 담당자에게 이메일을 보냅니다.

다음날 아침 일찍 이메일을 받은 담당자에게 전화가 옵니다. 간단히 인사한 후 바로 미팅 약속을 잡습니다. 나의 급한 마음을 아는 듯해서 흐뭇합니다. 전화로 인사를 나눈 담당자는 팀원 두 명과 함께 사무실을 방문합니다. 에이전시와의 미팅 목적을 다시 한번 설명하고 디지털 마케팅의 필요성과 목적을 말합니다. 디지털 마케팅에 대한 나의 생각을 들은 담당자들은 고개를 끄덕이며 필요한 몇 가지를 물어봅니다. 그리고 제안 요청서RFP를 전달해달라고 합니다. 미팅을 하면서 대부분 말했으므로 제안 요청서 작성은 어려워 보이지 않습니다. 호기롭게 대답하고 며칠 내에 전달하겠다고 말합니다. 미팅이 끝났습니다. 모든 것이 준비된 듯합니다. 하지만 정말 그럴까요?

지금부터는 디지털 마케터 또는 사장님의 시간입니다. 비록 디지털 에이전시가 제안 요청서를 요구했지만, 사실 제안 요청서 작성은 디지털 마케터와 회사를 위해 꼭 필요한 과정입니다. 내 머릿속에 있는 아이디어를 문서로 정리하기는 어렵습니다. 일단 아이디어들을 정리하기 시작하면 지금까지 생각하지 못했던 커다란 구멍이 보이기 시작합니다. 이때 제안 요청서를 작성하면서 꼭 필요한 점들과 부족한 점들을 다시 한번 점검하게 됩니다.

제안 요청서를 작성할 때는 어떤 내용이 필요할까요? 일반적으로 작성하는 제안 요청서에는 다음과 같은 내용이 포함됩니다.

- 회사에 대한 기본적인 설명
- 과제의 배경
- 과제의 목적
- 과제를 위한 세부 요청사항
- 과제 수행 기간

- 과제를 위한 예산
- 제안서 준비 및 제출 기한
- 제안서 평가 기준

앞에서 디지털 마케팅을 위한 제안 요청서의 작성은 회사를 위해 꼭 필요하다고 했습니다. 당연히 제안 요청서는 디지털 마케팅을 시작하고 에이전시를 선발하는 데 필요한 과정입니다. 하지만 제안 요청서를 구성하는 항목을 정리하다 보면 어떤 디지털 마케팅을 진행할 것인지에 대한 구체적인 모습이 그려집니다.

제안 요청서에서 종종 등한시되는 내용이 '과제의 배경'입니다. 간혹 과제의 배경에 대한 설명 없이 과제의 목적으로 바로 들어가는 제안 요청서를 보게 됩니다. 모든 조직은 크든 작든 자신들만의 특이점을 갖고 있습니다. 각자 처한 상황 속에서 디지털 마케팅의 필요성이 나오게 됩니다. 만약 이러한 상황적 배경을 알지 못한 상태에서 디지털 마케팅의 방법론을 제안할 경우에는 매우 평이하거나 보편타당한 실행안이 나올 수밖에 없습니다. 무엇보다 에이전시가 고객사의 배경에 대해 상상의 나래를 펼칠 수도 있죠. 어떤 경우이든 바람직하지 않습니다. 어떤 배경에서 제안 요청이 나왔는지를 명확하게 알려 줘야 합니다. 그래야만 문제를 구체적으로 해결할 수 있는 힘이 생깁니다.

제안 요청서에는 디지털 마케팅을 통해 얻고자 하는 최종 목적을 명시해야 합니다. 그리고 가능하다면 어떤 방식의 디지털 마케팅을 계획

디지털 마케팅 실전 활용

하는지도 적어 주십시오. 이미 2부에서 디지털 마케팅에는 콘텐츠 마케팅, SNS 마케팅, 퍼포먼스 마케팅 등 다양한 방법론이 있다고 말씀드렸습니다. 제안 요청서에 원하는 내용을 상세하게 명기할수록 구체적인 제안을 받을 수 있습니다.

다만 디지털 마케팅을 어떻게 운영할 것인지는 디지털 에이전시에게 맡기는 것이 좋습니다. 에이전시에게는 과제의 목적과 예상하는 결과물 그리고 예산을 알려 주면 됩니다. 좋은 에이전시라면 고객사가 원하는 바를 이해하고 주어진 예산을 이용해 현실적으로 실행 가능한 기획안을 가져올 것입니다. 물론 고객사가 꼭 집어서 '우리는 퍼포먼스 마케팅 제안을 요청한다'라고 할 수도 있습니다. 하지만 일부러 제안의 범위를 아주 좁게 한정할 필요는 없습니다. 좀 더 자유롭게 제안할 수 있게 해 주세요.

제안 요청서에 타깃 고객과 상품 또는 서비스에 대한 내용은 무조건 들어가야 합니다. 디지털 마케터가 생각하는 타깃 고객에 대한 이미지 또는 프로파일은 필수입니다. 다만 에이전시에서 타깃 고객에 대한 더 좋은 아이디어가 나올 수도 있습니다. 에이전시는 다양한 데이터와 마케팅 경험을 갖고 있기 때문에 고객이 생각하는 타깃 이미지를 보다 구체적으로 제시할 수 있어야 합니다. 상품과 서비스는 에이전시가 관여할 수 없는 영역입니다. 다만 에이전시는 마케터와 다른 관점에서 상품의 콘셉트와 판매 가능성을 볼 수도 있습니다. 에이전시는 상품 개발자의 관점이 아니라 상품 사용자 또는 상품 구매자의 관점에서 상품을 새롭게 정의하거나 또 다른 판매 기회를 찾을 수 있습니다.

제안 요청서에서 가장 중요한 것은 바로 '예산'입니다. 제안 요청서의 예산은 고객사의 입장에서는 '비용', 에이전시 입장에서는 '수익'입니다. 이해관계가 서로 극명하게 갈립니다. 예산을 너무 아끼면 좋은 에이전시를 놓치거나 디지털 마케팅을 제대로 수행할 수 없습니다. 디지털 마케터가 쓸 수 있는 예산은 정해져 있지만, 예산이 적정한지는 미리 파악해야 합니다. 가장 좋은 방법은 제안 요청서를 작성하기 전에 미리 여러 에이전시를 만나 대략적인 견적을 파악하는 것입니다. 마케팅 예산은 항상 부족합니다. 매년 경영 계획을 수립할 때는 디지털 마케팅을 위한 예산을 미리 넉넉히 준비하는 것이 좋습니다. 무엇보다 항상 예비비를 늘 확보하고 있어야 합니다.

제안서를 준비할 수 있는 기간도 어느 정도 합리적으로 잡아야 합니다. 마음이 급하다고 해서 기간을 너무 짧게 설정하면 좋은 제안이 나올 수 없습니다.

꼼꼼하고 정밀한 제안 요청서를 작성하는 것은 정말 어렵습니다. 제안 요청서를 구성하는 시간은 정말 값진 시간입니다. 스스로가 생각하고 상상했던 디지털 마케팅이 구체화되는 시간입니다. 또한 디지털 마케팅을 위해 필요한 사항, 예를 들어 디지털 테크, 타깃 고객, 기간, 주요 성과 지표, 예산 등을 하나하나 점검할 수 있는 시간이기도 합니다. 무엇보다 제안 요청서의 수준이 제안서의 수준을 결정합니다. 아무리 훌륭한 에이전시라도 애매하고 막연한 제안 요청서를 바탕으로 최선의 제안 내용을 만들 수는 없습니다. 적당히 어디에나 써먹을 수 있는 제안이 나올 뿐입니다. 조금 극단적으로 말씀드리면, 제안 요청서의 수준이 제안 결과의 수준이 됩니다.

제안 요청서는 일반적으로 에이전시에게 새로운 업무를 맡길 때 사용합니다. 하지만 제안 요청서를 조금만 수정하면 회사에서 평상시에 사용할 수 있는 원페이지 기획서가 됩니다. 원페이지 기획서라고 했지만, 꼭 한 장으로 정리할 필요는 없습니다. 다만 장황하게 쓸 필요가 없을 뿐입니다.

디지털 마케터는 정말 업무가 많습니다. 회사 내부에서 처리할 행정 업무도 산더미처럼 쌓이고 외부 에이전시와 협업할 일거리도 늘어납니다. 매일 SNS에 올라오는 경쟁사의 콘텐츠를 모니터링할 시간도 부족하죠. 이처럼 일상의 업무를 하나하나 해결하다 보면 정작 중요한 디지털 마케팅을 기획할 시간이 없어집니다. 일을 급하게 처리하다 보면 꼭 놓치거나 나중에 후회하는 일이 생기게 되죠.

그렇기 때문에 원페이지 기획서를 항상 준비하는 것이 좋습니다. 원페이지 기획서의 구성은 앞에서 말씀드린 제안 요청서와 동일합니다. 회사에 대한 기본적인 설명과 제안서 준비 기간만 제외하면 되겠네요. 원페이지 기획서는 회사에서 수행해야 하는 활동별로 하나씩 작성하는 것이 좋습니다. 콘텐츠 개발 업무에 대해 한 장, 하반기 SNS 매체 전략에 대해 한 장 등으로 각각 작성하면서 전체적으로 내용을 통합하면 연간 디지털 마케팅 기획서로 활용할 수 있습니다.

앞에서 말한 항목별로 최대한 간결하게 내용을 작성하는 것이 좋습니다. 내 머릿속에 있는 생각을 메모한다는 생각 대신 처음 보는 임원에게 보고한다는 마음으로 정리하면 좀 더 깔끔하게 정리할 수 있습니다. 하지만 스스로의 생각을 정리하고 업무에 적용할 기획서이므로 불필요한 형식보다는 액션지향적으로 작성하는 것이 좋습니다. 그리고 제안서 평가 기준 항목은 성과 평가를 기준으로 대체해 주세요. 디지털 마케팅의 성과를 어떻게 평가할 것인지에 대한 기준은 미리 세워야 하니까요.

디지털 마케팅을 위한 제안 요청서와 원페이지 기획서는 디지털 마케팅의 성공을 위한 핵심 자산입니다. 사전에 충분한 공을 들인 마케팅일수록 성공 가능성이 높아지니까요. 3부에서 설명한 디지털 마케팅 전략, 예산, 인력 계획, 에이전시 선정 등만 잘 정리해도 훌륭한 기획서를 작성할 수 있습니다. 무엇보다 기획서를 작성하는 과정을 충분히 활용하기 바랍니다. "계획은 아무것도 아니다. 계획을 수립하는 것이야 말로 모든 것이다"[34]라는 말을 늘 기억하기 바랍니다.

04

디지털 마케팅을
본격적으로 시작해 보자

드디어 디지털 마케팅을 시작합니다. SNS, 디지털 광고, 이커머스 등을 통해 매출을 올리고 브랜딩 활동을 하려고 합니다. 4부에서는 최근 가장 각광받고 있는 디지털 마케팅 기법들과 사례들을 다루고 있습니다.

19장은 홈페이지 관리에 대한 내용입니다. 홈페이지는 간과하기 쉽지만, 중요한 요소입니다. 홈페이지만 잘 관리해도 고객을 꾸준히 늘릴 수 있으니까요. 20장은 검색 엔진 최적화에 대한 내용입니다. 검색 엔진 최적화와 관련된 가장 핵심적인 내용들만 설명하겠습니다. 21장에서는 네이버, 구글 등에서 자주 접하는 검색광고와 디스플레이 광고에 대해 알아보겠습니다. 일반적으로 디지털 마케팅이라고 하면 가장 먼저 떠올리는 부분이 바로 '디지털 광고'입니다. 22장은 콘텐츠 마케팅에 대한 자세한 설명입니다. 23장에서는 인스타그램, 유튜브와 같은 SNS를 활용한 마케팅 방법을 살펴봅니다. 24장은 디지털 마케팅의 단짝인 다양한 이커머스들에 대해 다룹니다. 25장은 디지털 마케팅을 가장 디지털스럽게 만드는 퍼포먼스 마케팅을 자세히 설명합니다. 26장은 의사결정에 도움을 줄 수 있는 A/B 테스트 기법을 설명하고 마지막 27장은 '마테크'라고 불리는 새로운 디지털 영역을 소개합니다.

디지털 마케팅은 끊임없이 발전하는 분야입니다. 4부에서 다루고 있는 많은 활동은 지금도 조금씩 진화하고 있습니다. 4부의 내용을 기반으로 꾸준히 새로운 트렌드와 기법들을 찾아보는 것이 좋습니다. 그리고 이런 기법을 잘 활용해 본인만의 디지털 마케팅 노하우를 쌓기 바랍니다.

19

기본 중의 기본,
홈페이지부터 시작하자

이제 본격적으로 디지털 마케팅을 시작하려고 합니다. 무엇부터 시작하는 것이 좋을까요? 마음이 급한 분들은 당장 SNS에 올릴 광고를 만들거나 이커머스를 위한 판매 계획부터 수립합니다. SNS를 위한 광고도 중요하고 이커머스를 통한 매출 확보도 중요합니다. 하지만 시작은 집을 제대로 꾸미는 것이라고 생각합니다. 당연히 일상생활에서 볼 수 있는 물리적인 집이 아니라 디지털 세상에서 만날 수 있는 홈페이지 또는 SNS 계정을 가리킵니다.

디지털 마케팅은 내가 누구이고 무엇을 위한 브랜드인지를 알리는 활동에서부터 시작됩니다. 모든 사람이 이미 잘 알고 있고 소비자들이 스스로 바이럴 활동을 해 주는 브랜드라면 얼마나 좋을까요? 하지만 대부분의 브랜드와 카페들은 존재감이 크지 않습니다. 자기 자신이 소유한 홈페이지를 활용해 내가 누구인지를 부지런히 알려야 합니다.

삼성전자와 애플, 폴로 랄프 로렌과 빈폴, 아모레 퍼시픽과 LG생활건

강 등처럼 이미 널리 알려진 브랜드들도 이와 마찬가지입니다. 이미 많은 충성 고객을 확보하고 있고 구체적인 브랜드 아이덴티티Brand Identity 도 갖고 있지만, 이들이 느끼는 경쟁의 강도는 어마어마합니다. 잠시라도 게으름을 피우면 경쟁에서 도태됩니다. 편집광적인 긴장감[35] 속에서 스스로의 장점을 표출하고 소비자들의 관심을 이끌어 내야 합니다. 이 브랜드들은 항상 홈페이지를 새롭게 업데이트하고 트렌드에 맞는 사용자 경험을 제공하고 있습니다.

요즘과 같은 디지털 트렌드에서 홈페이지에 관심을 갖는 것은 다소 시대착오적으로 보입니다. SNS 매체를 통해 멋지고 세련된 이미지를 보여 주고 최신 IT 테크를 활용해서 소비자들의 눈길을 끌어야 할 것 같습니다. 이러한 활동 역시 중요합니다. 실제로 이런 활동이 디지털 마케팅의 핵심적인 자산이니까요.

하지만 디지털 마케팅의 첫걸음은 브랜드의 홈페이지에서 시작해야 합니다. 그 이유는 세 가지입니다.

첫째, 홈페이지는 디지털 세상에서 브랜드를 직접 보여 주는 얼굴이기 때문입니다. 소비자들은 스마트폰을 통해 대부분의 정보와 상품을 검색합니다. 네이버를 통해 검색한 제품과 브랜드가 마음에 들면 홈페이지에 찾아가 좀 더 자세하게 정보를 탐색합니다. 쿠팡, 11번가와 같은 온라인 쇼핑 웹사이트 역시 이와 마찬가지입니다. 잘 모르는 브랜드인데 제법 괜찮아 보입니다. 살까말까 망설여집니다. 대부분 사람들은 이 경우 쿠팡 등에 있는 구매 정보를 찾아 홈페이지에 들어가 봅니다.

막상 홈페이지까지 들어갔는데, 홈페이지의 수준이 처참합니다. 마지막 업데이트는 10년 전이고 홈페이지 디자인도 너무 낡았습니다. 브랜드와 제품에 대한 소개 역시 어색합니다. 인공지능 번역기만도 못한 수준입니다. 이런 상황에서 제품에 대한 구매 의욕이 살아날까요?

고객 구매 행동 모델 중 AISAS 모델[36]이 있습니다. 11장에서 설명한 AIDA 모델이 디지털 시대에 맞게 발전했다고 보면 좋겠습니다. AISAS는 Attention(주의) – Interest(흥미) – Search(탐색) – Action(행동) – Share(공유) 등으로 구성됩니다. 네이버에서 우연히 마주친 브랜드에 대한 흥미(Interest)가 생겨 적극적으로 탐색(Search)했는데, 홈페이지가 너무 엉망입니다. 도저히 다음 단계, 즉 구매 버튼을 클릭하는 행동(Action)으로 이어지지 않습니다.

이처럼 홈페이지는 혹시라도 방문할 수 있는 잠재 고객을 위해 일정 수준 이상의 완성도를 유지해야 합니다. 꼭 거창하게 만들 필요는 없지만, 애써 방문한 잠재 고객을 쫓아낼 필요는 없으니까요.

둘째, 자사몰과 연관되기 때문입니다. 자사몰은 이름 그대로 브랜드가 직접 운영하는 온라인 쇼핑몰입니다. 온라인에서 제품을 판매할 경우, 쿠팡이나 네이버 스토어 같은 외부 이커머스 플랫폼을 이용할 수도 있고 자사몰을 구성해서 브랜드가 직접 판매할 수도 있습니다. 두 번 생각할 것도 없이 네이버 스토어처럼 이미 준비된 플랫폼에서 판매해야 매출이 잘 나옵니다. 자사몰을 구축했다고 해서 사람이 마구 쏟아져 들어오지는 않습니다.

자사몰로 직접 파는 방식은 일종의 D2C입니다. 이미 앞에서 몇 번에 걸쳐 D2C 방식의 문제점과 한계에 대해 설명했습니다. 그런데 갑자기 자사몰을 하라고요? 삼성전자 또는 나이키 정도는 돼야 자사몰에 사람이 많이 유입됩니다. 자사몰을 유지하기 위해서는 많은 돈과 인력이 필요하니까요. 하지만 자사몰은 다음과 같은 이점을 갖고 있습니다.

먼저 자사몰로 판매하면 손익 개선 효과가 있습니다. 외부 플랫폼을 이용하면 수수료가 나갑니다. 브랜드의 입장에서는 정말 아깝죠. 물론 자사몰을 운영하면 운영비가 발생하지만, 운영비는 세금 환급이나 간접비로 나눌 수 있습니다. 또 다른 장점은 퍼포먼스 마케팅의 가능성입니다. 네이버에만 광고하고 네이버 스토어에서만 제품을 판매하는, 즉 네이버 생태계 안에서만 사업을 한다면 별도의 퍼포먼스 마케팅은 필요 없습니다. 다양한 디지털 매체에 광고를 할 경우에는 광고의 성과를 측정하기 위해 자사몰을 두는 것이 좋습니다. 어떤 매체에서 어떤 광고를 보고 자사몰에 와서 어떤 제품을 구매했는지에 대한 정보는 매우 중요합니다. 이런 정보만 잘 활용하면 불필요한 광고비를 줄이면서 매출을 올릴 수 있으니까요.

셋째, 고객들과 다양한 소통을 할 수 있습니다. 이제는 예전과 달리 고객 정보를 쉽게 구할 수 없습니다. 대부분의 고객 정보는 쿠팡과 같은 이커머스 플랫폼이 갖고 있고 브랜드와는 공유하지 않습니다. 하지만 브랜드 홈페이지에 자발적으로 온 고객의 정보, 예를 들어 성별, 주소, 구매 이력 등은 온전히 브랜드만의 자산이 됩니다. 물론 쿠팡에 유입되는 고객의 숫자에 비해 턱없이 적지요. 하지만 작은 정보라도 분석하면 종종 중요한 인사이트를 얻을 수 있습니다. 홈페이지를 통해 신제품 정보 및 판촉 이벤트를 고객에게 직접 알릴 수도 있습니다.

지금까지 브랜드 홈페이지를 통해 얻을 수 있는 여러 가지 이점을 알아봤습니다. 그럼 홈페이지는 어떻게 만들어야 할까요? 홈페이지 제작에는 정답이 없습니다. 브랜드가 사용할 수 있는 예산이 모두 다르고 브랜드가 지향하는 디자인 방향이 모두 다르니까요. 그뿐 아니라 브랜드가 제공하는 제품과 서비스에 적합한 디자인 역시 다릅니다. 다만 최근 유행하는 디자인 또는 IT 테크를 반영하는 것이 좋습니다. 브랜드만의 소신이 정말 강하다면 모르겠지만, 그렇지 않다면 홈페이지 디자인은 트렌드를 따라가는 것이 제일 무난합니다.

홈페이지 제작은 전문 외주 업체에 맡기는 것이 좋습니다. 특히 홈페이지와 관련된 기술적인 지식이나 경험이 전무할 경우에는 외주를 추천합니다. 믿을 만한 업체를 찾은 후 홈페이지를 통해 구현하고자 하는 목적과 이미지를 설명해 주세요. 가장 좋은 방법은 벤치마킹이 될 수 있는 다른 업체의 홈페이지를 보여 주면서 어떤 점은 따라 하고 어떤 점은 피해달라고 요청하는 것입니다. 하지만 외주를 맡길 때 너무 영세한 업체는 피하는 것이 좋습니다. 외주 업체가 영세할수록 단가는 저렴해집니다. 하지만 몇 년 못 가 문을 닫는 사례를 자주 보게 됩니다. 홈페이지는 지속적인 개선과 관리가 필요한데, 담당했던 외주 업체가 문을 닫으면 난감해지기 때문입니다.

최근에는 브랜드가 직접 홈페이지를 만들기도 합니다. 예전과 달리 홈페이지 제작을 도와주는 플랫폼이 많이 생겼습니다. 대표적인 플랫폼으로는 워드프레스WordPress, Wix 등을 들 수 있습니다.

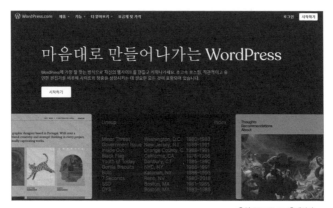

출처: WordPress 홈페이지

출처: WIX 홈페이지

홈페이지 제작 플랫폼 사례

디지털 마케팅 실전 활용

사업을 시작한 브랜드들은 대부분 마케팅 예산이 부족합니다. 하지만 자신만의 감성과 감각을 지닌 경우가 많습니다. 약간의 시간 투자와 조금의 시행착오를 경험할 여유가 있다면 홈페이지 제작 플랫폼을 활용해 직접 만드는 것도 좋은 방법입니다. 이런 플랫폼은 다양한 디자인 템플릿과 기능들을 갖고 있기 때문에 어렵지 않게 제작할 수 있습니다. 마우스 클릭 몇 번으로 홈페이지가 만들어지죠. 최근에는 플랫폼들이 인공지능을 도입해 말로만 명령해도 디자인 작업을 끝낼 수 있다고 합니다.[37]

물론 이런 플랫폼 이용이 무료는 아닙니다. 대부분 무료라고 광고를 하고 있지만, 무료 서비스는 기능이 매우 제한적입니다. 좀 더 기능을 추가하거나 브랜드의 눈높이를 맞추려면 매월 일정 금액의 비용이 발생합니다. 따라서 플랫폼별로 기능과 비용 구조를 살펴본 후에 작업을 진행하는 것이 좋습니다.

드디어 홈페이지가 제작됐습니다. 인터넷 도메인Domain까지 구매해서 인터넷이나 스마트폰에 주소를 입력하면 나만의 홈페이지를 볼 수 있습니다. 당장이라도 나만의 홈페이지에 사람들이 몰려올 것 같습니다. 하지만 현실을 직시해야 합니다. 지금부터 본격적인 디지털 마케팅이 필요해집니다. 4부에서 설명한 다양한 디지털 마케팅 활동을 도입해 잠재 고객을 끌어들여야 합니다.

지금부터는 홈페이지 관리, 업데이트와의 싸움입니다. 중요 이벤트를 업데이트하고 브랜드에 대한 좋은 뉴스거리를 홈페이지에 올려야 합니다. 하지만 당장 급한 일을 하다 보면 홈페이지 관리는 점점 잊혀집니다. 연례 행사처럼 특정 시점에 홈페이지를 손보게 되는데, 소비자들은 브랜드가 얼마나 홈페이지에 정성을 쏟는지를 판단합니다. 아무리 바쁘더라도 홈페이지 관리 주기는 최대한 짧게 설정하는 것이 좋습니다.

홈페이지를 관리할 때 한 가지 주의사항이 있습니다. 일반적으로 홈페이지 운영, 즉 콘텐츠 업데이트는 디지털 마케팅 팀이 담당합니다. 하지만 홈페이지의 관리, 특히 기술적인 부분은 전산 부서가 담당합니다. 밖에서 보면 디지털 마케팅 팀의 업무와 전산 부서의 업무가 잘 구분되는 것처럼 보입니다. 하지만 디지털의 모든 영역이 그렇듯이 두 가지 업무는 서로 밀접하게 연관돼 있습니다. 콘텐츠를 제대로 올리기 위해서는 기술적인 지원이 필요합니다. 그리고 홈페이지를 통해 실질적인 혜택을 얻는 부서는 디지털 마케팅 팀입니다. 업무와 관련해서 한두 번 갈등이 생기기 시작하고 어느 순간 서로 업무를 떠넘기는 일이 발생하기도 합니다. 사전에 홈페이지 업무에 대한 부서별 역할과 책임을 미리 규정해 놓는 것이 좋습니다. 해야 할 업무도 많고 갈 길도 먼데, 부서들끼리 서로 업무를 미루는 일처럼 답답한 경우는 없으니까요.

마지막으로 홈페이지 대신 인스타그램을 주로 사용하는 브랜드에 대해 설명하겠습니다. 최근에는 카페 또는 레스토랑을 중심으로 인스타그램을 마침 홈페이지처럼 사용하는 경우가 증가하고 있습니다. 카페와 레스토랑 또는 작지만 개성 있는 매장들은 별도의 홈페이지 대신 인스타그램을 통해 고객들과 소통합니다. 이 또한 훌륭한 소통 방법입니다.

인스타그램과 홈페이지는 운영 방식만 다를 뿐, 목적은 동일합니다. 내가 누구인지를 타깃 고객에게 잘 전달하는 것이죠. 인스타그램으로 소통할 때도 명확한 브랜드 콘셉트를 전달하는 것이 좋습니다. 또한 이미지를 부지런히 업데이트하고 브랜드의 소식을 알려야 합니다. 특히 인스타그램을 보는 소비자들은 항상 다른 브랜드로 이동할 준비가 돼 있습니다. 조금만 트렌드에서 뒤처졌다고 생각하면 바로 다른 화면으로 이동합니다. 항상 편집광적으로 인스타그램을 관리해야 합니다.

디지털 마케팅에서 홈페이지 관리는 기본 중의 기본입니다. 전쟁 용어로 말하면, 홈페이지는 우리들의 본진입니다. 본진이 튼튼해야 멀리까지 나가 안심하고 싸울 수 있습니다. 기본기가 충실한 홈페이지가 준비되면, 지금부터 다양한 IT 테크를 활용한 디지털 마케팅을 진행할 수 있습니다.

20

네이버에 우리 브랜드가
먼저 나오게 해 보자

디지털 마케팅에서 진입 장벽이 다소 높은 분야를 소개하고자 합니다. 대부분의 전문 분야가 그렇듯이 쉽게 생각하면 무척 쉽고, 어렵게 생각하면 한없이 어려운 것이 검색 엔진 최적화SEO라는 분야입니다.

검색 엔진 최적화는 디지털 마케팅의 핵심 업무입니다. 이름 그대로 네이버, 구글, 빙 등과 같은 검색 엔진에 맞게 나의 홈페이지와 블로그 등을 최적화시킨다는 내용입니다. 검색 엔진 최적화는 영어 명칭인 '서치 엔진 옵티마이제이션Search Engine Optimization'을 한글로 번역한 용어입니다. 디지털 마케팅은 영어 또는 영어 줄임말을 참 많이 사용합니다. 검색 엔진 최적화 역시 SEO라는 영어 줄임말로 표기하는 것을 쉽게 볼 수 있습니다.

검색 엔진 최적화는 네이버, 구글 같은 검색 엔진을 나에게 최적화하는 것이라고 생각하는 분을 간혹 봅니다. 그러다 보니 "네이버, 구글 같은 거대한 회사를 내가 어떻게 할 수 있어?"라고 겁부터 냅니다. 하지만 사실 정반대의 개념입니다. 나를 구글과 네이버에 맞게 최적화하는 것이 검색 엔진 최적화의 핵심입니다.

좀 더 정확하게 표현하면 내 브랜드의 홈페이지, 블로그 등을 구글과 네이버가 좋아하는 방식으로 구성하는 것을 말합니다. 한마디로 네이버와 구글에서 내 브랜드가 맨 윗줄에 나오게 만드는 것이 바로 '검색 엔진 최적화'입니다.

네이버를 기준으로 좀 더 자세히 설명하겠습니다. 검색 엔진 최적화가 말하는 맨 윗줄이란, 파워링크 다음에 나오는 줄을 가리킵니다. 네이버 파워링크는 일종의 광고판입니다. 네이버 파워링크는 해당 브랜드와 연관된 키워드가 검색되면 자동으로 파워링크 코너에 브랜드를 띄워 줍니다. 파워링크는 별도의 박스 안에 묶여 있고 친절하게 '광고'라는 표기도 돼 있습니다.

네이버에 '책'이라고 검색하면 맨 처음 파워링크가 나오면서 교보문고, 알라딘 등의 온라인 서점과 책을 제작해 주는 회사가 함께 나타납니다.　출처: 네이버 검색 화면

디지털 마케팅 예산이 충분하다면 네이버 또는 구글에 광고비를 내는 것이 좋습니다. 광고비를 쓴 만큼 검색 페이지SERP[13]의 상단에 자사 브랜드와 웹사이트가 노출됩니다. 다만 광고비가 충분하다는 표현이 눈에 걸립니다. 경쟁이 심한 카테고리는 검색 광고 한 번에 수백만 원에서 수천만 원까지 써야 합니다. 하지만 이렇게 많은 광고비를 쓸 수 있는 기업은 많지 않습니다.

돈으로 광고를 할 때의 더 큰 문제점은 검색 페이지에 노출되는 순위가 항상 바뀐다는 점입니다. 경쟁 브랜드가 한 번에 100만 원의 광고비를 네이버에 집행해서 매출이 증가하는 것을 봤습니다. 그렇다면 나는 150만 원을 광고비로 집행합니다. 당장 네이버 파워링크의 순위가 바뀝니다. 이번에는 새로운 경쟁자가 등장해 200만 원을 광고비로 집행합니다. 다시 우리 브랜드의 순위가 떨어집니다. 이런 경우에는 광고비가 먼저 떨어지는 브랜드만 피해를 입게 됩니다.

검색 엔진 최적화의 목적은 일반적으로 광고비를 지불하지 않고 스스로의 힘으로 검색 순위를 올리는 것입니다. 이런 방식을 흔히 '오가닉Organic SEO'라고 부릅니다. 글자 그대로 자생적으로 성장하는 방식입니다.

오가닉 SEO는 화학비료는 사용하지 않고 키우는 유기농 채소에 비유할 수 있습니다. 화학비료를 사용하면 채소들이 빨리 그리고 보기 좋게 성장합니다. 하지만 화학적인 성분 때문에 늘 건강을 걱정하게 됩니다. 반면 유기농 채소는 손도 많이 가고 성장도 더딥니다. 건강에는 더

---

13 '검색 엔진 결과 페이지(Search Engine Result Page)'라고도 하며 흔히 'SERP'라는 약자로 많이 쓰입니다. 전문 용어처럼 보이지만, 쉽게 말해 검색했을 때 나오는 결과 페이지를 가리킵니다.

유익합니다. 물론 화학비료를 사용하는 것도 필요합니다. 화학비료를 쓸지, 유기농 농법을 이용할지는 농부의 선택이듯 디지털 마케터는 오가닉 SEO와 파워링크 중 원하는 것을 선택하면 됩니다.

오가닉 SEO의 장단점은 명확합니다. 먼저 단점부터 설명하면 오가닉 SEO를 선택하면 시간과 노력이 많이 들어갑니다. 네이버, 구글 등의 알고리즘을 이해하고 알고리즘에 맞게 콘텐츠를 제작해야 합니다. 홈페이지와 블로그의 시스템도 손을 봐야 하죠. 준비하는 데도 시간이 제법 걸리고 검색 순위를 올리려면 많은 시간을 투자해야 합니다.

하지만 단점보다 장점이 더 큽니다. 오가닉 SEO 방식으로 성장한 브랜드는 순위 변동의 영향이 크지 않습니다. 한번 높은 순위로 올라가면, 웬만해서는 순위가 크게 바뀌지 않습니다. 오가닉 SEO는 구글, 네이버의 알고리즘을 통해 순위가 매겨집니다. 한번 정해진 알고리즘의 결과는 쉽게 변하지 않습니다. 따라서 오랫동안 유지되는 브랜딩을 위해서는 오가닉 SEO를 통해 검색 순위를 꾸준히 유지해야 합니다. 비싼 광고비를 아낄 수 있다는 점 역시 무시할 수 없습니다.

검색 엔진의 알고리즘에 대한 말이 나온 김에 좀 더 설명하겠습니다. 우리들은 간혹 '알고리즘 신'의 축복을 받는 경우가 있습니다. 새로 오픈한 매장이 네이버의 알고리즘에 의해 갑자기 네이버 상단에 올라가 매장에 주문이 폭주합니다. 어젯밤에 올린 짧은 동영상이 유튜브 알고리즘에 선택돼 최상단에 소개됩니다. 전 세계가 나의 동영상을 시청하는 기적이 벌어집니다. 이런 경우를 '알고리즘 신의 축복'이라고 하죠.

한국만 쓰는 표현은 아닌 것 같네요. '알고리즘 신에게 기도하라'라는 슬로건도 알고리즘을 통해 찾았으니까요.

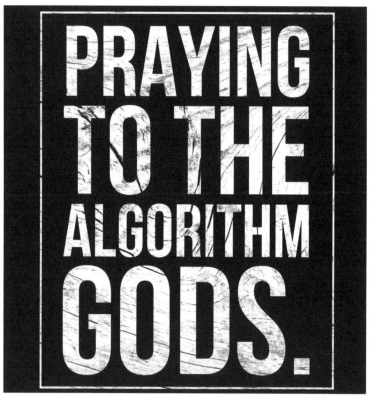

알고리즘 신에게 기도하라!

구글, 네이버, 빙 등과 같은 최상위 검색 엔진들은 자신만의 검색 알고리즘을 갖고 있습니다. 유튜브, 페이스북 등과 같은 SNS 역시 검색 알고리즘을 보유하고 있죠. 이들 빅 IT 기업들은 알고리즘을 끊임없이 개선하고 발전시키고 있습니다. 간혹 유튜브, 네이버 등에서 "나는 네이버의 알고리즘을 모두 파악해서 블로그만 해도 큰 돈을 번다"라고 말하는 인플루언서들을 볼 수 있습니다. 그분들의 전문성과 노하우를 모두 알 수는 없지만, 그분들의 콘텐츠와 주장을 의심의 눈으로 바라보는 것이 좋습니다. 최상위 IT 기업의 알고리즘은 회사 내에서도 극비 중 극비니까요. 다만 검색 알고리즘이 어떤 식으로 작동하고 어떤 홈페이지와 콘텐츠를 좋아하는지는 알 수 있습니다.

검색 알고리즘은 크게 세 가지 단계로 이뤄집니다. 첫 번째 단계는 인터넷상에 있는 자료들을 글자 그대로 긁어모으는 단계입니다. 이를 '크롤링Crawling'이라고 합니다. 1990년 초반 인터넷이 활성화되기 시작했을 당시에는 사람이 인터넷의 바다를 일일이 헤엄치면서 웹사이트를 확인했다고 합니다. 하지만 1990년대 중반부터 프로그램을 통해 인터넷에 있는 정보를 수집하고 있습니다. 이렇게 모인 자료들은 아직 의미 있는 정보는 아닙니다. 우리에게 유용한 정보가 되기 위해서는 자료들이 어떤 내용을 전달하는지, 어떤 카테고리에 속하는지 등을 알아야 합니다.

이처럼 단순한 데이터를 의미 있는 정보로 만드는 과정을 '인덱싱Indexing'이라고 합니다. 우리가 종이로 출력한 문서들을 분류하고 색인을 다는 것처럼 인터넷상의 데이터에도 어떤 카테고리에 어떤 내용이 담겨 있다고 분류하는 과정입니다.

| 크롤링 | 인덱싱 | 랭킹 |

마지막은 랭킹Ranking 단계입니다. 교보문고에 가면 무수히 많은 책이 있습니다. 다행히 책들이 분야별로 잘 정리돼 있습니다. 즉, 인덱싱 작업이 끝난 상태입니다. 경영·경제 코너에 가면 정말 많은 책이 있는데, 어떤 책을 사야할지 모르겠네요. 이때 도움이 되는 코너가 있습니다. 바로 '베스트셀러 코너'입니다. 베스트셀러 코너에 가면 경영·경제 분야에서 최근 가장 잘 팔리는 책을 쉽게 알 수 있습니다. 이처럼 랭킹 단계는 이미 인덱싱 처리가 끝난 자료 중에서 사람이 많이 찾거나 찾을 것이라고 예상되는 자료를 분류하는 과정입니다.

랭킹은 일반적으로 인덱싱된 정보 중에서 키워드 및 사용자와의 연관성이 높을수록 올라갑니다. 사용자의 위치 정보 역시 중요합니다. 구글에서 '베이글'을 검색합니다. 어제 서울에서 검색한 베이글의 검색 결과와 오늘 광주에서 검색한 결과는 다를 수 있습니다. 구글이 나의 위치를 파악해 위치 정보가 가미된 결과를 제공해 주기 때문이죠. 이와 마찬가지로 뉴욕, 일본, 파리 등에서 검색한 결과도 모두 달라야 합니다.

랭킹을 매기는 과정에서 글의 품질도 중요합니다. 같은 문장을 여러

번 붙여서 길이만 늘리면 검색 엔진은 기가 막히게 알아 냅니다. 남의 글을 그대로 갖다 놓고 수정만 하거나, 주제와 상관없는 글과 이미지를 넣어도 마찬가지입니다. 얼마나 남들이 많이 보고 얼마나 많이 인용하거나 링크를 걸어놓았는지도 품질 평가의 중요한 요소입니다.

네이버는 C-RANK, 다이아D.I.A와 같은 랭킹 시스템을 갖고 있습니다. 네이버의 C-RANK는 고품질의 웹사이트와 블로그들을 선별해서 순위를 매기는 시스템으로, 맥락Context, 내용Content, 연결된 소비/생산Chain 등의 세 가지 C로 시작하는 기준으로 품질을 측정합니다. 2018년부터 사용하기 시작한 네이버의 다이아는 'Deep Intent Analysis'의 약자로, 대략 '심층 의도 분석' 정도의 뜻입니다. 다이아는 문장의 내용과 정보 충실성, 문서의 독창성 등을 기준으로 웹사이트를 분석하고 순위를 매깁니다. C-RANK는 정보의 출처에 좀 더 특화돼 있고 다이아는 콘텐츠의 품질에 좀 더 특화돼 있기 때문에 서로 상호보완적입니다.

네이버와 구글은 알고리즘을 지속적으로 개선하고 있습니다. 최근 마이크로소프트의 빙은 인공지능을 대대적으로 도입해 검색 기능을 향상시켰다고 발표했습니다. 챗GPT와 마이크로소프트의 밀접한 관계를 생각하면 한동안 빙의 검색 결과도 꼼꼼히 살펴보는 것이 좋겠습니다.

검색 엔진 최적화를 설명하다가 갑자기 검색 엔진의 알고리즘을 조금 길게 설명한 이유는 알고리즘의 원리를 알면 검색 엔진 최적화의 방향이 보이기 때문입니다.

검색 엔진 최적화를 논문 검색과 비교하면 이해하기 쉽습니다. 전 세계 대학교에서 학사, 석사, 박사 논문들이 매년 발표되고 수많은 교수와 연구자들이 논문을 발표합니다. 수많은 논문 중에서 원하는 논문을 찾는 것은 정말 어렵습니다. 마치 검색 엔진이 디지털의 바닷속에서 진주 같은 웹사이트를 찾는 것과도 같습니다. 검색 엔진이 봇Bot을 사용해서 크롤링하면 우선 시스템적인 형식이 잘 맞는지를 살피게 됩니다.

대표적인 예로는 '보안성'을 들 수 있습니다. 주변에 사람을 소개해 줄 때는 아무래도 믿을 만한 사람을 먼저 찾습니다. 이와 마찬가지로 검색 엔진도 보안이 잘된 웹사이트를 우선 추천합니다. 따라서 웹사이트를 개설할 때는 보안이 강화된 'https'로 시작하는 것이 좋습니다.

또한 웹사이트가 표준화된 정보를 제공하면 크롤링을 하는 봇이 더 쉽게 찾을 수 있습니다. 논문들도 이와 비슷한 형식으로 요약문 또는 초록을 만들어 검색을 쉽게 해 줍니다. 검색이 용이한 정보들은 흔히 메타 태그Meta Tag라는 형식으로 만들어집니다. 메타 태그는 우리가 읽는 본문에는 보이지 않습니다. 그대신 HTML 양식으로 기록됩니다. 메타 태그에는 제목, 키워드, 페이지에 대한 짧은 설명 등이 들어갑니다. 검색용 봇은 메타 태그의 내용을 읽고, 정보를 모으고 분류합니다. 작성된 메타 태그의 형식은 다음과 같습니다.

```
⟨!DOCTYPE html⟩
⟨html lang="en"⟩
⟨head⟩
  ⟨meta charset="UTF-8"⟩
  ⟨meta name="viewport" content="width=device-width, initial-scale=1.0"⟩
  ⟨title⟩페이지 제목 – 최대 60-70자⟨/title⟩
  ⟨meta name="description" content="페이지에 대한 간결한 설명 – 최대 150-160자"⟩
  ⟨meta name="keywords" content="키워드1, 키워드2, 키워드3"⟩
  ⟨link rel="canonical" href="https://www.example.com/original-page"⟩
  ⟨meta name="robots" content="index, follow"⟩
⟨/head⟩
⟨body⟩
  ⟨!— 본문 내용이 여기에 들어갑니다 —⟩
⟨/body⟩
⟨/html⟩
```

메타 태그 형식 예시

웹사이트의 속도 역시 중요합니다. 블로그나 웹사이트를 더 멋있게 만들기 위해 용량이 큰 이미지를 사용하는 경우가 많습니다. 해상도가 높을수록 사람들은 더 선명한 이미지를 즐길 수 있습니다. 하지만 사람의 관점과 봇의 관점은 다릅니다. 검색 화면의 상단에 노출됐지만 클릭한 지 한참 후에 화면이 나타나는 웹사이트들이 있습니다. 불필요하게 용량이 크거나 웹사이트 개발에 문제가 있는 경우입니다. 봇은 이런 속 터지는 웹사이트를 무척 싫어합니다. 따라서 웹사이트를 개발할 때부터 화면의 로딩 속도에 신경써야 합니다.

지금 말씀드린 내용들은 소위 '테크니컬 SEO'라고 부릅니다. 크롤링과 인덱싱 과정에서 검색을 도와주는 방법들입니다. 디지털 마케터는 이런 기술적인 측면도 잘 알아야 하지만 더 중요한 것은 콘텐츠를 검색 엔진을 기준으로 잘 작성하는 것입니다. 흔히 이를 '콘텐츠 SEO'라고 합니다.

콘텐츠를 잘 작성한다고 해서 결과 페이지의 최상단에 나오는 것은 아닙니다. 글쓰기 솜씨로 검색 엔진 최적화를 한다면 김영하, 장강명 작가 등과 같은 베스트셀러 작가들을 디지털 마케터로 초빙하면 됩니다. 하지만 다행히 글쓰기 실력은 콘텐츠 SEO의 일부분입니다. 더 중요한 것은 알고리즘에 맞는 콘텐츠를 구성하는 것이죠.

먼저 키워드를 잘 골라야 합니다. 콘텐츠 SEO에서 키워드는 가장 중요한 요소입니다. 사람이 관심을 갖고 있는 키워드를 선정해야 합니다. 크롤링, 인덱싱 그리고 랭킹 등은 키워드와 밀접한 관련이 있습니다. 사람이 많이 찾는 키워드, 인기가 있는 키워드, 경쟁이 적은 키워드를 찾아야 검색 순위를 높일 수 있습니다. 물론 이런 황금 키워드는 찾기 어렵습니다. 다행히 키워드 검색량 순위를 알려 주는 웹사이트들이 많습니다. 블랙키위, 네이버 데이터랩, 구글 애즈 등의 웹사이트를 활용하는 것이 좋습니다.

다만 키워드를 사용할 때 조심해야 할 점은 황금 키워드를 발견했다고 해서 키워드를 블로그에 지나치게 많이 사용하면 안 된다는 것입니다. 키워드를 연속해서 너무 많이 사용하거나 같은 단어를 복사 및 붙여넣기 하는 행위도 안 됩니다. 심지어 검색 봇만 알 수 있도록 투명한 색으로 키워드를 작성해 무수히 반복하는 경우도 있습니다. 디지털 마케팅에서는 이런 형태를 '어뷰징Abusing'[14]이라고 하는데, 검색 엔진이 어뷰징에 해당된다고 판단하면 웹사이트가 강제로 노출 금지될 수 있습니다.

콘텐츠를 작성할 때는 목차를 작성하는 것이 좋습니다. 목차 정리는 네이버보다 구글이 좀 더 강조하는 것 같습니다. 콘텐츠를 시작할 때 글의 목차가 먼저 제시된 후 목차에 따라 큰 제목, 소제목들이 나오면 보는 사람이 이해하기 좋습니다. 특히 구글은 정보성이 높은 콘텐츠를 선호합니다. 정보성이 높다는 것은 글의 길이가 길고 내용이 많다는 말입니다. 글이 길어지면 목차가 명확하게 제시된 글이 이해하기가 좋을 것 같군요.

콘텐츠에 들어가는 이미지에도 자세한 설명을 달아 주는 것이 좋습니다. 인공지능과 관련된 중요한 학습 과정 중 하나는 인공지능이 이미지를 보고 개와 고양이를 판별하는 것입니다. 어린 아이도 개와 고양이는 쉽게 구별하는데, 아직 인공지능은 어려운가 봅니다. 따라서 콘텐츠에 막연히 이미지가 올라가 있으면 봇은 그냥 이미지 1, 이미지 2 정도로 인식합니다. 따라서 이미지에 자세한 설명을 달아 주는 것이 좋습니다. 예를 들어 이미지 1은 고양이 그림, 이미지 2는 강아지 그림이라는 설명을 추가하는 것이 좋습니다. 검색 봇은 관련성이 높은 이미지가 충실한 콘텐츠를 더 선호하니까요.

지금까지 설명한 테크니컬 SEO와 콘텐츠 SEO를 묶어 '온-페이지On-page SEO'라고 합니다. 사실 온-페이지 SEO라는 용어는 그리 많이

---

14 어뷰징(Abusing)은 남용, 오용 등의 의미를 갖고 있습니다.

사용되지는 않고 오히려 '오프-페이지Off-page SEO'라는 용어가 더 자주 사용됩니다. 자꾸 새로운 용어가 툭툭 튀어나오니 답답하시죠. 하지만 대부분의 디지털 마케팅 용어들은 직관적으로 이해할 수 있습니다.

오프-페이지 SEO는 글자 그대로 '블로그나 홈페이지 밖에서 이뤄지는 검색 엔진 최적화 활동'을 말합니다. 쉽게 생각하면 내가 운영하는 블로그나 홈페이지 밖의 웹사이트를 통해 검색의 용이성을 높인다는 개념입니다.

다시 논문을 활용해서 설명하겠습니다. 세계적인 논문들은 연구 결과도 뛰어나야 하지만 다른 논문에서 인용된 횟수도 중요합니다. 다른 논문에 많이 인용됐다면 그만큼 논문의 품질이 높다는 것을 의미하니까요. 검색 엔진 최적화 역시 이와 마찬가지입니다. 다른 웹사이트에서 내 블로그 또는 홈페이지를 많이 소개했다면 어떨까요? 내 블로그와 홈페이지의 품질을 다른 사람이 인정했다는 것입니다. 따라서 검색 엔진 최적화를 위해 오프-페이지 SEO에 신경을 많이 쓸 필요가 있습니다.

오프-페이지 SEO에서 가장 많이 보는 것은 '백링크Backlink 수치'입니다. 백링크는 다른 웹사이트의 페이지 안에 내 블로그의 링크가 걸려 있는 것을 의미합니다. 다른 웹사이트가 내 블로그의 품질이 우수하거나 추천할 만하다고 판단하면 백링크를 걸게 됩니다. 백링크가 많을수록 내 블로그에 대한 평판이 올라갑니다. 구글이 개발한 페이지랭크PageRank 알고리즘[38]은 이처럼 웹사이트들 간의 링크 정도를 바탕으로 웹사이트의 중요도를 평가했습니다.

한동안 오프-페이지 SEO 개선을 목적으로 블로그들끼리 백링크 품앗이가 유행했던 적이 있습니다. 서로 돌아가면서 상대방의 블로그 주소를 올려 주는 방식이죠. 지금은 이런 행위가 적발되면 어뷰징으로 분류돼 불이익이 있습니다.

지금까지 검색 엔진 최적화에 대해 알아봤습니다. 사실 검색 엔진 최적화는 매우 전문화된 분야입니다. 검색 엔진 최적화에만 특화된 디지털 에이전시들도 많습니다. 키워드 선정, 블로그 콘텐츠 구성, 이미지 사이즈 최적화 등에는 전문성과 노하우가 필요합니다. 특히 테크니컬 SEO와 관련된 내용들은 쉽게 따라 하기 어렵습니다.

하지만 콘텐츠 SEO와 오프-페이지 SEO는 디지털 마케터의 기획력과 창의성에 따라 얼마든지 개선할 수 있습니다. 검색 페이지의 최상단에 노출되는 브랜드들이 어떤 식으로 콘텐츠를 구성하고 어떤 키워드를 활용하는지를 살펴보기 바랍니다. SEO의 관점으로 살펴보면 예전에 보지 못했던 내용을 많이 발견할 수 있으니까요.

21

디지털 마케팅의 꽃,
광고

　디지털 마케팅의 가장 대표적인 활동은 바로 '디지털 광고'입니다. 네이버, 유튜브, 인스타그램 그리고 다양한 인터넷 매체 등을 통해 우리들은 하루에도 수백 개의 광고를 접합니다. 이제 디지털 광고는 기존의 텔레비전, 라디오 등의 방송 광고나 인쇄 광고보다 더 많은 인기를 누리고 있습니다. 이런 현상은 디지털 광고에 들어가는 광고비만 봐도 알 수 있습니다.

　2022년 우리나라에서 집행된 전체 광고비는 약 16조 5,203억 원입니다.[39] 이 중에서 디지털 광고비에 사용된 금액은 8조 7,062억 원으로, 전체 광고비의 52.7%를 차지합니다. 지상파 TV, 라디오, IPTV 등이 포함된 방송 광고는 4조 212억 원으로, 전체 광고비의 24.3%, 인쇄 광고는 2조 1,277억 원으로 12.9%를 차지합니다. 전통 광고의 대표주자였던 방송 광고와 인쇄 광고를 모두 합쳐도 이제는 디지털 광고보다 광고비 물량이 더 적습니다. 광고비의 증감 추세를 보면 현실을 보다 냉철하게 알 수 있습니다.

디지털 광고 및 방송 광고의 광고비 및 증감 추이　　　　　　　　(단위: 억 원)

구분	2018년	2019년	2020년	2021년	2022년
디지털 광고 (전년 대비)	5조 7,172 (+19.7%)	6조 5,219 (+14.1%)	7조 5,284 (+15.4%)	8조 36 (+6.3%)	8조 7,062 (+8.8%)
방송 광고 (전년 대비)	3조 9,318 (−0.5%)	3조 7,710 (−4.1%)	3조 4,841 (−7.6%)	4조 531 (+16.3%)	4조 212 (−0.8%)
격차	1조 7,854	2조 7509	4조 443	3조 9,505	4조 6,850

　　디지털 광고는 2018년 이후 꾸준히 증가했지만, 방송 광고는 2021년을 제외하고 매년 감소하고 있습니다. 디지털 광고와 방송 광고의 광고비는 2018년 2조 원 정도에서 2022년에는 4조 6,000억 원 수준으로 거의 2배 이상의 격차가 발생했습니다. 광고 대행사들이 디지털 에이전시를 중심으로 빠르게 재편되는 이유는 바로 이 때문입니다. 돈이 디지털 광고로 몰리고 있으니까요.

　　디지털 광고비는 다시 모바일 광고비와 PC 광고비로 나뉩니다. 당연히 모바일 광고 물량이 PC 광고 물량보다 월등히 높습니다. 2022년에는 모바일 광고비로 6조 8,035억 원, PC 광고비로 1조 9,027억 원이 집행됐습니다. 우리들이 오늘 하루 동안 스마트폰과 노트북을 사용한 시간을 생각해 보세요. 저만해도 눈을 떴을 때부터 시작해서 눈을 감을 때까지 계속 스마트폰을 손에서 놓지 않고 있습니다. 돈이 모바일 광고로 몰릴 수밖에 없습니다.

　　이제 디지털 광고는 광고 시장의 핵심으로 자리 잡았습니다. 삼성전자, 애플과 같은 대기업뿐 아니라 동네에 새로 오픈한 작은 카페, 싱싱한 한라봉을 판매하는 제주도의 과수원 등 규모와 업종에 상관없이 다양한 디지털 매체를 통해 광고를 하려고 합니다. 다행히 디지털 광고는 진입 장벽이 상대적으로 낮습니다. 조금만 관심을 갖고 찾아보면 디지털 광고를 쉽게 게재할 수 있습니다. 특히, 네이버, 구글과 같은 대형 포털들은 더 많은 기업과 조직, 개인들이 디지털 광고를 쉽게 할 수 있도록 다양한 정책과 편의를 제공하고 있습니다.

지금부터는 네이버, 구글과 같은 대형 포털들이 제공하는 디지털 광고에 대해 살펴보겠습니다. 우선 디지털 광고의 유형부터 알고 있어야 합니다. 다양한 디지털 광고가 있지만, 크게 두 가지 유형으로 구분할 수 있습니다. 바로 '검색 광고'와 '디스플레이 광고'입니다.

검색 광고란, 검색 엔진 결과 페이지SERP에 특정 키워드에 대한 결과를 알려 주는 광고를 말합니다. 흔히 네이버 또는 구글에 특정 단어, 예를 들어 피자, 자동차, 맛집 등을 검색했을 때 나오는 광고들을 말합니다. 검색 광고는 검색 키워드를 입력하는 사용자의 의도를 파악하고 특정 검색어와 연관된 광고를 보여 줍니다. 물어보는 사람의 의도만 잘 파악해도 한결 수월한 정답을 줄 수 있으니까요. 검색 결과에 대한 사용자의 반응에 따라 검색 광고는 보다 세밀하고 정교한 광고를 제공합니다.

네이버는 현재 총 일곱 가지 검색 광고 서비스를 제공하고 있습니다.[40] 네이버에 '네이버 검색 광고'라고 검색하면 쉽게 찾아볼 수 있습니다. 물론 이러한 서비스들은 광고주의 의도 및 광고 물량 등에 따라 자유롭게 결합되거나 조합될 수도 있습니다. 네이버에서 소개하는 일곱 가지 검색 광고를 살펴보면 현재 어떤 유형의 검색 광고들이 주류를 이루고 있는지를 쉽게 알 수 있습니다.

네이버 검색 광고 상품 구분

검색 광고 상품	설명	유형
웹사이트 검색 광고	• 네이버 통합 검색 및 네이버 내외부 페이지의 검색 결과에 노출되는 형태 • 고객이 광고를 클릭하고 웹사이트에 방문한 경우에만 광고비를 지불하는 방식	파워링크 유형
쇼핑 검색 광고	• 광고 노출 영역을 네이버 쇼핑으로 확장하고 구매자에게는 추가 혜택을 제공하고 상품 단위의 이미지형 검색 광고를 제공 • 클릭이 일어난 횟수에 따라 비용을 지불하는 CPC 과금 방식	쇼핑 검색 유형
콘텐츠 검색 광고	• 이용자에게 정보 탐색 의도가 있는 키워드에 대해 해당 분야의 블로그, 포스트, 카페 등의 콘텐츠를 이용해 보다 정확하고 신뢰성 있는 정보를 제공 • 광고 노출 기간 동안 클릭이 일어난 횟수에 따라 과금되는 CPC 과금 방식	파워 콘텐츠 유형
브랜드 검색 광고	• 브랜드 키워드 또는 브랜드와 연관성이 높은 키워드를 검색할 경우, 해당 브랜드의 내용을 이미지와 함께 통합 검색 결과의 최상단에 노출 • 상품 유형, 광고 노출 기간, 광고 가능한 키워드의 조회 기간 등의 합계에 따라 광고비를 산정(최소 광고비는 60만 원)	브랜드 검색/ 신제품 검색 유형
신제품 검색 광고	• 모바일 통합 검색에서 제품 및 서비스를 지칭하는 일반 키워드를 검색했을 때 검색 상단에 신규 출시된 상품 관련 이미지와 동영상, 설명 등이 노출 • 주 단위 입찰 방식으로 판매하며 입찰 경쟁을 통해 정해진 광고비를 지불하는 정액제 과금 방식	

플레이스 광고	• 스마트 플레이스에 등록한 업체 정보를 바탕으로 네이버에서 원하는 장소를 검색하는 이용자에게 가게의 정보를 알릴 수 있는 검색 광고 • 키워드의 입찰가와 품질 지수에 의해 입찰가의 순위가 결정되며 입찰가를 바탕으로 광고비를 산정	플레이스 유형
지역소상공인 광고	• 가게 주변 지역의 네이버 콘텐츠 이용자에게 네이버 스마트 플레이스에 등록한 가게의 정보를 노출하는 배너 광고 상품 • 정보가 노출된 횟수만큼 광고비를 지불하는 노출 총량 방식의 과금 방식	

출처: 네이버 검색 광고 페이지를 참조해 정리. 모든 자료는 2024년 4월 기준임.

우리들은 검색 광고를 다소 쉽게 생각하는 경향이 있습니다. 네이버와 구글의 검색창에 단어를 입력하면 파워링크와 같은 광고가 바로 나타난다고 말이죠. 하지만 네이버의 검색 광고에서 보는 것처럼 검색 광고도 계속 발전하고 있습니다. 키워드의 종류와 이용자의 의도에 맞게 검색 조건과 결과 역시 다양하게 나타납니다. 당연한 말이지만, 검색에 드는 과금 방식 역시 다양한 형태로 나타납니다.

네이버와 같은 포털에 검색 광고를 하고 싶다면 우선 어떤 검색 결과가 자신에게 가장 바람직한지를 고민해야 합니다. 파워링크 형태의 검색 광고가 필요한지, 브랜드 검색이 필요한지 또는 콘텐츠를 알리는 것이 효과적인지를 고민해야 합니다. 이러한 고민은 결국 광고비에 영향을 미치며 무엇보다 광고의 효과성, 즉 매출에 직접적인 영향을 미치기 때문입니다.

또한 검색 광고에서 가장 중요한 것은 '키워드의 선정'입니다. 남들이

디지털 마케팅 실전 활용

모두 사용하고 일반적으로 널리 알려진 키워드는 단가가 비싸고 경쟁이 치열합니다. 그렇다고 해서 단가가 싼 키워드를 선택하면 효율이 크게 떨어집니다. 키워드 선정은 가능하면 전문가와 상의하는 것이 좋습니다. 키워드 선정 역시 광고비와 매출에 영향을 미치기 때문이죠.

디지털 광고의 또 다른 핵심은 '디스플레이 광고'입니다. 디스플레이 광고는 이름 그대로 포털 화면 또는 SNS에 배너, 이미지 형식으로 광고가 보이는 방식입니다. 디스플레이 광고는 이미지, 텍스트, 동영상 등을 활용해서 광고를 전달할 수 있습니다. 디지털 마케팅에서는 디스플레이 광고를 흔히 'DA'라고 부르는데, 이는 '디스플레이 애드Display AD'의 줄임말입니다.

구글과 네이버 모두 디스플레이 광고 상품을 갖고 있습니다. 구글의 디스플레이 광고는 일반적으로 'GDN'이라고 하는데, '구글 디스플레이 네트워크Google Display Network'의 약자입니다. 네이버는 디스플레이 광고를 '성과형 디스플레이 광고', '보장형 디스플레이 광고' 그리고 '네이버 패밀리 광고' 등으로 구분하고 있습니다.[41]

성과형 디스플레이 광고는 광고주의 타깃팅과 마케팅 전략에 맞춰 디스플레이 광고를 실시간으로 운영하는 방식으로, 광고의 효율성에 강점이 있습니다. 반면, 보장형 디스플레이 광고는 네이버의 모바일과 PC 화면에서 안정적인 광고 노출을 보장하는 광고 상품입니다. 네이버 패밀리 광고는 네이버의 다양한 패밀리 웹사이트들, 예를 들어 스노우, 웹툰, 밴드 등에 노출되는 광고 상품을 가리킵니다.

성과형 또는 보장형 디스플레이 광고를 결정했다면, 그다음으로 좀 더 세밀한, 하지만 더욱 중요한 의사결정이 남아 있습니다. 배너 형태의 광고를 한다면, 타임보드 형식의 배너 또는 롤링 배너 등과 같은 디스플레이 유형을 결정해야 합니다. 이 밖에도 다양한 형태의 디스플레이 종류들이 있습니다. 어떤 유형의 디스플레이를 선택하느냐에 따라 광고비가 달라지며 준비해야 하는 이미지 형태, 사이즈도 달라집니다.

디스플레이 광고의 가장 핵심적인 자산은 '이미지' 입니다. 끊임없이 순환되는 디스플레이 광고들 중에서 고객의 시선과 관심을 한번에 사로잡아야 합니다. 대부분 디스플레이 광고에 들어가는 이미지는 일차적으로 광고주가 제공합니다. 최근에는 생성형 인공지능이 제작한 이미지들을 활용하기도 합니다. 디스플레이 광고를 운영하는 대부분의 디지털 에이전시는 광고주를 위해 광고 이미지와 동영상을 제공합니다. 여러분이 직접 포토샵 또는 동영상 프로그램을 사용하지 못해도 외부에서 얼마든지 좋은 광고 이미지들을 구할 수 있습니다. 다만 어떤 광고 이미지가 좋은지에 대한 평가 기준은 갖고 있어야 합니다.

구글, 네이버 등과 같은 포털 외에 다양한 소셜 미디어들도 디지털 광고들을 운영하고 있습니다. 페이스북, 유튜브, 인스타그램 등은 자신들의 SNS 특성에 맞는 디지털 광고 형태를 발전시켜 왔습니다. 특히 이들 SNS는 고객들의 매체 이용 정보를 활용한 맞춤형 디지털 광고들을 제공해 큰 효과를 봤습니다. 하지만 점차 개인정보 보호에 대한 규제가 강화되고 쿠키리스 시대가 됨에 따라 맞춤형 광고에 대한 우려의 목소리가 증가하고 있는 것도 사실입니다.

이 밖에 다양한 언론 매체, 이커머스 플랫폼, 디지털 미디어 등에서도 자체적인 디지털 광고 상품들을 보유하고 있습니다. 예를 들어, 국내 종편 방송국은 자사의 유튜브 채널과 연계된 광고 상품들을 판매하고 있습니다. 종편들은 자사의 인기 드라마 다시 보기 또는 연령별 선호 채널 패키지 등과 엮어서 디지털 광고 상품을 개발합니다.

국내 주요 일간지 역시 이와 마찬가지입니다. 일간지가 운영하는 홈페이지와 모바일 페이지에 들어갈 디스플레이 광고 상품을 '브랜디드 콘텐츠 배너'라는 이름으로 운영하고 있습니다. 일간지가 운영하는 디스플레이 광고는 광고주의 광고 주제에 맞춰 경제, 라이프, 사회, 문화 등 적합한 섹션에 광고를 노출시킴으로써 최대한 타깃팅된 광고 효과를 보장합니다. 이러한 광고들은 최소 광고 게재 기간(⑩ 1주), 디스플레이 광고 영역(⑩ 메인, 기사), 노출 형태(⑩ 24시간 롤링), 광고 단가(⑩ 최소 1,000만 원) 등 세부적인 기준들을 갖고 있습니다. 하지만 광고비는 광고 물량 및 온·오프 통합 광고 진행 여부 등에 따라 조정될 수도 있습니다.

디지털 광고는 디지털 매체와 기술이 발전함에 따라 끊임없이 발전해 왔습니다. 앞에서 말씀드린 것처럼 최근에는 PC보다 모바일 광고가 대세가 됐습니다. 포털들은 모바일 중심의 광고 상품에 더욱 집중하게 됐습니다. 또한 쿠키리스 시대가 점차 확산됨에 따라 예전과 같은 맞춤형 광고는 어려워지는 추세입니다. 페이스북 등의 SNS는 쿠키 없이 광고 효율을 높이는 기술을 개발하는 중입니다. 숏폼이 대세가 됨에 따라 단순한 디스플레이 광고보다는 동영상 중심의 디지털 광고로 더 많은 광고 물량이 모이고 있습니다. 이처럼 디지털 광고 상품을 개발하는 디지털 매체들과 디지털 광고를 제작하는 디지털 에이전시들은 계속 진화하고 있는 중입니다.

그렇다고 해서 광고주들까지 동일한 속도로 진화할 필요는 없습니다. 디지털 광고를 기획하고 광고비를 집행하는 광고주는 디지털 광고를 통해 얻고자 하는 성과와 마케팅 전략을 명확하게 설정하면 됩니다. 만약, 디지털 마케팅에 대한 지식과 경험이 충분하다면 직접 디지털 광고 상품을 선택할 수도 있습니다. 하지만 회사에 속한 디지털 마케터 또는 새로 사업을 시작한 경영자가 무수히 많은 디지털 광고 상품을 모두 알 수는 없고 그럴 필요도 없습니다. 디지털 광고 상품은 디지털 에이전시 또는 주변의 전문가와 상의해서 결정해도 충분합니다. 그 대신 왜 디지털 광고를 하려고 하는지 그리고 디지털 광고를 통해 무엇을 얻고자 하는지를 늘 기억하는 것이 좋습니다.

22

모든 길은 콘텐츠로
통한다!

"모든 길은 로마로 통한다"[42]라는 서양의 격언이 있습니다. 로마는 전 세계를 효율적으로 지배하기 위해 모든 식민지에 잘 닦은 도로를 건설했습니다. 그래서 어떤 길을 따라가도 결국에는 로마로 가게 된다는 격언이 나왔다고 합니다. 후대에는 학문이나 예술 등의 다양한 방법이 궁극적으로 한 가지 결론에 귀결된다는 의미로 발전했습니다.[43]

고대 시대에는 로마가 모든 것의 종착지였다면, 지금은 어떨까요? 현재 디지털 마케팅에 딱 어울리는 표현이 있습니다. 바로 "모든 길은 콘텐츠로 통한다"입니다.

디지털 마케팅에서 중요한 자리를 차지하고 있는 분야는 '콘텐츠 마케팅'입니다. 콘텐츠 마케팅은 직관적으로 이해할 수 있습니다. 글, 음악, 자료, 창작물 등 사람이 읽고 보고 들을 수 있는 다양한 정보를 '콘텐츠Contents'라고 부릅니다. 콘텐츠 마케팅은 쉽게 말해 다양한 콘텐츠를 활용해 마케팅 활동을 하는 것입니다. 정말 간단하죠. 당장에라도 좋은 콘텐츠를 만들기만 하면 될 것 같습니다.

대부분 콘텐츠 마케팅에 대한 책과 블로그들은 어떻게 해야 예쁘고 눈에 띄는 콘텐츠를 제작할 것인지에 대해 말합니다. 특히 트렌디한 콘텐츠를 만들어서 SNS에 올려야 한다고 말하죠. 시선을 사로잡는 콘텐츠는 정말 중요합니다. 하지만 콘텐츠 마케팅은 예쁜 콘텐츠 이상의 의미를 지닙니다. 그렇기 때문에 제대로 된 콘텐츠 마케팅을 위해서는 고민할 점들이 제법 많습니다.

먼저 콘텐츠 마케팅이 등장한 이유를 간단히 살펴보겠습니다. 콘텐츠 마케팅은 광고와 제품 중심의 마케팅에서 벗어나기 위해 시작됐습니다. 전통적 마케팅 또는 영업은 광고에 많이 의존했습니다. 사람들의 시선과 지갑을 유혹할 수 있는 광고와 제품으로 승부를 걸었습니다. 물건이 귀했던 시절에는 조금만 매력적인 광고가 보이면 사람들은 쉽게 지갑을 열었죠. 하지만 이제 시대가 바뀌었습니다. 아무리 멋진 광고가 있어도 사람들은 쉽게 신용카드를 꺼내들지 않습니다. 오히려 광고에 대한 부정적인 의견이 더 많아졌습니다. 무엇보다 기업이 일방향으로 내보내는 광고를 경계의 눈초리로 쳐다보게 됐습니다.

기업과 브랜드들은 대안을 찾기 시작합니다. 광고인 듯하지만 광고가 아닌 커뮤니케이션 방법이 필요했으니까요. 그래서 바이럴 마케팅이나 소셜 커머스와 같은 방법들이 개발됐죠. 아무래도 주변 지인들의 입소문만큼 믿을 만한 것은 없으니까요. 하지만 소비자는 현명합니다. 참과 거짓 사이의 미묘한 차이를 쉽게 구분할 수 있습니다. 이제는 바이럴 마케팅을 척척 구분해냅니다. '어차피 회사에서 돈을 받고 광고한다'라고 생각하니까요.

콘텐츠 마케팅은 좀 더 현실적입니다. 콘텐츠 마케팅은 브랜드가 작심하고 만든 좋은 콘텐츠로 승부합니다. 누가 콘텐츠를 만들었는지는 중요하지 않습니다. 어차피 소비자들은 브랜드가 만들었다는 것을 알고 있으니까요. 중요한 것은 콘텐츠를 접하게 되는 소비자의 반응입니다. 소비자들이 콘텐츠를 보고 브랜드가 원하는 대로 행동하는지가 가장 중요합니다.

콘텐츠 마케팅의 가장 대표적인 사례로는 '시몬스 침대'를 들 수 있습니다. 시몬스 침대는 한마디로 '침대 없는 침대 광고'로 엄청난 성공을 거둡니다. 시몬스 침대의 브랜드 영상은 유튜브에서 공개된 지 한 달 만에 조회수 2,000만 회를 달성했습니다.[44] 시몬스 침대의 광고를 처음 보면 '괴이'합니다. 무슨 광고인지 알 수 없죠. 그래도 뚝심 있게 광고를 계속 만들어 냅니다. 대부분의 광고는 유튜브와 디지털 매체를 대상으로 합니다. 광고를 유튜브 등에서 계속 접하면 어느 순간 '아하' 하는 순간이 있습니다. 왠지 시몬스 침대가 전하려는 '편안함'을 알듯 모를듯 느끼게 됩니다. 주변에 입소문을 내죠. 어느 순간 시몬스 침대는 대표적인 침대 브랜드로 자리매김합니다. 뚝심 있고 창조적인 콘텐츠 마케팅의 힘이 발휘되는 순간입니다.

콘텐츠 마케팅을 예술과 창작의 영역으로 생각하는 분이 많습니다. 이러한 오해는 콘텐츠 마케팅의 기획과 제작 그리고 실행 등의 전체 프로세스를 혼동하기 때문입니다.

바로 앞에서 콘텐츠 마케팅은 소비자의 반응이 중요하다고 말씀드렸습니다. 콘텐츠 마케팅은 기획 단계에서부터 소비자들의 특정 반응을 이끌어 내는 것을 목표로 합니다. 소비자 반응에는 여러 가지 활동이 있습니다. 콘텐츠를 보고 브랜드에 대한 인지도를 높이거나, 제품을 구매하거나, 브랜드에 대한 입소문을 내 주거나, 콘텐츠를 널리 알려 주는 등 다양한 소비자 반응을 계획하게 됩니다. 원하는 소비자 반응을 미리 생각하고 이를 달성할 수 있는 방법을 모색합니다. 동영상을 만들지, 멋진 사진을 찍을지, 뉴스처럼 보이는 글을 기고할지 등과 같은 콘텐츠 유형을 정합니다. 당연히 콘텐츠를 게재할 매체 역시 미리 선정하게 됩니다. 이런 모든 활동이 바로 콘텐츠 마케팅의 기획 단계입니다.

콘텐츠를 기획할 때는 9장에서 말씀드린 3C 분석에 대해 먼저 고민하는 것이 좋습니다. 콘텐츠가 나만의 차별성과 강점을 잘 보여 주는지를 고민해야 합니다. 또한 콘텐츠가 소비자들이 원하는 내용과 디지털 매체에 적합한지 살펴봐야 합니다. 그리고 콘텐츠가 경쟁자를 이길 수 있는 내용인지도 살펴봐야 합니다. 의외로 생각할 부분이 많은 것이 바로 콘텐츠 마케팅입니다.

둘째, 제작 단계입니다. 지금부터 창작의 영역입니다. 콘텐츠 마케팅 기획에서 결정한 콘텐츠 유형에 적합한 창작자를 섭외하고 좋은 작품이 나올 수 있도록 지원합니다. 제작에서 중요한 점은 창작자에게 디지털 마케터가 원하는 결과와 자료를 확실히 알려 주는 것입니다. 콘텐츠 제작 단계는 한마디로 예술과 과학 사이의 미묘한 줄다리기입니다. 이성적인 디지털 마케터가 자신의 기획 의도를 강요하면 마치 광고처럼 보이는 콘텐츠가 나옵니다. 그렇다고 해서 창의적인 창작자에게 모든 것을 위임하면 기획 의도가 전혀 드러나지 않으니까요.

가장 좋은 방법은 디지털 마케터가 직접 콘텐츠를 제작하는 것입니다. 하지만 아쉽게도 디지털 마케터는 모든 것을 다 잘하는 올라운드 플레이어가 아닙니다. 창작은 전문가에게 맡기세요.

콘텐츠 제작 단계에서 디지털 마케터와 창작자 사이의 감정의 골이 깊어지는 것을 자주 봅니다. 디지털 마케터가 디지털 에이전시에게 창작 외주를 맡길 경우에는 에이전시가 창작자를 대신해서 창작물을 옹호하기도 합니다. 좀 더 혁신적인 콘텐츠일수록 평가하기 어렵습니다. 자칫 잘못하면 콘텐츠의 평가가 예술적 완성도 평가가 됩니다. 콘텐츠를 평가할 때 가장 중요한 점은 콘텐츠 기획에 원하는 내용이 모두 들어갔는지를 살펴보는 것입니다.

이와 같은 점에서 유튜브에 있는 현대카드 CEO인 정태영 부회장의 조언을 되새기는 것이 좋습니다.[45] 유튜브에서 정태영 부회장은 사람들은 현대카드가 디테일을 강조한다고 생각하지만, 사실은 광고에서 손모양, 이미지 하나하나의 디테일에 신경쓰지 않는다고 말합니다. 하지만 디테일을 강조하는 부분이 꼭 하나 있는데, 그것은 바로 콘텐츠의 전략과 총론이 광고에 반영됐는지를 살필 때라고 합니다. 이를 '총론이 크리에이티브를 지배한다'라고 표현합니다.

마침내 원하는 콘텐츠가 제작됐습니다. 이제 콘텐츠 마케팅을 실제로 실행할 순간입니다. 디지털 마케터와 창작자가 함께 노력한 콘텐츠가 시장에서 반응을 이끌어 낼지를 알아보는 순간입니다. 우선 디지털 매체가 필요합니다. 어떤 디지털 매체가 적합할 것인지는 기획 단계에서 결정됩니다. 하지만 최종적으로 제작된 콘텐츠를 살펴보면서 매체를 조정할 수도 있습니다. 동일한 매체라도 디지털 광고 방식을 조정할 수도 있죠. 디지털의 바다는 광대하므로 항상 유연한 자세가 필요합니다.

콘텐츠의 특성과 디지털 매체의 특성을 고려해서 최적의 콘텐츠 노출 방식을 찾아야 합니다. 일반적으로 글의 내용이 길고 정보 전달을 목적으로 한다면 블로그가 적합합니다. 동영상은 유튜브, 이미지는 인스타그램 등을 먼저 떠올립니다. 하지만 최근에 유행하는 15초 정도의 짧은 동영상인 숏폼은 SNS 매체에 상관없이 여러 곳에 활용할 수 있습니다.

동영상 콘텐츠를 제작할 때는 항상 숏폼으로 짧게 편집하는 것도 사전에 고려해야 합니다. 그리고 유튜브의 다양한 광고 형태, 예를 들어 인피드, 인스트림, 범퍼 광고 등도 미리 준비해 두세요.

콘텐츠 마케팅을 실행할 때는 5분 대기조 상태로 있는 것이 좋습니다. 콘텐츠에 대한 고객의 반응이 좋으면 광고비를 더 투입해서 콘텐츠 노출을 증가시킬 수 있습니다. 이와 반대로 콘텐츠에 대한 반응이 나쁘다면 콘텐츠의 내용을 재구성하거나 편집해야 합니다. 애써 만든 콘텐츠를 버릴 필요는 없지만, 미리 플랜 A, 플랜 B를 준비해 놓고 반응에 따라 바로 교체하는 것이 좋습니다.

콘텐츠 마케팅의 성공 여부는 콘텐츠에 대한 반응으로 결정됩니다. 앞에서 말한 시몬스 침대는 유튜브 공개 한 달 만에 2,000만 뷰라는 결과를 도출했습니다. 하지만 눈에 보이는 숫자 말고도 성과 지표는 많습니다. 브랜드 인지도 구매 전환율, 캠페인 참여 빈도 등 다양한 지표를 사전에 설정해 놓는 것이 좋습니다.

점점 더 많은 콘텐츠가 시각적 이미지와 짧고 강렬한 동영상으로 발전하고 있습니다. 요즘처럼 디지털 매체에서 콘텐츠가 순간적으로 소비되는 여건에서는 어쩔 수 없습니다. 하지만 콘텐츠를 단순히 사람의 시각을 잡아 끄는 수단으로만 사용하면 지속적인 브랜드 구축은 불가능합니다. 입소문을 위한 강렬한 콘텐츠 제작도 중요하지만, 콘텐츠 마케팅은 장기적인 관점에서 준비되고 기획돼야 합니다.

스토리텔링 역시 중요합니다. 짧은 콘텐츠 안에도 스토리가 있을 수 있고 긴 흐름의 콘텐츠 시리즈도 스토리에 기반을 둬야 합니다. 스토리는 브랜드와 깊게 연관될수록 좋습니다. 마지막으로 콘텐츠 마케팅에 대한 또 다른 오해를 말씀드리겠습니다.

좋은 콘텐츠를 만들어서 적합한 매체에 올리면 사람이 알아서 찾아온다라고 말하는 분이 있습니다. 틀린 말은 아닙니다. 사람들은 잘 만들어진 그리고 진심을 담은 콘텐츠에 반응합니다. 하지만 현재 디지털 매체의 환경을 고려해야 합니다. 디지털 매체의 숫자는 너무 많고 매체별로 하루에 수백 개의 콘텐츠가 올라옵니다. 그리고 예전처럼 소비자들의 브랜드 충성도를 기대할 수도 없습니다. 애써 만든 콘텐츠를 어떻게 확산시킬 것인지를 사전에 준비해야 합니다. 유튜브가 핵심 콘텐츠 채널이 됐지만, 인스타그램, 네이버, 페이스북 등에서도 유튜브의 콘텐츠가 노출될 수 있도록 계획하는 것이 좋습니다. 항상 모든 디지털 매체들이 잘 연계돼 콘텐츠의 노출과 확산이 이뤄질 수 있도록 하세요.

2000년 전 모든 길이 로마로 통했다면, 21세기에는 모든 디지털 마케팅이 콘텐츠를 통해 이뤄집니다. 콘텐츠 마케팅의 기획력 만큼 더 멋진 콘텐츠가 만들어집니다. 우리가 제대로 만든 콘텐츠를 타고 더 많은 고객들이 우리 브랜드로 모여듭니다. 콘텐츠는 우리 브랜드를 위한 멋진 길입니다.

23

인스타그램과 유튜브를
이용하자

"디지털 마케팅과 SNS 마케팅이 서로 다른가요?"라고 물어보는 분이 많습니다. 이런 질문을 하는 분들은 대부분 디지털 마케팅과 SNS 마케팅은 다른 것 같다고 속으로 생각합니다. 하지만 주변에서 디지털 마케팅을 한다고 하면서 SNS에 올인을 하는 분이 워낙 많기 때문에 자신들의 생각이 틀렸는지 확인받고자 합니다.

결론부터 말씀드리면 디지털 마케팅과 SNS 마케팅은 다릅니다. 원론적으로 디지털 마케팅이라는 분야 속에 SNS 마케팅이 포함돼 있습니다. 따라서 SNS 마케팅을 디지털 마케팅이라고 말할 수는 있지만, 디지털 마케팅을 SNS 마케팅이라고 할 수는 없습니다. 좀 더 쉽게 말해 볼까요?

승용차의 종류에는 세단, SUV, 스포츠카 등이 있습니다. 세단을 보고 자동차라고 할 수는 있지만, 자동차를 가리키면서 세단이라고 하지는 않습니다. 디지털 마케팅과 SNS 마케팅도 이와 마찬가지입니다.

SNS 마케팅이 디지털 마케팅의 대명사가 된 이유는 명확합니다. 페이스북, 트위터, 유튜브 등과 같은 SNS가 21세기에 들어 엄청난 성공을 거둡니다. 특히 페이스북은 어마어마했습니다. 페이스북이 만들어지고 불과 몇 년 후에는 페이스북과 창업자 마크 저커버그에 대한 영화 〈소셜 네트워크〉가 제작됐죠. 디지털 마케팅은 이런 SNS의 발전에 힘입어 다양한 전략과 기술 그리고 소비자와의 네트워크를 형성하게 됩니다.

디지털 마케팅은 소셜 네트워크, 즉 SNS를 기반으로 날개를 달았습니다. 물론 구글은 검색 엔진과 검색 광고로 세상을 빠르게 바꾸고 있었지만, 소비자들은 SNS 속에서 대화하고, 교류하고, 자신만의 네트워크를 쌓아갑니다. 당연히 기업들이 가만히 있지 않습니다. 사람이 모이는 곳에 돈이 모이고, 돈이 모이는 곳에 기업들이 모입니다. 그뿐 아니라 창의력이 높은 사람이 새로운 기술과 스타트업을 만듭니다. SNS는 새로운 기회의 땅이 됩니다.

이처럼 급격히 발전한 SNS에서 페이스북, 인스타그램 등은 저마다 명확한 특성을 지니면서 발전합니다. SNS 마케팅을 이해하고 활용하기 위해서는 무엇보다 SNS 매체들의 특성을 잘 이해해야 합니다.

나라별로 인기 있는 SNS 매체들은 다릅니다. 미국은 한국보다 많은 매체가 있습니다. 예를 들어 미국에서는 틴더Tinder, 범블Bumble 등과 같은 데이팅 앱이 SNS의 중심에 있습니다. 2022년 미국인들은 데이팅 앱에만 3조 3,000억 원을 지출했다고 하니까요.[46] 하지만 한국에서는 데이팅 앱이 큰 주목을 받지 않고 있습니다.

한국에서는 여전히 페이스북과 인스타그램이 인기를 끌고 있죠. 네이버 밴드는 예전에 비해 인기가 높지 않습니다. 카톡 역시 전 국민이 사용하고 있습니다. 물론 카톡, 텔레그램과 같은 메신저 앱을 인스타그램과 같은 SNS 매체로 볼 수는 없습니다. 최근에는 틱톡과 같은 숏폼 중심의 SNS도 유행입니다. 여기서는 디지털 마케팅의 관점에서 SNS 매체들의 특성을 짧게 살펴보겠습니다.

먼저 페이스북입니다. 페이스북은 SNS 마케팅의 대명사이지만, 최근에는 다소 주춤한 모습을 보이고 있습니다. 하지만 2000년대 초 페이스북은 인기스타만큼의 유명세를 치렀습니다. 사람들은 페이스북에 자신들의 생각과 의견을 올리기 시작합니다. 그리고 자신들과 비슷한 성향을 지닌 사람들을 찾아 의견을 교류합니다. 학연과 지연을 바탕으로 모이기도 하고, 관심 분야를 바탕으로 모이기도 합니다. 사람이 하나둘씩 모이기 시작하면서 자신만의 힘과 목소리를 갖게 됩니다. 정치적 의견을 내기도 하고 특정 제품과 브랜드를 평가하기도 합니다.

페이스북에서 좋은 평가를 받은 브랜드는 순식간에 사람들 사이에 퍼집니다. 브랜드의 입장에서 본다면 예전부터 상상했던 세상이 만들어집니다. 비슷한 특성을 지닌 사람이 한곳에 옹기종기 모여 있는 것입니다. 앞에서 마케팅의 가장 중요한 역할은 STP라고 말씀드렸습니다. 힘들게 소비자를 세분 시장으로 나누지 않아도 됩니다. 이미 소비자들이 알아서 모여 있으니까요. 페이스북 안에 모여 있는 잠재 소비자들에게 맞춤형 광고를 선보이기 시작합니다. 페이스북은 모든 광고주와 마케터들이 열광하는 꿈의 구장이 됩니다.

하지만 항상 좋을 수만은 없습니다. 많은 브랜드와 기업들이 페이스북에 광고를 하다 보니 사람들이 페이스북을 멀리하게 됐고 페이스북에서 흔히 볼 수 있는 과도한 바이럴 마케팅은 브랜드와 제품에 대한 불신을 키웠습니다. 오죽하면 '믿거페'[15]라는 단어가 나왔을까요.[47]

최근에는 페이스북 대신 인스타그램이 핫한 SNS 매체가 됐습니다. 인스타그램은 이미지가 중심입니다. 페이스북도 이미지 업로드가 가능하지만, 글의 비중이 더 큽니다. 인스타그램은 소위 MZ 세대의 특성에 딱 맞습니다. 자신의 감각과 기분을 이미지와 아주 간략한 글로 전달합니다. 순간적이고 강렬합니다. 특히 방문 기록과 후기를 남기는 데 인스타그램보다 더 좋은 SNS는 없습니다. 사진만 잘 찍으면 되니까요. 브랜드들은 신제품이 나오거나 새로운 매장을 오픈하면 '인스타그래머블 Instagramable'한 사진을 찍어 인스타그램에 올립니다. 소비자들이 방문해서 인스타그래머블한 사진을 찍을 수 있도록 유도하기도 합니다. 최근에 오픈한 유명한 레스토랑과 카페들은 인스타그램만으로도 소비자들과 소통합니다. 이들 레스토랑과 카페의 인스타그램을 보지 않으면 언제 브레이크 타임이 있는지도 알 수 없으니까요.

하지만 최근 가장 인기 있는 SNS 매체는 '유튜브'입니다. 유튜브는 거의 모든 한국인이 쓰는 카톡보다 더 많은 사용 시간을 보유한 SNS 매

---

15 믿거페는 '믿고 거르는 페이스북'을 의미합니다.

체입니다. 2023년 12월 유튜브의 월간 활성 이용자 수MAU[16]가 4,565만 명에 도달했습니다. 같은 시기 카톡의 월간 활성 이용자 수는 4,554만 명에 그쳐 처음으로 2위로 내려왔습니다.[48]

유튜브는 우선 재미있습니다. 짧은 동영상을 통해 단편적인 지식도 얻을 수 있고 다양한 지식도 얻을 수 있습니다. 정치적 의견과 경제관도 표출할 수 있습니다. 앞에서 '모든 길은 콘텐츠로 통한다'라고 했지만, 이제는 '모든 길은 유튜브로 통한다'라는 표현이 더 적절합니다. 유튜브로 큰 돈을 버는 유튜버들이 나옵니다. 사람들은 유튜버가 되고 싶어합니다. 더 많은 사람과 돈이 모여듭니다. 당연히 브랜드와 기업들 역시 유튜브를 이용하고자 합니다.

가장 쉬운 방법은 유명 유튜버와 제휴하는 방식입니다. 일종의 PPL 방식으로 유튜버가 자연스럽게 자사의 브랜드를 노출합니다. 사실 누구나 PPL이라는 것을 알고 있지만, 유튜브가 재미있어서 참고 봐 줄 만합니다.

또 다른 방식은 유튜브에 광고를 하는 것입니다. 마치 예전에 우리가 인기 있는 드라마를 보기 위해 드라마 전후의 광고를 꾹 참고 봤던 것과 마찬가지입니다. 아날로그에서 디지털로 바뀌었지만, 재미있는 영상을 보기 위해 지루한 광고를 참아야 하는 사실에는 변함이 없습니다.

유튜브는 생각보다 다양한 광고 방식을 갖고 있습니다. 유튜브 웹사이트에 들어가 '신규 고객에게 내 비즈니스를 소개하는 방법'을 찾아보

---

16 월간 활성 이용자 수(Monthly Active Users)는 한 달 동안 해당 서비스를 이용한 순수한 이용자 수를 의미합니다.

세요.[49] 유튜브에서 제공하는 다양한 광고 상품을 볼 수 있습니다. 유튜브는 크게 '인지도', '구매 고려도', '액션'의 세 가지 영역별 광고 상품을 운영하고 있습니다. 인지도와 관련된 광고 상품은 다시 다음과 같은 네가지로 구성됩니다.

인지도 향상을 위한 유튜브 광고의 상품별 특성

광고 상품	특성	입찰 방식	사양
건너뛸 수 있는 인스트림 광고	동영상 재생 전후 또는 중간에 게재되는 건너뛸 수 있는 광고를 통해 예산에 맞춰 되도록 많은 사람에게 도달 가능함.	타깃 1,000회 노출당 비용(tCPM) – 광고가 1,000회 게재될 때마다 지불할 용의가 있는 평균 금액을 설정함.	• 5초 후 건너뛸 수 있음. • 길이 제한 없음. 15~30초 권장
범퍼 광고	건너뛸 수 없는 짧은 광고를 통해 가장 깊은 인상을 남기는 메시지 전달이 가능함.	타깃 1,000회 노출당 비용(tCPM) – 광고가 1,000회 게재될 때마다 지불할 용의가 있는 평균 금액을 설정함.	• 건너뛸 수 없음. • 6초 이내
건너뛸 수 없는 인스트림 광고	동영상 전후 또는 중간에 재생되는 건너뛸 수 없는 광고 형식을 통해 잠재 고객에게 스토리 전체를 빠짐없이 전달 가능함.	타깃 1,000회 노출당 비용(tCPM) – 광고가 1,000회 게재될 때마다 지불할 용의가 있는 평균 금액을 설정함.	• 건너뛸 수 없음. • 15초 또는 20초 (지역별 표준에 따라 다름)
마스트헤드	유튜브 홈 피드 상단에 광고를 게재해 짧은 시간 동안 더 많은 잠재 고객에게 도달 가능함.	고정 일일 비용(고정 CPD) 또는 1,000회 노출당 비용(CPM) 단위. 마스트헤드 광고는 최소 지출 요건이 있으며 예약을 통해서만 사용할 수 있음.	• 건너뛸 수 없음. • 15초 또는 20초 (지역별 표준에 따라 다름)

출처: https://www.youtube.com/intl/ALL_kr/ads/how-it-works/set-up-a-campaign/awareness/
※ 모든 기준은 2024년 4월 기준으로, 비용 및 광고 사양 등은 변경될 수 있음.

디지털 마케팅 실전 활용

디지털 마케터는 다양한 유튜브 광고 중에서 브랜드가 처한 상황과 마케팅 목표를 고려해 원하는 광고 방식을 선정한 후 광고를 집행하면 됩니다. 무엇보다 마케팅 예산을 면밀히 검토해서 예산 집행 계획을 수립해야만 좀 더 효과적인 디지털 캠페인을 수행할 수 있습니다.

몇 년 전부터 전문직과 직장인들 사이에서 인기를 끌고 있는 SNS 매체는 '링크드인Linkedin'입니다. 링크드인은 일종의 '직업 매칭 서비스'로, 자신들의 커리어를 링크드인에 올리고 링크드인에 올라와 있는 채용 정보를 보면서 적합한 취업 및 이직 기회를 찾는 SNS 서비스입니다. 페이스북과 인스타그램 대비 전문직 또는 기업인이 많이 이용합니다. 당연히 관심사 역시 업무적인 지식이나 산업적 정보입니다. 인스타그램에서 볼 수 있는 아기자기한 재미는 없지만, 잘 찾으면 유용한 정보를 많이 볼 수 있습니다. 산업재 또는 IT 관련 기업들이 다양한 마케팅 활동을 시도하기에도 좋은 SNS입니다.

최근에는 '틱톡'이 인기입니다. 사실 중국이나 미국 등의 인기에 비교한다면 한국의 틱톡 열풍은 크지 않습니다. 하지만 숏폼의 대표적인 SNS 매체이므로 항상 브랜드들이 관심을 갖고 있어야 합니다. 다만 틱톡이 활성화시킨 숏폼 양식은 이제 인스타그램 또는 유튜브 등에서 쉽게 볼 수 있는 형식입니다. 따라서 15초 정도의 짧은 숏폼으로 디지털 광고를 하겠다면, 틱톡 이외의 다른 SNS 매체를 고민해도 좋습니다.

트위터와 엑스x는 한국에서 상대적으로 인기가 낮은 SNS 매체입니다. 트위터의 브랜드명이 엑스로 바뀌면서 잠시 관심을 끌었죠. 그리고 인스타그램이 트위터와 비슷한 형태의 스레드Threads를 출시하면서 이번에는 스레드가 다시 관심을 모았습니다. 하지만 아직은 미국만큼의 인기를 끌지는 못하고 있습니다. 즉, 디지털 마케팅을 위한 광고 매체로서의 가치가 한국에서는 높지 않습니다.

마지막으로 네이버 블로그와 네이버 밴드를 빼놓을 수 없습니다. 네이버 블로그는 한국의 대표적인 SNS 채널이었습니다. 파워블로거들이 탄생하면서 많은 관심을 모았죠. 실제로 파워블로거가 돼 큰 돈을 번 블로거들도 많으니까요. 하지만 과도한 바이럴 마케팅, 신뢰도 낮은 제품 판매, 낚시성 광고글 등으로 현재는 파워블로거 제도가 없어졌습니다. 하지만 네이버 블로그는 아직 유용합니다. 특히 브랜드가 다소 장문의 정보성 글을 전달할 경우에는 블로그만한 매체가 없습니다. 물론 브랜드가 블로그를 잘 관리하고 다른 SNS 매체에서 자사의 블로그로 사람들을 유입시킨다는 조건이 있지만요.

네이버 밴드 역시 오래된 SNS 매체입니다. 디지털에서 '오래됐다'라는 표현은 부정적 의미를 지닙니다. 충성 고객은 있지만, 연령대가 높다는 특성을 지닙니다. 따라서 트렌디하거나 최신 제품을 광고하기에는 적당하지 않습니다.

지금까지 한국에서 자주 쓰이는 SNS 매체의 특성을 살펴봤습니다. SNS 매체들은 생각보다 다양하고 특성들도 다 다릅니다. 그렇기 때문에 SNS 매체의 특성을 명확하게 이해하고 나의 디지털 마케팅 전략과 일치하는 SNS 매체를 선정하는 것이 좋습니다. 물론 SNS 매체를 이용하는 사람들의 특성 역시 충분히 이해해야 합니다.

SNS 마케팅이 어려운 이유는 SNS 매체들이 너무 빨리 변화하기 때문입니다. 이렇게 말씀드리면 "거의 10년 동안 페이스북, 인스타그램, 유튜브 등만 이용해 왔는데, 뭐가 바뀌었느냐?"라고 반문할지 모릅니다. 사실 이 SNS 매체들이 오랫동안 사용된 것은 맞습니다. 하지만 페이스북, 인스타그램, 유튜브 등도 연도별로 주목받는 정도가 다릅니다. 유튜브가 지금과 같이 대세 중의 대세가 된 것은 몇 년 되지 않았습니다.

SNS 매체들은 흥망성쇠가 너무 극적입니다. 대표적인 사례가 음성 기반의 SNS인 '클럽하우스Clubhouse'입니다. 2020년에 출시된 클럽하우스는 시각이 아니라 음성을 기반으로 이뤄집니다. 오직 초대받은 사람만이 들어와 자신들의 의견을 공유하죠. 일론 머스크와 같은 IT 거물들이 클럽하우스를 이용하면서 엄청난 관심을 끌었습니다. 출시 몇 달 만에 정치인, IT 기업인, 인플루언서 셀럽 등이 이용하는 가장 핫한 SNS가 됐습니다.

한국에서도 이와 비슷한 음성 기반 SNS 앱이 출시됐지만 불과 몇 달만에 이용자 수가 절반 이하로 줄어들었죠. 스레드 역시 이와 마찬가지입니다. 스레드가 처음 한국에 출시됐을 때 인스타그래머들이 대대적으로 스레드를 활용해 홍보했습니다. 하지만 불과 몇 달 만에 스레드에 대한 소식을 한국에서 접하기 힘들어졌습니다.

이처럼 SNS 매체는 한순간 성공했다가 바로 사라질 수도 있습니다. 순간적인 성공에 바로 베팅하는 것이 좋을까요? 운이 좋다면 새로운

SNS 매체에 실은 디지털 광고가 큰 힘을 받을 수도 있습니다. 하지만 그렇지 않은 경우가 더 많습니다.

새로운 SNS 매체에 늘 관심을 기울이는 것은 절대적으로 필요합니다. 기회를 놓친다면 마케터로서의 자격이 부족한 것입니다. 마케터는 항상 새로운 기회를 사냥해야 합니다. 다만 새로운 기회가 얼마나 오래 갈지 그리고 정말 꼭 필요한지에 대한 신중한 접근이 필요합니다.

마지막으로 SNS 마케팅을 할 때 꼭 기억할 단어 두 가지는 바로 '부족Tribe'과 '군중Crowd'입니다. 마케팅의 대가인 세스 고딘Seth Godin이 사용해서 유명해진 단어들[50]이죠. 디지털 시대에 석기 시대를 연상시키는 부족이 왜 중요할까요? SNS 때문입니다.

부족의 무리를 이끄는 것은 리더입니다. 부족은 몇 가지 주요한 생각과 아이디어를 바탕으로 뭉쳐 있습니다. 부족은 단일한 행동 능력과 파워를 갖고 있습니다. 반면 군중은 리더가 없고 이들을 연결시켜 주는 중심 생각도 없습니다. 글자 그대로 사람이 모여 있을 뿐입니다.

SNS 시대에는 페이스북, 인스타그램, 네이버 등에 자신의 관심과 아이디어를 갖고 모여 있습니다. 그리고 이들을 이끄는 리더가 있습니다. 카페의 주인일 수도 있고 유튜브의 인플루언서일 수도 있습니다. 이들은 어쩌다 길을 가다 만난 사람이 아닙니다. 자신들의 아이디어들을 갖고 자발적으로 SNS를 탐색하다가 모인 사람들입니다. 자신들이 스스로 세그먼트를 형성하게 된 것이죠. 예전에는 마케터들이 힘들어했던 일을 스스로 해낸 것입니다.

디지털 마케팅 실전 활용

SNS에는 이런 부족들이 무수히 많습니다. 디지털 마케터들은 자신에게 맞는 부족을 찾아 이들과 연계해야 합니다. 부족을 정복하려는 생각이 아니라 부족과 함께 성장하려는 마음을 먹어야 합니다. 더 좋은 것은 디지털 마케터가 부족을 이끌고 가는 것입니다.

실제로 디지털 마케터의 주요 업무는 SNS에 모인 사람들을 하나의 커뮤니티로 모으고 이들을 관리하는 것입니다. 때때로 이들을 위한 이벤트도 열고 서로 정보를 교류할 수 있게 해 줍니다. 간혹 많은 예산을 이용해 오프라인 모임을 개최하기도 합니다. 부족장이 되기 위해 꼭 필요한 활동들입니다.

SNS 마케팅이라고 하면 왠지 온라인에서 얼굴 없이 진행되는 마케팅 같습니다. 하지만 마케팅의 기본은 역시 '사람'입니다. SNS에서도 사람이 모여 있습니다. SNS에 모여 있는 사람들을 더 잘 유인할 수 있는 디지털 마케팅 방법을 찾아보세요. 물론 SNS 매체별 특성을 꼭 이해해야 합니다. 그러면 오프라인 마케팅보다 큰 성과를 창출할 수 있습니다.

24

디지털에서 만나는 다양한
커머스의 세상

톰 행크스와 맥 라이언이 주연한 영화 〈유브 갓 메일You've got mail〉에서는 커머스Commerce의 과거와 현재 그리고 미래를 알 수 있습니다. 물론 1990년대 기준으로요.

맥 라이언은 뉴욕에서 아동들을 위한 작지만 특화된 서점을 운영합니다. 요즘 용어로 표현하면 전문 서점이죠. 반면 톰 행크스는 뉴욕에 있는 거대한 서점을 운영합니다. 교보문고 정도라고 생각하면 좋습니다. 톰 행크스의 대형 서점은 맥 라이언의 작은 서점을 인수하려고 합니다. 사실 서점의 규모만 놓고 보면 경쟁 자체가 안 됩니다. 하지만 로맨틱 코미디답게 영화는 아름답게 끝납니다.

저는 이 영화를 2000년대 초에 봤습니다. 영화를 보면서 커머스에 대해 많은 생각을 했습니다. 첫 번째 생각은 '톰 행크스의 서점도 조만간 망하겠구나'였죠. 아마존Amazon에서 책을 판매하기 시작하면서 2000년대부터 서점 시장은 급격하게 바뀝니다. 톰 행크스의 대형 서점인 '폭스

북스Fox Books'도 조만간 아마존의 온라인 서점에게 자리를 내 주겠죠. 두 번째로 드는 생각은 맥 라이언의 '더 숍 어라운드 코너The Shop Around the Corner'와 같은 서점은 영영 사라진다는 것이었죠. 저의 첫 번째 생각은 대충 맞지만, 두 번째 생각은 틀린 것 같습니다.

디지털 마케팅과의 가장 완벽한 파트너는 '이커머스'입니다. 이커머스E-Commerce는 이름 그대로 전자 상거래, 즉 '일렉트로닉 커머스Electronic Commerce'의 약자입니다. 만약 이커머스가 처음 등장했을 때 디지털이라는 용어가 유행했다면 아마 '이커머스'가 아니라 '디커머스D-Commerce'라는 용어로 정착했을 것 같습니다. 이커머스이든, 디커머스이든 중요한 것은 물건을 사고파는 활동이 디지털이라는 환경 속에서 이뤄진다는 점입니다. 우리들은 인터넷 또는 모바일로 제품을 사고팝니다. 당연히 디지털 마케팅과 결합되면 더 큰 효과를 만들어 낼 수 있습니다.

물론 이커머스와 디지털 마케팅은 서로 다른 영역입니다. 이커머스와 디지털 마케팅의 공통점은 디지털 환경을 활용한다는 점밖에 없습니다. 하지만 25장에서 설명할 퍼포먼스 마케팅은 이커머스와 디지털 마케팅을 완벽하게 결합시켰습니다. 퍼포먼스 마케팅은 25장에서 자세히 설명하겠습니다. 24장에서는 이커머스의 다양한 형태와 특성들에 대해 알아보겠습니다.

이커머스는 이제 일상이 됐습니다. 집에서는 마켓컬리와 오아시스를 통해 신선한 달걀과 채소를 새벽에 배송받습니다. 회사로 배송되는 최신 가전 제품은 회사의 활력소가 됩니다. 누군가는 어젯밤에도 테무

TEMU를 통해 엄청 저렴한 제품을 잔뜩 주문합니다. 배민과 같은 배달 앱을 통해 오늘 밤에도 간편하게 야식을 주문합니다. 간혹 아마존을 통해 아직 국내에 출간되지 않은 원서도 주문해 봅니다.

우리들은 매일 다양한 이커머스 플랫폼을 이용하고 있습니다. 이용하려는 목적과 제품에 따라 서로 다른 플랫폼을 이용합니다. 물론 비슷한 플랫폼들이 많기 때문에 가격과 제품 특성을 꼼꼼히 살펴야 합니다. 마켓컬리를 이용하는 분들은 오아시스, SSG 새벽 배송 등의 앱을 모두 갖고 있습니다. 달걀 한 판을 사더라도 신선도와 가격 등을 꼼꼼히 비교합니다. 우리들의 삶은 이커머스를 통해 좀 더 편해졌지만, 이커머스 플랫폼들의 경쟁은 더욱 치열해졌습니다. 물론 쿠팡처럼 계속 성장세를 보이는 경우도 있습니다. 쿠팡은 2023년 3분기에 매출이 8조 원을 넘었다고 합니다. 쿠팡 이용자들도 2,000만 명이 넘었다고 하니 전 국민의 약 40%가 쿠팡을 이용한 것 같습니다.[51]

이커머스는 쿠팡처럼 식료품에서 가전 제품까지, 속옷에서 스포츠 의류까지 거의 모든 제품을 판매하는 플랫폼도 있고 무신사나 예스24처럼 패션과 서적에 특화된 플랫폼들도 있습니다. 이러한 이커머스 플랫폼들은 오프라인 매장처럼 인지도와 차별적인 특성을 보유하고 있어야 경쟁에서 보다 유리한 위치를 차지할 수 있습니다.

온라인 서점의 예를 들어 볼까요? 일반적으로 알라딘은 인문 서적이나 취향이 명확한 독자들이 많이 찾는다고 합니다. 인터파크는 자녀가 있는 여성들이 선호하고 예스24는 실용 서적이나 에세이 등 부담없이 볼 수 있는 책들이 많이 팔린다고 하네요. 오프라인 서점과 연계된 교보문고의 온라인 서점은 아무래도 오프라인 독자들의 구매 패턴이 반영된다고 합니다.[52] 이처럼 비슷비슷해 보이는 온라인 서점들 역시 살아남기 위해 노력하고 있습니다.

최근 몇 년 동안 라이브 커머스Live Commerce가 이커머스의 트렌드를 이끌었습니다. 라이브 커머스는 글자 그대로 이커머스 방송을 실시간 스트리밍 형식으로 송출하는 것을 말합니다. 마치 홈쇼핑이 정해진 시간에 쇼핑 방송을 하듯이 라이브 커머스는 정해진 시간에 특정 제품을 판매하는 방송을 진행합니다. 다만, 라이브 커머스의 진행 매체는 모바일 또는 온라인 쇼핑 웹사이트라는 점이 다릅니다. 네이버 쇼핑에 들어가면 다음과 같은 쇼핑 라이브 코너가 있습니다. 모두 라이브 커머스 형식으로 판매하는 코너인데, 카테고리가 뷰티에서 문화 생활까지 정말 다양합니다.

다양한 라이브 커머스 카테고리

출처: 네이버 쇼핑

라이브 커머스는 소규모 온라인 스토어를 운영하는 브랜드들에게 적합한 방식입니다. 화질 좋은 카메라 또는 스마트폰과 영상 출력 장비들 그리고 입담 좋은 쇼 호스트만 있으면 쉽게 진행할 수 있습니다. 홈쇼핑과 비교할 수 없을 만큼 수수료도 저렴합니다. 네이버쇼핑의 라이브 커머스 수수료는 대략 매출액의 8~9% 수준으로, 판매 수수료 5%와 카드 결제 수수료 3.74%가 포함됩니다.[53] 몇 십 퍼센트의 수수료를 내야 하는 홈쇼핑과 비교하면 월등히 적은 수준입니다.

라이브 커머스의 장점은 수수료뿐 아니라 실시간 소통이 가능하다는 점입니다. 댓글 창에 올라오는 질문에 바로 답변하고 적극적인 구매를 유도합니다. 솔직히 라이브 커머스 동안 진행되는 쇼 호스트와 댓글만 보고 있어도 시간이 잘 갑니다. 최근에는 유튜브 역시 라이브 커머스를 적극적으로 진행하고 있습니다.

커머스라는 단어가 들어가는 또 다른 용어로는 '미디어 커머스Media Commerce'를 들 수 있습니다. 미디어 커머스는 일반적인 이커머스와 다릅니다. 미디어 커머스의 광고는 자사가 소유한 브랜드들을 SNS 미디어에 특화된 방식으로 진행합니다. SNS 미디어에서 광고를 본 사람들은 미디어 커머스 회사가 소유한 온라인 쇼핑몰에서 제품을 구매하게 됩니다. 미디어 커머스의 핵심은 두 가지입니다. 첫 번째는 소비자들의 불편을 제거해 주거나 트렌디한 제품을 발굴하는 것입니다. 여기서 중요한 단어는 '발굴'입니다. 자체 공장을 짓거나 제품을 직접 제조하지 않는 대신, 적합한 제조업체를 찾아 판매 계약을 맺습니다. 두 번째는 공격적인 SNS 광고를 통해 매출을 일으키는 것입니다. 사정이 이렇다 보니 광고 선전비의 비중이 높을 수밖에 없습니다.

한국의 대표적인 미디어 커머스 회사인 '브랜드엑스코퍼레이션'을 살펴보겠습니다. 브랜드엑스코퍼레이션은 요가복 브랜드인 '제시믹스'를 소유하고 있습니다. 회사의 2023년 3분기의 광고 선전비는 매출의 19.8%를 차지합니다. 2022년 3분기에도 동일한 19.8%였고요.[54] 일반 기업의 매출액 대비 광고 선전비의 비율이 3% 전후인 점을 감안할 때 매우 높은 수준입니다.

미디어 커머스를 지향하는 회사들은 디지털 마케팅에 대한 의존도가 높을 수밖에 없습니다. 디지털 광고를 공격적으로 하지 않으면 고객들이 한순간에 다른 경쟁사로 이동하게 됩니다. 매일 새롭고 참신한 디지털 광고를 개발하고 인플루언서 또는 다른 브랜드들과의 제휴 마케팅을 할 수밖에 없습니다. 그 대신 제품을 직접 개발하거나 생산하지 않기 때문에 고정비를 크게 줄일 수 있습니다.

이커머스의 또 다른 축은 'D2C'입니다. D2C에 대해서는 이미 앞에서 여러 차례 말씀드렸기 때문에 자세한 설명을 하지 않겠습니다. 다만 D2C를 할 경우, 목적이 명확해야 합니다. 고객의 데이터를 확보하려는 것인지, 자사몰을 통해 손익을 보전하려는 것인지 등을 구체적으로 정하는 것이 좋습니다. D2C 방식의 자사몰로 큰 매출을 일으키는 것은 어렵습니다. 어머어마한 자본과 에너지가 투입돼야 하니까요. 이커머스 분야도 투입된 만큼의 산출물이 나옵니다.

처음에 말씀드린 〈유브 갓 메일〉로 다시 돌아가 볼까요? 톰 행크스가 운영하는 대형 서점인 폭스 북스는 어쩌면 사라졌을지도 모릅니다. 실제로 미국의 대형 서점 체인인 보더스Borders는 2011년에 파산했으니까요.[55] 하지만 맥 라이언의 작은 서점은 어쩌면 계속 살아남을지도 모릅니다. 여전히 독립 서점은 오프라인을 중심으로 운영되고 있으니까요. 무엇보다 작은 서점 안에서 진행되는 라이브 커머스 방식도 있습니다. 이커머스를 잘만 활용하면 나만의 감성을 지닌 작은 매장을 온라인에서도 구현할 수 있습니다.

25

퍼포먼스 마케팅으로
매출을 올려 보자

디지털 마케팅이 가장 빛나는 순간은 바로 광고와 매출의 관계를 명확하게 보여 줄 때가 아닐까요? 모든 경영자와 마케터들은 광고를 위해 집행된 돈이 얼마만큼의 매출액으로 돌아왔는지를 알고 싶어합니다. 과거에는 불가능했던 숙제였습니다. 예전에는 숙련된 마케터와 영업 사원들의 동물적인 감각과 시장 조사 데이터에 의존했습니다. 하지만 예측의 정확도가 많이 떨어졌죠. 물론 세계적인 조사 회사들과 학자들은 여러 가지 예측 모델을 개발했습니다. 하지만 예측은 예측일 뿐입니다.

퍼포먼스 마케팅은 막연한 예측을 구체적인 숫자로 보여 줍니다. 내가 이번 디지털 마케팅을 위해 쓴 광고비가 어느 정도 매출에 공헌했는지가 구체적인 숫자로 나타납니다. 다음은 실제 디지털 마케팅의 성과를 퍼포먼스 마케팅의 관점에서 정리한 수치입니다. 지금부터 퍼포먼스 마케팅을 실행하는 디지털 마케터의 입장에서 테이블을 설명하겠습니다.

퍼포먼스 마케팅 결과 테이블 (단위: 원)

기간	기획전 이름	광고 예산	목표 ROAS	목표 전환 매출	실 광고 예산	획득 ROAS	획득 전환 매출	획득 전환 매출합
W17	원더월드 이벤트	34,926,889	186%	56,389,537	26,260,268	42%	520,300	43,515,350
W18						222%	20,034,800	
W19						328%	22,960,250	
W20	와일드 키드	74,940,000	274%	153,748,439	61,459,213	194%	20,563,275	353,183,677
W21						294%	32,638,273	
W22	그랜드세일					642%	153,892,656	
W23						924%	146,089,473	
W24	신상품 출시 기념	38,918,000	248%	94,952,114	29,437,681	626%	100,620,175	268,129,380
W25						1196%	167,509,205	
W26	레드, 블루, 옐로 원하는 색상	44,148,000	265%	117,180,373	31,206,720	915%	67,487,217	154,283,917
W27						476%	33,951,200	
W28						157%	11,605,600	
W29						114%	6,202,900	
W30						899%	35,037,000	

중견 가구 회사에 근무하는 디지털 마케터인 김정문 과장은 이번 주 퍼포먼스 마케팅에 대한 결과 보고서를 작성하고 있습니다. 26주 차부터 시작한 '레드, 블루, 옐로 기획전'이 이번 주에 끝납니다. 새로 출시된 소파를 소비자가 원하는 색으로 바꿔 주는 기획전이라서 상품 기획팀과 생산 부서와 함께 오랫동안 준비했습니다. 이제 퍼포먼스 마케팅의 성과를 보여 줄 순간이 다가왔습니다.

이번 기획전의 디지털 마케팅을 위한 광고 예산으로는 약 4,400만 원이 책정됐습니다. 퍼포먼스 마케팅을 수행하는 디지털 에이전시에서 목표 매출은 약 1억 1,000만 원 정도라는 추정치를 받았습니다. 즉, 광고비 대비 매출액을 나타내는 ROAS는 265%가 됩니다. 지난번 기획전의 ROAS가 248%였으므로 좀 더 효율이 높은 기획전입니다.

드디어 '레드, 블루, 옐로 기획전'을 시작했습니다. 기획전 첫째 주에는 인스타그램과 네이버 검색 광고에 집중했습니다. 놀랍게도 첫째 주에는 ROAS가 915%였습니다. 첫 주에 투입된 광고비의 9배의 매출이 발생했습니다. 둘째 주에는 ROAS가 476%, 즉 절반 수준으로 떨어졌습니다. 하지만 목표 ROAS의 2배 정도를 달성했으니 괜찮습니다. 하지만 셋째 주, 넷째 주가 걱정이네요. '소비자들이 기획전의 초반에 너무 몰린 것이 아닐까?' 하는 걱정이 듭니다. 슬픈 예감은 왜 항상 맞아떨어질까요? 셋째 주와 넷째 주에는 역대 가장 낮은 ROAS가 나왔네요. 이미 제품을 구매할 사람들은 다 구매한 것 같습니다.

셋째 주부터 ROAS의 수치가 하락하자 디지털 마케터인 김 과장은 디지털 에이전시와 함께 기획전의 콘텐츠를 수정하기 시작합니다. 우선 가장 많이 판매된 제품을 살펴봅니다. 판매 비중은 블루 컬러가 압도적으로 높습니다. 다른 두 가지 색상 대비 3배 이상 판매됐으니까요. 판매 데이터를 기반으로 기획전을 위한 디지털 광고의 콘텐츠를 수정합니다. 기존에는 블루, 옐로, 레드 제품들이 비슷한 사이즈로 광고에 노출됐습니다. 지금부터는 블루를 우선적으로 보여 주기로 합니다. 그리고 블루 컬러에 대한 긍정적인 댓글을 크게 보여 주기로 합니다.

또한 디지털 매체 전략도 수정했습니다. 인스타그램과 네이버를 주력 매체로 삼았지만, 넷째 주부터는 구글 검색 광고에 더 많은 광고비를 쓰기로 합니다. 예상과 달리 셋째 주까지 누적된 데이터를 보면 구글 검색 광고를 보고 유입된 고객의 수가 많았습니다. 예전에는 이미 제작된 광고를 바꾸거나 광고 매체를 교체하는 것이 어려웠습니다. 하지만 디지털 시대에는 하루 동안에도 이 모든 일이 가능합니다.

다행스럽게도 새로 기획한 광고 콘텐츠가 힘을 발휘한 것 같습니다. 기획전의 마지막 주에는 ROAS가 899%까지 크게 증가했습니다. 마지막 주에는 광고 예산이 부족해 걱정했는데, 다행히 집행한 광고비 대비 매출이 잘 나왔습니다. 기획전의 퍼포먼스 마케팅 성과를 정리하는 김 과장은 안도의 한숨을 내쉽니다.

약 1,000만 원 정도의 광고비를 아꼈지만, 매출은 3,700만 원 정도 더 나왔습니다. 기획전 전체의 ROAS는 494%로, 목표 ROAS 대비 2배 이상 달성했습니다. 이번 기획전만 놓고 보면 큰 성과를 거둔 것이 확실합니다. 하지만 24주 차에 2주 동안 진행했던 '신상품 출시 기념 할인' 이벤트와 비교하면 갑자기 우울해집니다. 24주 차 기획전의 최종 ROAS는 911%입니다. 이번 기획전보다 2배 정도 광고 효율이 높았군요. 하지만 괜찮습니다. '신상품 출시 기념 할인' 이벤트는 대대적인 가격 할인에 의존한 기획전입니다. 매출은 좋을지 몰라도 손익은 썩 좋지 않습니다. 손익만 놓고 보면 '레드, 블루, 옐로 기획전'이 몇 배 더 좋습니다. 훌륭한 마케터는 매출뿐 아니라 이처럼 손익도 챙겨야 합니다.

지금까지 퍼포먼스 마케팅의 성과 테이블을 보면서 설명했습니다. 사실 지금 설명드린 내용들은 퍼포먼스 마케팅에 대한 핵심적인 결과입니다. 겉으로 드러나는 결과는 쉽게 이해할 수 있지만, 이보다 중요한 것은 이런 퍼포먼스 마케팅을 실행하기 위한 어떤 활동들을 실행하는 것이 아닐까요? 김 과장과 같은 디지털 마케터와 디지털 에이전시는 퍼포먼스 마케팅을 통해 더 높은 ROAS를 창출하기 위해 많은 고민을 합니다.

제품과 소비자에 대한 이해는 두말할 필요도 없습니다. 마케터로서 누구에게, 어떤 제품을 마케팅할 것인지를 구체적으로 이해하고 있어야 합니다. 마케터가 무엇을 알아야 할 것인지는 이미 2부에서 자세히 설명했습니다. 이번에는 퍼포먼스 마케팅과 관련된 내용에만 집중해 보겠습니다.

퍼포먼스 마케팅의 운영 원리는 다음과 같습니다. 퍼포먼스 마케팅의 기본은 '자사몰'입니다. 즉, 브랜드가 직접 운영하는 자사몰이 있어야 퍼포먼스 마케팅이 가능해집니다. 왜냐하면 퍼포먼스 마케팅은 디지털 광고를 본 소비자를 계속 따라다니면서 이들이 실제 구매를 했는지를 관찰하기 때문입니다. 우리 브랜드의 제품 광고를 보고 쿠팡이나 네이버 스토어에 가서 제품을 구매할 수도 있습니다. 하지만 쿠팡에서 구매하기 전까지 소비자의 마음속에 어떤 일이 있었는지는 알 수 없습니다. 하지만 자사몰을 갖고 있다면 디지털 광고를 본 사람이 실제로 자사몰에 얼마나 유입해서 실제로 구매했는지를 알 수 있습니다. 많은 브랜드들은 퍼포먼스 마케팅을 위해 자사몰을 직접 운영하고 있습니다.

퍼포먼스 마케팅을 하기 위해서는 몇 가지 지표를 잘 알고 있어야 합니다. ROAS는 당연히 가장 중요한 지표입니다. 하지만 ROAS를 이해하는 데 필요한 지표들이 몇 가지 더 있습니다.

첫 번째는 'CTRClick Through Rate'입니다. CTR은 광고에 노출된 사람들 중에서 실제로 광고를 클릭해 자사몰로 유입된 사람의 비율을 가리킵니다. 흔히 '클릭률'이라고 합니다. CTR을 높이기 위해서는 사람의 시선을 잡아 끌고 클릭을 유도하는 디지털 광고가 필요합니다. 비주얼이 좋은 모델이 나오거나, 가격 할인 문구가 크게 보일 수도 있습니다. 일단 CTR은 높을수록 좋습니다.

또 다른 지표는 '구매 전환율Conversion Rate'입니다. 구매 전환율은 '광고를 클릭한 사람들 중 실제로 구매한 사람들의 비율'입니다. 당연히 구매 전환율이 높을수록 매출과 ROAS가 올라갑니다. 하지만 ROAS는 광고비와 매출액의 함수입니다. 분모에는 광고비, 분자에는 매출액이 있습니다. 매출액이 높더라도 광고비가 더 빠르게 증가하면 ROAS는 기대했던 것만큼 상승하지 못합니다. 또한 구매 전환율이 높더라도 사람이 저렴한 제품만 구매하면 객단가가 떨어지면서 매출액 역시 크게 증가하지 않습니다. 퍼포먼스 마케팅을 위해서는 여러 가지 지표를 복합적으로 살펴봐야 합니다. 지표를 구성하는 산술적 원리를 잘 파악할수록 퍼포먼스 마케팅에 대한 이해도가 높아집니다.

이제 퍼포먼스 마케팅을 시작할 준비가 됐습니다. 퍼포먼스 마케팅을 충분히 이해했고 필요한 예산도 확보했습니다. 자사몰에서 판매할 제품들도 준비됐군요. 그렇다면 퍼포먼스 마케팅을 위한 디지털 캠페인을 기획할 차례입니다. 가장 중요하고 어려운 단계입니다.

디지털 환경에서 소비자들은 매우 변덕스럽습니다. 따라서 강력하고 눈에 잘 띄는, 그리고 소비자의 니즈Needs에 부합하는 캠페인을 기획해야 합니다. 소비자를 자사몰로 유인하기 위해 시즌별 또는 주별로 기획전을 할 수도 있고 꾸준히 디지털 광고를 내 보낼 수도 있습니다. 캠페인은 브랜드와 소비자의 특성을 고려해서 캠페인 주제와 변경 시점 등을 정해야 합니다.

이러한 디지털 캠페인을 기획할 때는 '콘셉트 보드'라고 불리는 캠페인의 기획서를 작성합니다. 이 기획서에는 캠페인의 목적, 캠페인의 기간, 캠페인의 대상 제품 및 소비자의 특성, 주요 퍼포먼스 마케팅 목표 수치, 예상 매출액 등이 들어가야 합니다. 그리고 캠페인의 크리에이티브 방향성, 즉 어떤 비주얼과 컬러 등을 쓸지도 나와야 합니다. 에이전시는 완성된 콘셉트 보드를 기반으로 디지털 광고를 제작하고 세부적인 퍼포먼스 마케팅 계획을 수립합니다.

퍼포먼스 마케팅 계획에서 빠질 수 없는 것이 바로 '매체 계획'입니다. 네이버의 브랜드 검색 광고를 활용할지, 네이버 파워링크를 활용할지 등을 데이터를 기반으로 검토하고 결정합니다. 캠페인을 몇 번 하게 되면 어떤 매체가 가장 효율이 좋은지를 알게 됩니다. 퍼포먼스 마케팅의 데이터를 활용하면 집중해야 할 매체를 결정할 수 있습니다. 다음 테이블은 지금까지 말씀드린 퍼포먼스 마케팅의 지표들이 매체에 따라 어떻게 달라지는지를 보여 줍니다.

매체별 퍼포먼스 마케팅 지표 비교

네이버 브랜드 검색

기간	노출	클릭	CTR	광고비	구매 전환	구매 전환율	전환 매출액	객단가	ROAS
2023년 11월	67,100	13,184	19.65%	6,402,775	154	1.17%	45,210,200	293,573	706%
2023년 12월	54,471	12,333	22.64%	6,230,220	121	0.98%	72,662,550	600,517	1166%

파워링크

기간	노출	클릭	CTR	광고비	구매 전환	구매 전환율	전환 매출액	객단가	ROAS
2023년 11월	324,772	3,712	1.14%	3,347,696	17	0.46%	1,623,400	95,494	48%
2023년 12월	559,330	6,465	1.16%	11,074,775	21	0.32%	12,663,200	603,010	114%

위 테이블에서는 네이버 브랜드 검색 광고와 네이버 파워링크 각각의 퍼포먼스 마케팅 성과를 볼 수 있습니다. 네이버 브랜드 검색 광고의 압도적인 승리입니다. CTR, 구매 전환율, ROAS 모든 면에서 브랜드 검색 광고를 활용하는 것이 좋습니다. 그렇다면 앞으로 무조건 네이버 브랜드 검색 광고만 사용해야 할까요? 그렇지는 않습니다.

네이버 파워링크 테이블을 보면, 노출이 네이버 브랜드 검색 광고 대비 10배 정도 높습니다. 사용된 광고비는 비슷하고요. 매출액과 ROAS만 따진다면 네이버 브랜드 검색 광고가 월등히 좋지만, 마케팅은 항상 매출 외에도 다양한 고민을 해야 합니다. 그중 하나가 '인지도'입니다.

새로 출시된 브랜드라면 소비자들에게 이름을 먼저 알려야 합니다. 네이버 파워링크를 이용하면 매출은 낮더라도 브랜드 노출이 크게 증가하는 효과가 있습니다. 경험 많은 디지털 마케터라면 이런 노출 지표 역시 꼼꼼히 살펴보면서 퍼포먼스 마케팅을 기획하게 됩니다. 물론 제품 카테고리와 시기에 따라서도 다양한 결과가 나올 수 있습니다. 네이버 파워링크가 더 좋을 수도 있습니다. 어떤 경우이든 퍼포먼스 마케팅은 데이터를 기반으로 마케팅을 기획하고 분석해야 합니다.

마지막으로 퍼포먼스 마케팅의 어두운 면도 말씀드리고자 합니다. 모든 것에는 빛과 그림자가 있으니까요. 퍼포먼스 마케팅 역시 이와 마찬가지입니다. '퍼포먼스 마케팅이 가장 빛나는 순간은 광고비에 따른 매출 성과를 정확히 아는 순간'이라고 말씀드렸습니다. 문제는 퍼포먼스 마케팅의 이러한 장점 때문에 종종 마케팅의 활동이 왜곡되는 현상이 발생한다는 것입니다. 마케팅은 매출도 견인하지만 브랜딩 활동 역시 수행해야 합니다. 브랜딩에는 많은 예산과 시간이 필요합니다. 기존 마케팅은 영업보다 상대적으로 호흡이 긴 활동 기간과 계획을 갖고 움직였습니다. 하지만 퍼포먼스 마케팅이 나온 이후 마케팅은 초단타 운영 활동에 집중하게 됩니다. 광고비에 대한 매출 결과가 실시간으로 나오므로 어쩔 수 없습니다. 마케팅이 점차 브랜딩보다 단기적인 매출 증대 캠페인에 집중하게 됐고 가격 할인, 1+1 행사와 같은 프로모션 활동에 초점을 두게 됐습니다.

또한 ROAS라는 명확한 핵심 지표의 달성이 지상 과제가 됐습니다. 매주 디지털 마케터와 에이전시는 지난 달보다 높은 ROAS를 보고해야 한다는 의무감에 시달립니다. 다시 한번 말씀드리지만, ROAS는 광고비는 분모, 매출액은 분자로 구성된 공식입니다. 매출액이 기대만큼 오르지 않으면, 광고비를 줄이면 됩니다. ROAS의 수치는 계속 좋아지지만, 장기적인 브랜딩을 위한 광고 활동은 위축됩니다. 심지어 매출액 역시 크게 증가하지 않거나 하락합니다. ROAS만 개선되는 이상한 현상이 벌어진 것이죠. 너무 극단적일까요? 아닙니다. 실제로 벌어지는 일입니다.

퍼포먼스 마케팅은 훌륭한 디지털 마케팅 활동입니다. 좀 더 효과적인 디지털 캠페인을 만들 수 있도록 도와줍니다. 심지어 매출 향상에도 큰 도움이 됩니다. 하지만 한계점도 명확합니다. 퍼포먼스 마케팅이 제공하는 숫자에만 의존해 마케팅을 하는 것은 파일럿이 창밖을 보지 않고 계기판만 보면서 운항하는 것과 같습니다. 디지털 마케터는 마케팅이라는 관점에서 퍼포먼스 마케팅을 이해하고 활용해야만 합니다.

26

의사결정에 확신을 주는
A/B 테스트

새로운 제품을 출시하려고 합니다. 100% 확신을 갖고 개발한 제품이지만, 막상 큰돈을 들여 제품을 생산하려고 하니 갑자기 겁이 납니다. 붉은색으로 마감을 한 제품 외관에 자꾸 눈이 갑니다. '파란색이 좋지 않았을까?' 하는 걱정이 생깁니다.

카페에서 새로 마카롱을 메뉴에 추가했습니다. 원가 절감을 위해 조금 싼 재료를 사용한 것이 마음에 걸립니다. 단골 손님들이 맛의 변화를 눈치챌까요?

신제품을 위한 광고를 제작 중입니다. 광고주와의 소통 과정에서 모델 선정에 대한 갈등이 있습니다. 광고 콘셉트에는 남성 모델이 적합한데, 광고주는 최근 인기를 얻고 있는 여성 인플루언서를 섭외하자고 고집을 부립니다. 광고주를 어떻게 설득해야 할까요?

디지털 마케팅은 항상 뭔가를 결정해야 합니다. 정해진 예산과 자원만으로는 모든 것을 다할 수 없으니까요. 한 가지 아이디어를 선택하면 다른 아이디어는 버려집니다. 하지만 버려진 아이디어가 나중에 100만 불짜리 아이디어로 판명될 수도 있습니다. 특히, 두 가지 중 한 가지를 골라야 할 경우, 마케터의 갈등은 극에 달합니다.

이처럼 선택의 갈림길에 섰을 때 디지털 마케터가 이용하는 방법이 바로 'A/B 테스트'입니다. A/B 테스트라고 하면 왠지 새로운 용어처럼 들리지만, 정말 간단한 방법입니다. 의사결정이 필요한 사항이 있을 때 A안과 B안을 만들어 소비자들이 직접 판단할 수 있도록 하는 방식입니다. 필요하다면 A안, B안, C안처럼 세 가지 안을 준비할 수도 있습니다. 다만 너무 많은 선택지는 오히려 합리적 선택을 제한하므로 일반적으로 2~3개 정도의 선택지를 준비하는 것이 좋습니다.

A/B 테스트는 사실 디지털 마케팅을 위한 한 가지 기법에 지나지 않습니다. 퍼포먼스 마케팅, SNS 마케팅, 콘텐츠 마케팅 등과 같은 다양한 디지털 마케팅을 수행하기 위해 사용할 수 있는 기법입니다. A/B 테스트는 불필요하면 진행하지 않을 수도 있습니다. 선택의 문제이니까요.

그럼에도 A/B 테스트를 별도의 장으로 분리해서 설명하는 이유는 A/B 테스트가 디지털 마케팅의 특성을 잘 보여 주기 때문입니다. A/B 테스트만 잘 활용해도 디지털 마케팅의 성과를 크게 개선할 수 있습니다.

A/B 테스트는 생각보다 역사가 오래된 기법입니다. 당장 통계학에서도 가설 검증을 위해 귀무가설과 대립가설을 설정하고 가설을 검증합니다. 이것도 일종의 A/B 테스트라고 할 수 있습니다. 전통적인 마케팅에서는 시장 조사의 한 가지 기법인 '테스트 마케팅' 또는 '마켓 테스팅'이

라는 명칭을 자주 사용했습니다. 코틀러 교수의 《마케팅 관리론》이라는 책에도 '마켓 테스팅'이라는 명칭으로 제법 자세히 설명돼 있습니다. 하지만 교과서에 나오는 마켓 테스팅은 대부분 특정 지역 또는 매장에만 신제품을 진열하고 평가는 받는 방식입니다.[56] 무척 아날로그스러운 방식입니다. 이 밖에도 컴퓨터 공학, 생물학, 엔지니어링 등의 다양한 분야에서 A/B 테스트와 비슷한 방식을 사용해 왔습니다.

A/B 테스트는 디지털 마케팅의 또 다른 방법인 '그로스 해킹Growth Hacking'이 등장하면서 본격적으로 알려지게 됩니다. 그로스 해킹이라는 용어는 2010년 '션 엘리스Sean Ellis'라는 사업가가 처음으로 만들었습니다.[57] 성장을 뜻하는 'Growth'와 'Hacking'이 결합된 그로스 해킹은 스타트업의 성장을 신속하게 달성하기 위해 소비자 기반의 데이터에 근거해서 제품과 서비스를 개발하고 계속 수정할 것을 요구합니다. 만들어진 제품을 소비자에게 파는 것이 아니라 제품 개발 단계에서부터 소비자의 반응을 받아들이자는 것이죠. 여기까지만 들어 보면 무척 원론적인 내용입니다. 세상에 어떤 경영자와 마케터가 소비자의 반응을 무시하거나 반대할까요? 그로스 해킹은 좀 더 구체적인 방법론을 제시합니다. 이것이 바로 'A/B 테스트'입니다.

A/B 테스트의 핵심은 가설의 검증입니다. "뭐가 좋은지는 나도 모르겠으니, 그냥 소비자에게 물어보고 결정하자"라는 태도는 A/B 테스트가 아닙니다. 단지 의사결정의 책임을 포기한 것이죠. A/B 테스트는 소비자에게 물어볼 대안들을 신중하게 선택합니다. 두 가지 대안을 선택

한 이유가 명확해야 하며 한 가지 대안이 선택되면 이를 어떻게 활용할 것인지에 대한 계획도 미리 갖고 있어야 합니다.

예를 들어 볼까요? 이번에 자사몰의 UI[17]를 개편하려고 합니다. 오랫동안 사용해 온 자사몰의 웹디자인을 바꾸는 것이므로 비용도 제법 들지만, 소비자들의 반응이 어떨지가 더 걱정입니다. 새로 만든 웹디자인은 미니멀한 관점에서 제작돼 보기에는 좋은데, 제품을 효과적으로 보여 주지는 못합니다. 반면 기존에 사용하던 웹디자인은 세련되지는 않았지만 제품을 잘 보여 줘서 매출에 기여했다고 판단됩니다. 새로 제작된 웹디자인에 눈이 가지만 매출 하락이 무섭습니다.

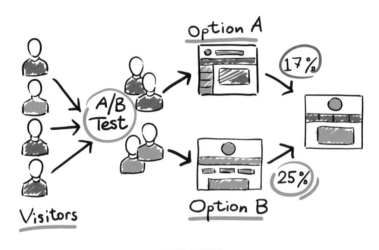

A/B 테스트 예시

---

17 사용자 인터페이스를 의미하는 'User Interface'의 약자로, 사용자와 시스템 간의 효율적인 상호작용을 도와주는 사용자 환경을 의미합니다.

디지털 마케팅 실전 활용

디지털 마케터의 의견을 받아들여 A/B 테스트를 진행합니다. 앞으로 1주일 동안 무작위로 홈페이지 방문자들에게 두 가지 웹디자인을 각각 보여 주기로 합니다. 그리고 기존 웹디자인과 새로운 웹디자인에 노출된 사람들의 구매 전환율을 바탕으로 최종적으로 웹디자인을 결정하기로 했습니다. 물론 웹 체류 시간과 같은 보조 지표들도 함께 살펴볼 예정입니다.

1주일 후에 최종 결과를 살펴보니 기존 안과 신규 안 모두 비슷한 수준의 구매 전환율을 보였습니다. 하지만 체류 시간에서는 큰 차이를 보입니다. 미니멀한 디자인 때문인지 방문객들은 필요한 것만 바로 구매하고 웹사이트에서 이탈합니다. 오히려 기존 디자인에서는 이것저것 살펴보다가 웹사이트를 떠납니다. A/B 테스트를 통해 기존 디자인을 최대한 반영해서 수정하기로 결정했습니다. 대부분의 A/B 테스트는 이와 같은 방식으로 진행됩니다.

A/B 테스트는 새로운 메뉴를 개발할 때, 광고 문구와 디자인을 결정할 때, 광고 모델을 결정할 때, 제품의 가격을 책정할 때 적용할 수 있습니다. 그렇다고 해서 A/B 테스트를 항상 사용할 필요는 없습니다. 충분한 사전 조사와 고민에도 불구하고 결정하기 어렵거나, 두 가지 대안들의 장단점이 서로 명확한 경우에 실시하는 것이 좋습니다. 무엇보다 개발자 또는 마케터의 입장이 아니라 소비자의 의견이 궁금할 때 실시하는 것이 가장 좋습니다.

A/B 테스트는 통계적 기법까지 반영해 진행하면 제법 어려운 기법이

됩니다. 하지만 지금까지 말씀드린 몇 가지 사항만 지키면, A/B 테스트는 스스로 의사결정하는 것보다 월등히 좋은 선택을 할 수 있게 도와줍니다. 디지털 마케팅의 최대의 장점인 A/B 테스트를 포기할 이유는 없으니까요.

27

마테크가 도와주는
디지털 분석의 세상

요즘에는 카카오뱅크, 토스 등과 같은 금융 시스템을 이용하는 사람들을 쉽게 볼 수 있습니다. 이러한 금융 시스템들은 인터넷과 디지털 기술을 활용해 기존 오프라인 금융의 한계를 극복하고 이용자들에게 더 많은 편익을 주고 있는데, 이들 디지털 기반의 금융 시스템을 일반적으로 '핀테크Fintech'라고 부릅니다. '파이낸스Finance'와 '테크Tech'의 앞 글자를 결합한 핀테크는 이제 우리 일상생활 속에 확고하게 자리 잡은 듯합니다.

핀테크만큼 소비자들에게 널리 알려지지는 않았지만, 디지털 마케팅 역시 비슷한 용어가 있습니다. 이름도 핀테크와 비슷한 '마테크Martech'입니다. 마테크는 '마케팅Marketing'과 '테크Tech'의 앞 글자를 조합한 용어입니다. 이름 그대로 마테크는 마케팅에 디지털 테크놀로지를 결합해 이전에는 가능하지 않았던 다양한 분석과 성과 창출을 가능하도록 도와줍니다. 무엇보다 마테크는 디지털 마케팅의 성과를 극대화하기 위해 꼭 필요하죠. 마케크가 없었다면 디지털 마케팅은 전통 마케팅과 별다른 차별성이 없었을지도 모릅니다.

마케크는 디지털 마케팅의 성과를 증대하기 위한 다양한 디지털 기술과 도구, 즉 소프트웨어, 플랫폼 등을 활용합니다. 기존에 직원과 에이전시가 수작업으로 몇 시간씩 걸리던 단순 작업 및 분석 활동을 마케크를 활용하면 바로 확인할 수 있습니다. 이런 점 때문에 예전에는 마케크를 '마케팅 자동화Marketing Automation'라고 부르기도 했습니다.

마케크는 매우 중요한 개념이자 도구이지만, 디지털 마케팅을 직접 운영하지 않는 사람들에게는 쉽게 다가오는 개념이 아닙니다. 마케크는 일상생활에서 쉽게 접할 수 있는 핀테크와 달리, 쉽게 접할 수 없으니까요. 마케크는 디지털 마케팅을 위한 분석 단계 또는 결과 보고 단계에서 많이 사용되기 때문입니다.

하지만 우리들도 부분적으로 마케크의 혜택을 보고 있습니다. 만약 네이버 블로그를 개인이 운영하고 있다면, 이미 마케크의 핵심적 기능을 이용하고 있습니다. 네이버 블로그는 이용자들에게는 오늘 몇 명이 블로그에 들어왔고 어떤 포스팅을 봤는지와 같은 통계 자료를 제공합니다. 만약 애드포스트를 신청한 블로거라면 개인 블로그를 통해 돈을 얼마 정도 벌었는지도 알려 줍니다. 네이버 블로그가 제공하는 이런 정보는 매우 단순하지만 마케크가 제공하는 정보와 기능을 간략하게 잘 보여 주고 있습니다.

마케크가 제공하는 기능은 크게 두 가지로 나눠 생각할 수 있습니다.

첫째, 디지털 마케팅의 결과를 보다 효과적으로 분석하게 해 줍니다. 네이버 또는 구글 등에 노출된 온라인 광고에 대한 소비자의 반응 및 행동 패턴을 데이터를 기반으로 분석하고 분석된 데이터들을 디지털 마케터와 경영자들이 보기 쉽게 바꿔 줍니다. 이러한 활동을 '데이터 시각화 Data Visualization'라고 합니다.

20대 초반 고객을 타깃으로 한 디지털 광고가 목표한 고객에게 잘 전달됐는지를 확인할 수도 있고, 광고에 잘 반응하는 새로운 고객 집단을 발견할 수도 있습니다. 그리고 디지털 마케터의 필요에 따라 실시간 또는 원하는 시간에 자동으로 분석이 진행되므로 분석을 위해 새로 사람을 뽑거나 별도의 시간을 투입할 필요가 없습니다.

데이터의 시각화는 복잡한 수치를 직관적인 이미지로 바꿔 줍니다

둘째, 고객과 효과적인 관계를 구축하게 해 줍니다. 마테크 기술을 통해 고객들에게 보다 개인화된 메시지를 보내거나 인스타그램, 페이스북 등과 같은 다양한 디지털 채널에 적합한 메시지를 작성할 수 있습니다. 또한 디지털 마케터가 준비한 이메일 마케팅, 소셜 미디어 게시물, 광고 등을 정해진 일정에 따라 소비자들에게 자동으로 발송하게 함으로써 직원이 업무 중에 깜빡하는 불상사를 막을 수 있죠.

디지털 마케터는 마테크를 효과적으로 활용하기 위해 적절한 프로그램 또는 플랫폼을 선정해야 합니다. 국내외 많은 디지털 기업이 다양한 마테크 솔루션을 제공하고 있습니다. 어도비Adobe, 세일즈포스Salesforce와 같은 회사들은 올인원 솔루션을 제공하고 있는데, 하나의 솔루션으로 앞에서 말한 기능을 모두 사용할 수 있습니다. 또는 이메일에 특화된 솔루션, SNS 관리에 특화된 솔루션, 이커머스 전용 솔루션 등 전문화된 마테크 솔루션을 제공하는 기업들도 쉽게 찾아볼 수 있습니다. 최근에는 인공지능을 기반으로 고객이 입력한 상품 검색어를 활용해 제품을 추천해 주는 이커머스 솔루션들도 나오고 있습니다. 마테크에서도 다른 분야와 마찬가지로 인공지능의 활용은 필수적입니다.

마테크의 적극적 도입도 중요하지만, 마테크를 위한 금전적인 투자와 관리 인력 역시 무시할 수 없습니다. 현재 기업에서 운영 중인 디지털 마케팅의 수준과 향후 전략 그리고 예산 등을 폭넓게 고려해 마테크의 도입 여부를 결정하는 것이 바람직합니다. 관리하고 있는 고객의 숫자가 많지 않다면 별도의 마테크 솔루션을 찾을 이유는 없습니다. 남들

디지털 마케팅 실전 활용

이 한다고 무조건 따라 할 필요는 전혀 없습니다. 다만, 항상 마테크의 기술 동향에 관심을 기울이고 브랜드의 발전 속도에 따라 언제 마테크를 도입할 것인지를 미리 고민하는 것이 좋습니다.

디지털 마케팅 업무를 외부 에이전시에게 맡기고 있다면, 에이전시가 믿을 만한 마테크 솔루션을 사용하고 있는지를 확인하는 것도 필요합니다. 에이전시가 자체 개발한 솔루션인지, 이미 검증된 외부 솔루션인지를 파악하고 회사가 원하는 결괏값, 예를 들어 고객 피드백, ROAS 분석 등이 신뢰성 있게 도출되는지를 파악해 보는 것이 좋습니다.

마테크 솔루션의 구입 또는 활용은 디지털 마케팅을 운영하는 기업의 선택사항입니다. 여건이 안 된다면 나중에 도입해도 됩니다. 하지만 마테크를 통해 얻을 수 있는 정보와 효익을 명확하게 이해하는 것은 선택이 아닌 '필수'입니다. 마테크의 기술 발전과 경쟁사들의 도입 여부 등에 늘 관심을 기울이세요.

05

디지털 브랜딩이란
무엇일까?

5부는 디지털을 활용한 다양한 브랜딩 활동에 대한 내용입니다. 요즘처럼 브랜딩의 중요성이 높았던 적은 없습니다. 브랜딩은 쉽게 말해 자신만의 캐릭터를 만드는 활동입니다. 디지털 마케팅을 잘 활용하면 브랜딩 활동을 효율적으로 진행할 수 있습니다.

28장은 디지털 마케팅이 브랜딩을 위한 최선의 방법이라는 점을 강조합니다. 29장은 영국의 명품 패션 브랜드인 '버버리'의 사례를 통해 브랜드가 디지털 마케팅을 어떻게 활용할 수 있는지를 제시합니다. 30장은 오프라인까지 확장 가능한 디지털 브랜딩의 가능성을 다룹니다. 디지털 마케팅이라고 하면 디지털 속에서만 작동된다고 생각합니다. 하지만 디지털 마케팅이 성공하기 위해서는 온라인과 오프라인의 통합이 이뤄져야 합니다. 몇 가지 사례를 통해 온·오프라인이 연계된 브랜딩 방법을 공유하겠습니다. 마지막으로 31장은 퍼스널 브랜딩과 로컬 브랜딩을 다루고 있습니다. 디지털은 예전에는 불가능했던 개인 및 지역의 브랜딩을 가능하게 만들었습니다. 자신만의 캐릭터를 창조하고자 하는 분들에게 큰 도움이 될 것입니다.

브랜딩은 스스로를 차별화된 존재로 부각시키는 활동입니다. 하지만 자신만의 차별화된 캐릭터를 다른 사람이 알고 있어야만 진정한 브랜드가 됩니다. 디지털 마케팅은 자신의 캐릭터를 효과적으로 알리기 위한 최고의 무기입니다. 5부를 읽고 많은 아이디어를 찾기 바랍니다.

28

디지털 마케팅과 브랜딩의
시너지 효과

최근 자주 볼 수 있는 단어 중 하나가 '브랜딩Branding'입니다. 삼성 같은 대기업이든 동네 어귀에 있는 작은 카페이든 이름을 알리는 것은 무엇보다 중요합니다. 이름을 알리는 것보다 더 중요한 것은 이름에 특별한 의미를 부여해 소비자들이 스스로 찾아오게 만드는 것입니다. 이처럼 이름에 특별한 의미를 부여하고 이를 널리 알리는 활동을 흔히 '브랜딩'이라고 합니다.

브랜딩이 요즘처럼 주목을 받게 된 배경에는 '디지털 마케팅'이 있습니다. 디지털 마케팅이 지금처럼 확산되기 이전을 생각해 볼까요? 새로 설립된 회사가 자사의 사명을 널리 알리기 위해서는 텔레비전, 라디오, 광고판 등을 활용했습니다. 당연히 많은 광고비와 시간이 소요됐죠. 광고에 많은 돈을 쓴다고 해서 소비자들이 광고를 제대로 보고 사명을 기억한다는 확신도 없었습니다. 하지만 아무것도 하지 않으면 안 될 것 같은 불안감이 존재합니다. 우리 회사만의 차별적인 강점을 전달하려면 더 많은 광고비와 시간을 투자해야 했습니다. 결국 브랜딩은 어느 정도 예산이 충분하고 시간적인 여유가 있는 기업만의 관심사가 됐습니다.

하지만 디지털 마케팅은 광고비 절감과 광고 효율성 증대를 동시에 달성할 수 있게 했습니다. 공중파 텔레비전 대신 다양한 SNS 채널을 활용해 자신만의 차별성과 강점을 보여 줄 수 있게 됐고 소비자와의 적극적이고 신속한 피드백 역시 가능하게 됐습니다. 디지털 마케팅을 통해 타깃 소비자에게 원하는 메시지를 바로 전달할 수도 있게 됐죠. 잠재 고객에게는 회사에 대한 긍정적 이미지를 전달하고 예전에 방문했던 고객에게는 구매를 자극하는 콘텐츠를 보여 줄 수 있습니다. 한마디로 디지털 세상에서는 누구나 손쉽고 저렴한 브랜딩 활동이 가능해졌습니다.

몇 가지 예를 들어 볼까요. 최근 MZ 세대에게 핫한 베이글 가게가 있습니다. '런던 베이글 뮤지엄'이라는 베이글 가게인데, 별도의 오프라인 광고를 하지 않습니다. 인스타그램에서 매장에서 갓 만든 베이글을 사려고 길게 줄을 선 사람들의 모습을 보여 줄 뿐입니다. 브랜드의 이름처럼 마치 런던의 전통 있는 가게에 온 듯한 매장 분위기와 이를 즐기는 사람들의 모습은 인스타그램, 페이스북, 네이버 등을 통해 확산됩니다. 고객들의 뜨거운 반응에 힘입어 얼마 전에는 잠실 롯데월드타워에도 매장을 새로 오픈했습니다.

런던 베이글 뮤지엄 같은 브랜드는 별도의 바이럴 마케팅을 할 필요가 없습니다. 소비자들이 좋아할 만한 제품(베이글)과 콘텐츠(인스타그래머블한 매장)를 제공하면 소비자들이 자발적으로 SNS에서 홍보를 해 주니까요. 디지털 시대가 오기 전에는 주간지와 입소문으로 아주 천천히 소문이 퍼졌을 것입니다. 공격적인 브랜딩 작업도 힘들었을 것이고요.

디지털을 활용한 브랜딩은 베이글처럼 MZ 세대가 좋아하는 제품에만 국한되지 않습니다. 1958년 창업한 KCC는 실리콘, 도료, 건자재 등을 생산하는 B2B 기업입니다. 건설 분야의 B2B 기업들은 브랜딩 광고를 하는 경우가 드물지만, KCC는 유튜브를 적극적으로 활용했습니다. 2020년 탤런트 성동일을 활용한 유튜브와 2022년 가수 KCM이 출연한 유튜브는 큰 인기를 얻었습니다. 특히 2020년의 유튜브는 MZ 세대가 '성동일 유니버스'라는 말을 만들 정도로 화제가 됐습니다. 최근에 나온 '문명의 충돌'이라는 콘텐츠 역시 2달만에 3,000만 뷰를 달성했습니다. 소비자들에게 KCC는 이제 낯선 또는 관심 없는 브랜드가 아니라 우리 주변에 꼭 필요한 재미있는 브랜드로 인식되는 것 같습니다.

런던 베이글 뮤지엄, KCC 모두 인스타그램과 유튜브 등을 적절히 활용해 단기간에 자신만의 브랜드 이미지를 창조했고 이를 통해 고객들이 자발적으로 찾아오게 했습니다. 소비자들의 이런 자발적 참여는 다른 사람들에게 진정성 있는 모습으로 전달됩니다. 텔레비전, 잡지 광고만으로는 쉽게 달성할 수 없는 성과가 아닐까요?

하지만 디지털 마케팅만 하면 브랜딩을 한 번에 해결할 수 있을까요? 절대로 아닙니다. 디지털 마케팅과 브랜딩에 대한 전문적인 지식과 경험 그리고 회사의 전폭적인 지원이 필요합니다. 막연히 인스타그램, 페이스북과 같은 SNS에 회사 이름이 나오는 콘텐츠를 한두 개 올리면 된다는 생각만큼 위험한 것은 없습니다. 하지만 실제로 그렇게 생각하는 분도 많은 것이 사실입니다.

디지털 마케팅을 활용해 브랜딩을 하기 위해서는 다음의 세 가지 사항을 미리 준비해야 합니다. 첫째, 전달하고자 하는 '브랜드 아이덴티티 Brand Identity'를 설정하는 것입니다. 둘째, 디지털 마케팅 전략을 수립해야 합니다. 셋째, 브랜드와 디지털 전략에 적합한 매체를 선정하고 콘텐츠를 제작하는 것입니다. 이들 세 가지에 대해 자세히 살펴보겠습니다.

첫 번째 전략은 '브랜드 아이덴티티'입니다. 브랜드 아이덴티티는 특정 브랜드를 떠올렸을 때 가장 먼저 생각나는 이미지라고 할 수 있습니다. 코카콜라의 해피니스, 벤츠의 프리미엄 자동차, 샤넬의 프렌치 럭셔리 등이 이에 해당합니다. 결국 브랜딩은 소비자에게 자신만의 차별적인 이미지를 전달하는 활동입니다.

차별화된 브랜드 아이덴티티는 언제나 눈에 띕니다

디지털 마케팅 실전 활용

회사의 규모와 업종에 상관없이 브랜딩을 하겠다고 결심했다면, 회사의 미션과 비전 그리고 지향하는 가치를 보여 줘야 합니다. 대부분의 창업가와 경영인들은 미션과 비전까지는 어렵지 않게 말할 수 있습니다. 하지만 진정한 브랜딩 작업이 되기 위해서는 브랜드가 소비자에게 보이는 방식, 즉 '톤 앤 매너Tone & Manner'까지 고민해야 합니다. 진지한 기업 또는 밝고 명랑한 기업, 하이테크 이미지 또는 친근한 이미지, 다국적 이미지 또는 한국적 이미지 등 무수히 많은 표현 방식 중 기업이 표현하고 싶은 톤 앤 매너를 결정해야 하죠. 기업만의 차별적인 컬러까지 준비한다면 더욱 좋습니다. 한번 정해진 브랜드 아이덴티티는 되도록 일관되게 적용돼야 합니다. SNS, 모바일 플랫폼 등에 상관없이 동일한 메시지와 톤 앤 매너가 소비자에게 전달돼야 브랜딩 작업이 힘을 얻게 되니까요.

두 번째 전략은 디지털 마케팅 전략 수립입니다. 디지털 마케팅 관련된 자문을 할 때 종종 겪는 일이지만, 디지털 마케팅 전략이 없는 기업들이 의외로 많습니다. "디지털 전략이 무엇인가요?"라고 물어보면 "인스타그램에 광고하는 것이죠"라는 대답을 자주 듣습니다. 인스타그램은 기업이 선택할 수 있는 SNS 매체 중 하나일 뿐입니다. 무엇을 달성하겠다는 디지털 전략이 없는 상태에서 최적의 SNS 매체를 선정할 수는 없으니까요.

브랜딩을 위한 디지털 전략에는 크게 세 가지가 있습니다.

첫 번째는 브랜드를 알리는 것입니다. 흔히 브랜드 인지도를 높이는 활동을 말하는데, 새로 출시된 브랜드들이 많이 사용합니다.

두 번째는 소비자의 참여를 유도하는 것입니다. 소비자가 관심을 가질 만한 제품 또는 이벤트를 소개하고 소비자가 자발적인 팬이 되도록 합니다. 이를 통해 브랜드는 소비자와 지속적인 관계를 형성하게 됩니다.

세 번째는 구매를 유도하는 것입니다. 종종 '브랜딩'이라고 하면 매우 고상하고 철학적인 활동이라고 생각하는 분이 있습니다. 이 분들은 브랜딩에는 세일즈, 판매, 매출 등의 단어가 들어가면 안된다고 생각합니다. 개인적으로 저는 반대라고 생각합니다. 브랜드가 살아남기 위해서는 소비자들이 꾸준히 사 줘야 합니다. 열광적 팬만 있고 실제 구매자가 없는 브랜드는 허상일 뿐입니다. 그렇다고 해서 매출을 올리겠다며 자신의 브랜드 아이덴티티와 맞지도 않는 판매 방식을 선택하면 안 됩니다. 매출을 늘릴 목적으로 단기적인 가격 할인에 집중하고 인플루언서에 과도하게 의존하면 브랜드의 차별성과 지속성이 사라지게 됩니다.

세 번째 전략은 '디지털 매체의 선정'과 '콘텐츠의 개발'입니다. 디지털 마케팅 전략과 매체 선정은 밀접하게 연결돼 있습니다. 전략에 맞는 디지털 매체를 선정해야 효과를 더욱 높일 수 있습니다. 예를 들어, 브랜드 이미지를 전달하기 위해서는 인스타그램, 브랜드에 대한 자세한 설명에는 블로그가 더 적합합니다. 또한 기업 전용 인스타그램 계정을 활용할 것인지, 외부 디지털 플랫폼을 활용해 브랜딩을 할 것인지도 고민해야 합니다. 심지어 인스타그램 안에서도 다양한 마케팅 계정들이 매일 새로 만들어지고 있기 때문에 최적의 매체 선정은 쉬운 작업이 아닙니다.

디지털 매체가 결정되면 매체 특성을 최대한 잘 보여 줄 수 있는 콘텐츠를 개발해야 합니다. 이미지 중심의 인스타그램을 선정했다면, 정보전달형 콘텐츠 개발은 피하는 것이 좋습니다. 제품과 브랜드에 대해 하고 싶은 말이 아무리 많더라도 참아야 합니다. 대신 브랜드를 한 번에 각인시켜 줄 최적의 이미지를 찾아 보여 줘야 합니다.

이미 앞에서 디지털 마케팅을 위해 필요한 다양한 전략과 고려사항들 그리고 SNS 마케팅과 콘텐츠 마케팅 등에 대해 설명했습니다. 이러한 디지털 마케팅의 방법들을 여러분이 생각하는 브랜딩의 모습에 적절히 녹여내면 좋겠습니다. 브랜딩에는 정답이 없기 때문에 여러분이 생각하고 꿈꾸는 모습이 가장 중요합니다. 디지털 마케팅은 여러분의 브랜드가 스스로 생명력을 갖출 수 있도록 도와줄 것입니다.

디지털 마케팅은 브랜딩을 위한 최적의 파트너입니다. 명확한 브랜드 아이덴티티와 전략 그리고 효과적인 디지털 매체와 콘텐츠를 갖춘다면 브랜딩 작업을 성공적으로 진행할 수 있습니다.

마지막으로 브랜딩 과정에서 브랜드에 걸맞은 품질력을 갖고 있어야 하며 브랜드는 기업이 아니라 소비자의 눈높이에서 살펴봐야 한다는 점은 절대 잊어서는 안 됩니다.

29

디지털은 어떻게 버버리를
구원했을까?

지금은 디지털 마케팅과 브랜딩의 시대입니다. 디지털을 통해 브랜딩 작업이 더 쉬워졌고 브랜딩 활동을 통해 디지털의 효용성이 더 잘 드러났습니다. 디지털과 브랜딩은 최고의 파트너입니다.

디지털 마케팅의 대표적인 성공 사례로는 영국의 명품 브랜드인 '버버리Burberry'를 들 수 있습니다. 1856년 토마스 버버리가 창업한 버버리는 트렌치 코트와 독특한 체크무늬로 유명한 명품 패션 브랜드입니다. 버버리는 150여 년 동안 영국적 감성과 전통이 묻어나는 패션을 선보였습니다. 하지만 전통은 조금만 잘못 다루면 지루해질 수 있죠. 버버리가 바로 그런 경우입니다. 어느 순간 사람들은 버버리는 전통에 안주한 지루한 브랜드라고 생각하기 시작했습니다.

가장 영국적인 브랜드인 버버리 매장 전경

하지만 버버리는 가만히 앉아 있지 않았습니다. 2000년대 중반 거대한 변화를 꾀합니다. 명품 패션 브랜드 중 최초로 디지털을 도입한 것이죠. 먼저 패션쇼를 디지털 형식으로 진행합니다. 버버리가 등장하는 패션쇼 런웨이를 디지털로 촬영해 전 세계가 동시에 볼 수 있게 합니다. 그리고 버버리 오프라인 매장에는 디지털 디스플레이를 설치해 화려한 볼거리를 제공했습니다. 다양한 SNS를 활용해 신제품과 패션쇼 정보를 제공합니다.

어느 순간부터 젊은 세대가 버버리를 구입하기 시작합니다. 거대한 시장을 갖고 있는 중국에서 버버리는 핫한 브랜드로 떠올랐습니다. 심지어 다른 경쟁 브랜드들이 버버리의 디지털 마케팅을 따라 하기 시작합니다. 버버리는 모든 사람이 사랑하는 패션 브랜드로 다시 한번 태어납니다.

저는 버버리의 성공 사례를 소개할 때 "버버리의 디지털 성공 사례의 핵심은 무엇일까요?"라고 질문합니다.

대부분은 "역시 디지털", "디지털을 활용한 브랜드 활성화", "디지털 인사이트의 중요성"이라고 대답합니다. 틀린 말은 아닙니다. 하지만 제가 듣고 싶은 말은 조금 다릅니다. 제가 원하는 답은 "전통 있고 품질이 좋은 브랜드가 디지털도 잘한다"입니다. 다소 의외인가요?

디지털을 활용한 브랜딩에는 커다란 오해가 한 가지 있습니다. 디지털을 잘 활용하면 어떤 브랜드, 어떤 제품도 큰 브랜드로 키울 수 있다는 것이죠. 아주 틀린 말은 아니지만, 그렇다고 100% 진실도 아닙니다. 디지털은 브랜딩을 위한 훌륭한 도구이지만, 브랜딩을 위해서는 실체적 진실, 즉 제품의 품질, 스토리, 철학 또는 자신만의 차별성이 반드시 필요합니다. 그런 면에서 버버리와 디지털 마케팅의 만남은 참 좋은 사례라고 할 수 있습니다. 지금부터 버버리 같은 브랜드가 디지털 브랜딩에 왜 적합한지 설명하겠습니다.

버버리는 사실 디지털을 도입하기 전에도 좋은 브랜드였습니다. 버버리라는 브랜드를 좋아하는 충성 고객들이 많이 있었습니다. 이런 경우, 브랜딩에서는 브랜드 로얄티Brand Loyalty 또는 브랜드 충성도가 높다고 표현합니다. 버버리는 브랜드 로얄티가 높아 오히려 문제가 된 브랜드입니다. 나이가 많거나 전통적인 패션만 선호하는 사람이 좋아하는 브랜드였죠. '버버리라는 브랜드에 젊은피가 들어오지 않는 것'이 문제였습니다.

하지만 버버리는 매우 잘 알려진 브랜드입니다. 버버리를 구입하지 않는 젊은 사람들도 버버리라는 이름은 적어도 한두 번은 들어봤으니까요. 이처럼 브랜드 이름이 널리 알려진 브랜드는 인지도 확산이 상대적으로 용이합니다. 신생 브랜드들은 아무리 급하고 돈이 없어도 사람들에게 이름부터 각인시켜야 합니다. 유명한 브랜드들은 이미 사람들에게 알려진 인지도를 바탕으로 쉽게 사업을 확장할 수 있습니다.

버버리는 명품 브랜드입니다. 비싼 만큼 상품의 품질은 확실하죠. 옷감이나 재봉 수준 등도 믿을 수 있습니다. 다만, 디자인이 얼마나 세련되고 좋은지는 주관적인 영역입니다. 최소한 버버리의 충성 고객들에게는 먹히는 디자인일 것입니다.

또한 버버리라고 하면 왠지 영국과 런던이 떠오릅니다. 트렌치 코트를 멋있게 입은 사람들의 모습도 보입니다. 브랜딩에서는 특정 브랜드와 연관돼 떠오르는 이미지를 '브랜드 연상Brand Association'이라고 합니다. 좋은 브랜드는 좀 더 구체적이고 강렬한 브랜드 연상을 갖고 있습니다. 애플이라고 할 때 떠오르는 '사과' 이미지가 바로 브랜드 연상입니다.

마지막으로 버버리는 자신만의 독점적인 브랜드 자산을 갖고 있습니다. 버버리는 말을 탄 기사가 창을 들고 달리는 심벌과 버버리만의 체크무늬 등이 유명합니다. 특히 버버리 특유의 체크무늬가 유명한데, 커다란 체크무늬만 보면 자연스럽게 버버리가 떠오릅니다. 이와 비슷한 예로 '아디다스'가 있습니다. 운동복이든 매장이든 삼선 무늬만 보이면 바로 아디다스가 생각나니까요.

버버리의 체크무늬를 활용한 가방과 의류

브랜드로서 버버리가 갖고 있는 이러한 장점들은 데이비드 아커David Aaker 교수가 정립한 '브랜드 에쿼티Brand Equity 이론'에 잘 맞아떨어집니다. 아커 교수는 브랜드 에쿼티를 '브랜드와 그 브랜드가 소유한 네임과 심벌 등에 관련된 모든 브랜드 자산과 부채'라고 정의합니다.[58] 건강하고 강력한 브랜드 에쿼티를 갖고 있으면 브랜드는 좀더 건실하게 성장하지만, 반대로 부실한 브랜드 에쿼티를 갖고 있다면 브랜드는 하락할 수밖에 없죠. 물론 신생 브랜드는 브랜드 에쿼티 자체가 없습니다. 아커 교수는 브랜드 에쿼티는 크게 다섯 가지 범주로 구성된다고 말했습니다. 다음 표는 브랜드 에쿼티의 다섯 가지 범주에 맞춰 버버리의 예시를 추가해 봤습니다.

브랜드 에쿼티의 범주별 버버리 예시

브랜드 에쿼티의 범주	버버리 예시
브랜드 충성도	고연령층 중심의 높은 충성도
브랜드 네임 인지도	모든 연령층의 높은 브랜드 인지도
지각된 품질	우수한 품질
브랜드 연상	영국, 런던, 트렌치 코트, 클래식
기타 독점적 브랜드 자산	체크무늬, 심벌

브랜딩 관련 컨설팅도 많이 하고 있지만, 브랜딩은 참 미묘한 영역입니다. 학자에 따라, 브랜드 에이전시에 따라 논리와 근거가 다릅니다. 그리고 브랜드별로 배경과 특성이 다르기 때문에 브랜딩을 일반화하기도 어렵습니다. 지금 설명드린 아커 교수의 '브랜드 에쿼티의 다섯 가지 범주' 역시 브랜드를 이해하기 위한 하나의 프레임입니다. 다만 오랫동안 검증된 프레임이기는 합니다.

저는 디지털 마케팅을 하든, 전통적인 마케팅을 하든 좋은 브랜딩을 위해서는 몇 가지 전제 조건이 필요하다고 생각합니다. 아커 교수의 다섯 가지 범주 역시 그런 조건들에 해당합니다.

버버리는 디지털을 도입하기 전에도 좋은 브랜드였습니다. 다만 낡고 지루한 브랜드였죠. 디지털은 버버리를 낡고 지루한 브랜드에서 젊고 재미있는 브랜드, 친근하고 어디서도 쉽게 만날 수 있는 브랜드로 변화시켰습니다. 버버리는 디지털을 통해 더 많은 잠재 고객을 만날 수 있었고 좀 더 효과적으로 이들과 소통했습니다.

물론 버버리 역시 디자인을 계속 새롭게 바꾸고 노력했습니다. 아무리 디지털 광고를 하더라도 50년 전의 디자인을 계속 유지할 수는 없으니까요. 다만, 버버리의 전통, 흔히 말하는 '브랜드 헤리티지'는 버리지 않았고 버버리의 체크무늬 역시 잘 활용했습니다. 버버리는 디지털을 통해 새롭게 태어났습니다.

디지털 브랜딩에 대한 광고나 유료 강의를 들으면, 차별적 브랜드 아이덴티티에 대한 언급을 자주 하는 것을 봅니다. 차별화된 이미지와 감성을 무척 많이 강조합니다. 어차피 디지털로 보이는 환경에서 품질을 바로 체감할 수 없으므로 보이는 이미지로 승부하라고 합니다. 절대 틀린 말은 아닙니다. 오프라인 매장이라면 바로 체험할 수 있지만, 디지털에서는 불가능하고 1초 단위로 승부가 나는 디지털 환경에서는 강력한 펀치가 있어야 소비자를 사로잡으니까요.

하지만 디지털을 활용해서 마치 떴다방처럼 한 번 장사하고 떠날 생각이 아니라면, 제품과 서비스의 차별적인 품질과 자신만의 브랜드 아이덴티티를 먼저 고민하고 이를 구현해야 합니다. 버버리처럼 오래된 브랜드는 자신만의 브랜드 자산에서 무엇을 버리고, 무엇을 강조할 것인지를 고민해야 합니다. 며칠 전에 창업한 스타트업과 새로 매장을 오픈한 카페라면 자신만의 가치가 무엇인지를 정해야 합니다. 막연히 "나는 더 좋은 IT 서비스를 제공할 거야", "좀 더 따뜻하게 고객을 응대할 거야"와 같은 생각보다는 구체적인 차별성을 종이와 펜을 갖고 적어 봐야 합니다. 자신만의 차별적인 가치와 품질이 만들어져야 디지털 마케팅을 통해 이를 구체적으로 알리고 확산시킬 수 있습니다.

브랜드의 본질에 대한 고민 없이 화려한 디지털 기술에만 의존하면 절대로 오래 가는 브랜드를 만들 수 없고 낡은 브랜드를 되살릴 수도 없습니다. 디지털 브랜딩을 원한다면, 브랜드의 본질을 먼저 생각해야 합니다.

30

오프라인 팝업 스토어에 찾아온
디지털 마케팅

얼마 전의 일입니다. 종종 디지털 마케팅과 관련된 자문을 해드리는 사장님에게 전화가 왔습니다. 스마트폰으로 들리는 목소리가 무척 격앙돼 있어서 조심스럽게 "무슨 일이신지?"하고 물어봤습니다. 사장님은 얼마 전 채용한 디지털 마케터 때문에 화가 나셨다고 합니다.

세 달 전 쯤 사장님께서 디지털 마케터 포지션에 지원한 이력서 몇 장을 보여 주신 적이 있습니다. 디지털 마케터를 처음 채용하기 때문에 누가 좋을지 추천해달라고 하셨습니다. 저는 업계 경력, 담당 제품군 그리고 SNS 운영 경험 등을 고려해 적합한 분을 추천드렸습니다. 다행히 사장님도 마음속에 찍어 놓은 분이라 과장급으로 채용됐고 입사 후에는 업무 처리 방식이 시원하다고 만족스러워하셨던 것으로 기억하는데, 무슨 일이 생긴 것일까요?

사장님이 화가 나신 이유는 다음과 같습니다. 디지털 마케터가 입사한 후 디지털 광고의 효율성과 이커머스 매출이 모두 증가했고 인스타그램과 같은 SNS 방문객과 팔로워 숫자도 꾸준히 증가했다고 합니다. 디지털 마케팅 성과가 나는 것 같아서 매우 흐뭇했다고 합니다. 그런데 오늘 아침 회의에서 디지털 마케터가 갑자기 오프라인 캠페인을 하자며 기획서를 가져왔다고 합니다. 오프라인 캠페인 비용도 적지 않았고 무엇보다 오프라인 담당자의 업무 영역을 침해하는 것 같아서 화가 났다는 것이죠. 디지털 마케터면 디지털만 할 것이지, 왜 다른 업무를 넘보느냐고 저에게 하소연을 했습니다.

디지털 마케팅을 위한 컨설팅과 실무를 하다 보면 디지털 마케팅이 오프라인 마케팅 활동과 연계되는 모습을 자주 봅니다. 흔히 볼 수 있는 사례는 성수동처럼 핫한 지역에 팝업 스토어를 오픈하는 것이죠. 팝업 스토어는 누가 봐도 돈만 들고 현장 매출은 거의 안 이뤄집니다. 하지만 디지털 마케팅을 잘하는 브랜드일수록 팝업 스토어와 같은 오프라인 캠페인에도 정성을 많이 들입니다.

예를 하나 들어 볼까요? 시몬스는 침대를 만드는 회사입니다. 하지만 시몬스의 디지털 광고에는 침대가 등장하지 않습니다. 오히려 이게 무슨 광고인지 알 수 없는 특이한 광고를 보여 줍니다. 2022년 시몬스는 '오들리 새티스파잉 비디오Oddly Satisfying Video'라는 캠페인을 디지털 매체를 중심으로 선보였습니다. 광고에는 침대 하나 등장하지 않지만, 계속 보고 있으면 마음이 편안해집니다. 대중은 열광했죠. 광고를 출시한 지 한 달만에 누적 조회수가 2,000만 건이 넘었습니다. 전문가들도 찬사를 보냈습니다. 대한민국 광고 대상에서 금상을 수상하기도 했습니다.[59]

하지만 시몬스를 더욱 유명하게 만든 또 다른 마케팅은 바로 '오프라인 팝업 스토어'입니다.

시몬스는 2020년 성수동에 '시몬스 하드웨어 스토어'라는 팝업 스토어를 열었습니다. 침대와는 전혀 상관없는 철물점의 콘셉트를 갖고 와서 팝업 스토어를 오픈한 것입니다. 대중들은 침대 하나 없는 시몬스 하드웨어 스토어에 열광합니다. 정말 많은 사람이 하드웨어 스토어에 방문하고 자발적으로 자신의 인스타그램과 페이스북에 방문 기록을 남깁니다.

2022년에는 청담동에 '시몬스 그로서리 스토어'라는 팝업 스토어를 다시 열었습니다. 이번에는 판을 더욱 키웠습니다. 유럽식 육가공 매장을 뜻하는 샤퀴테리샵을 콘셉트로 가져온 시몬스 그로서리 스토어는 1층에는 육가공 매장과 같은 샵, 2층에는 부산에서 유명한 수제버거샵으로 꾸몄습니다. 제가 개인적으로 좋았던 부분은 3층입니다. 3층은 소위 '멍때리기' 콘셉트가 제대로 구현된 공간입니다. 팝업 스토어와 맞물려 출시된 광고 캠페인인 오들리 새티스파잉 비디오osv의 영상을 볼 수 있으며 멍때리기와 관련된 전시도 볼 수 있습니다. 시몬스의 온라인과 오프라인 마케팅 활동이 팝업 스토어의 3층에서 멋지게 결합됐죠. 방문객들은 2년 전과 마찬가지로 자발적으로 자신의 SNS에 시몬스 그로서리 스토어를 포스팅합니다. 심지어 2020년에 방문했던 시몬스 하드웨어 스토어의 사진과 경험을 재소환하는 열성팬도 나타납니다.

시몬스는 왜 팝업 스토어를 만들었을까요? 단순히 돈이 많아서? 사람들을 끌어모으고 싶어서? 여러 가지 이유가 있을 것입니다. 하지만 저는 시몬스는 팝업 스토어가 있어서 시몬스의 디지털 마케팅이 더욱 큰 힘을 발휘했다고 생각합니다. 왜 그럴까요?

시몬스의 디지털 마케팅은 무척 재미있고 참신합니다. 유튜브, 네이버 등에서 소비자의 눈길을 한 번에 사로잡죠. 하지만 너무 현실과 동떨어져 있습니다. 시몬스 매장에 한번 가 보세요. 시몬스의 광고의 느낌이 잘 전달되지 않습니다. 광고와 현실이 따로 움직입니다. 시간이 지날수록 소비자들은 시몬스는 광고만 특이하게 하는 브랜드라고 생각할 수 있습니다. 광고를 만든 시몬스의 진실성을 의심할 수도 있습니다. 하지만 오프라인에서도 광고와 같은 콘셉트를 구현한다면 어떨까요? 유튜브에서 보는 시몬스 광고처럼 엉뚱하고 기발한 그리고 침대 하나 없는 오프라인 매장을 오픈하면 사람들은 시몬스에 대한 생각이 바뀌게 됩니다. 시몬스는 정말 자신의 철학과 콘셉트에 진심인 브랜드라고 말이죠. 정말 진심이기 때문에 오프라인에도 그만큼 투자한다고 말이죠.

물론 이 밖에도 시몬스의 오프라인 팝업 스토어의 부가적인 장점들이 많습니다. 팝업 스토어에 방문한 사람들은 자발적으로 시몬스를 주변에 퍼트립니다. 추가 광고비 하나 안 들이고 엄청난 광고 효과를 얻을 수 있습니다. 또한 시몬스의 오프라인 매장들 역시 매장 방문객들에게 팝업 스토어 이미지를 보여 주면서 영업을 할 수 있습니다.

시몬스 침대에 대해 제법 길게 설명했지만, 제가 전달하려는 메시지는 간단합니다. 디지털 시대일수록 오프라인 프로모션의 중요성이 커진다는 사실입니다. 오프라인은 본질적으로 아날로그적 세상입니다. 하지만 디지털로 대변되는 온라인의 세상과 오프라인은 완전히 분리된 세상이 아닙니다. 오히려 상호 보완적이고 동전의 앞뒷면과 같은 세상입니다. 디지털 마케팅이 더욱 성장하기 위해서는 오프라인 마케팅 역시 어느 정도 균형을 잡아 줘야 합니다.

디지털 마케팅에 대한 일반적인 오해는 '디지털 마케터는 디지털만 잘하면 된다'라는 것입니다. 당연한 말입니다. 자기 본업에 충실해야 프로가 될 수 있으니까요. 하지만 디지털 마케팅을 더 잘하기 위해서는 오프라인과의 연계를 항상 고민해야 합니다. 오프라인을 통해 더 많은 잠재 소비자를 디지털로 끌어들이고 오프라인과 온라인의 연계성을 강화해 더 강한 브랜드를 만들어야 합니다.

훌륭한 디지털 마케터는 이커머스 매출 확대와 SNS 팔로워 증대를 위해 필연적으로 오프라인으로 업무 영역을 확대하게 됩니다. 디지털이 사용할 수 있는 매체들은 다양하지만, 경쟁 역시 치열합니다. 인스타그램, 유튜브 등을 시청하는 소비자들은 조금만 재미가 없거나 새롭지 않으면, 1초만에 다른 콘텐츠로 넘어가 버립니다. 소비자들이 자사의 콘텐츠를 계속 보게 만들고 제품 구매를 유도하기 위해서는 항상 새로운 소재와 아이디어가 필요합니다. 이때 잘 기획된 오프라인 캠페인만큼 강력한 소재는 없습니다.

이번에는 제가 직접 참여했던 오프라인 팝업 사례를 공유하겠습니다. 저는 '이누스'라는 욕실 인테리어 전문 브랜드를 위해 디지털 마케팅과 이커머스를 기획하고 집행했습니다. 잘 아시겠지만, 욕실 인테리어는 한번 바꾸기도 쉽지 않고 바꾼 후에는 주변에 자랑하기도 어렵습니다. 아무래도 집에서 가장 프라이빗한 공간이니까요.

욕실 인테리어는 패키지 단위로 판매 됩니다. 시즌별로 타일, 욕조, 샤워부스 등의 디자인과 컬러 등을 조합해 새로운 패키지를 출시합니다. 최근에는 오프라인 매장에 가지 않고 이커머스로도 욕실 패키지를 선택하고 시공합니다. 하지만 앞에서 말한 것처럼 욕실은 쉽게 보여 주는 공간이 아니므로 욕실 패키지를 온라인으로 판매하는 것이 어렵습니다.

그래서 생각한 방법이 욕실을 주제로 한 팝업 스토어를 만드는 것이었습니다. 단순히 욕실 인테리어는 보여 주는 것이 아니라 브랜드가 지향하는 바를 체험할 수 있게 하는 체험형 팝업 공간 말이죠. 2022년에 후암동에 '후암별채 이누스'라는 팝업 공간을 만들었습니다. 오래된 낡은 집을 개조해서 커다란 히노끼 욕조와 멋진 타일로 욕실을 만들고 안락한 휴게 공간을 구성했습니다. 예약제로 운영했는데, 한번 예약하면 5시간 동안 욕실과 휴게 공간은 오직 한 사람만 이용할 수 있습니다. 마침 코로나 시기였기 때문에 많은 분이 혼자 휴식과 목욕을 즐기면서 힐링됐다는 평을 남겼습니다. 한번 이용할 때마다 5만 원 정도의 비용을 내야 하지만 일 년 동안 하루도 빠지지 않고 예약이 가득 찼습니다. 정말 많은 분이 사랑해 주셨고 큰 호평을 받았습니다. 심지어 김난도 교수님의 《트렌드 코리아 2023》에도 소개됐습니다.[60]

국내 최초로 기획된 체험용 욕실 팝업 공간

후암별채 이누스라는 팝업 공간을 처음 만들자고 했을 때 경영진들의 반대가 많았습니다. 오프라인 팝업을 만드는 데 들어가는 비용을 회수할 수 있는지, 이커머스와 시너지가 정말 만들어질지 등 다양한 의문이 있었지만, 결과적으로는 큰 성공을 거뒀습니다. 특히, 이커머스 측면에서는 정말 유용했습니다. 먼저 후암별채 전용 패키지를 만들었고 시즌별 팝업 공간과 연계된 이커머스 프로모션을 기획했습니다. 실제로 후암별채 이누스를 만족스럽게 경험하신 분은 제일 비싼 욕실 패키지도 구입하셨으니까요. 무엇보다 오프라인 공간은 실체가 보이지 않는 디지털 마케팅의 한계를 완벽하게 보완해 줬습니다.

팝업 스토어와 같은 오프라인 이벤트는 디지털 마케터에게 정말 중요합니다. 항상 새로운 콘텐츠를 기획하고 발굴해야 하는 디지털 마케터에게 오프라인 이벤트는 거대한 콘텐츠의 보물 창고가 됩니다. 오프라인 이벤트에 참여한 사람들의 반응과 이들이 확산해 주는 SNS 포스팅, 언론 매체의 관심 등은 디지털 마케터가 돈을 주고도 살 수 없는 가치를 지닙니다. 하지만 단순히 팝업 스토어 또는 오프라인 이벤트를 개

디지털 마케팅 실전 활용

최한다고 해서 디지털 마케팅에 직접적인 도움이 되는 것은 아닙니다. 온라인과 오프라인을 연계시키는 보다 체계적인 아이디어와 기획이 필요합니다. 무엇보다 구체적인 기획력이 없으면 온라인과 오프라인이 아무런 성과없이 따로 진행됩니다.

문제는 디지털 마케팅을 수행하는 부서와 오프라인 마케팅을 담당하는 부서가 분리돼 있다는 점이죠. 규모가 작은 회사는 마케팅 부서 또는 영업 부서에서 모든 마케팅 활동을 담당하지만, 규모가 조금만 커져도 업무가 나뉩니다. 업무가 구분되면 아무래도 서로 눈치를 보게 됩니다. 괜히 다른 부서의 업무를 건드리는 것 같기도 하죠. 디지털 마케팅과 오프라인 이벤트를 동시에 기획하려면 전사적인 지원과 참여가 필요합니다.

따라서 사장님과 임원진들의 의사결정, 적극적인 지원이 필요합니다. 이 분들이 앞장서서 온라인과 오프라인을 연계하는 아이디어를 내거나 부서 간의 협업을 유도해야 합니다. 특히, 오프라인 이벤트는 온라인 이벤트 대비 초기 비용이 많이 들어갑니다. 호탕하게 비용 결제를 해 줘야 마케터들이 마음 편하게 작업할 수 있습니다. 물론 마케터들은 오프라인 이벤트의 필요성과 성과를 다른 사람들에게 확신시켜야 하고요.

디지털의 시대에도 오프라인은 여전히 필요합니다. 디지털을 다루는 디지털 마케터일수록 오프라인 현장을 더 많이 방문해 소비자와 생생한 현장을 체감해야 합니다. 무엇보다 소비자들은 오프라인에서 브랜드를 직접 체험하고 느끼기를 원합니다. 오프라인에서 만족한 소비자들은 반드시 온라인에서 브랜드를 찾게 됩니다.

저에게 화가 난 상태로 전화를 하신 사장님에게 다시 돌아가 보죠. 전생에 사장님이 무슨 좋은 일을 했길래 저렇게 자발적이고 훌륭한 직원을 뽑았냐고 너스레를 떨면서 우선 사장님을 진정시켰습니다. 그리고 오프라인과의 연계는 꼭 검토해 볼 만하다고 말씀드렸고 다만 몇 가지 주의사항을 알려드렸습니다. 오프라인 캠페인의 비용이 적정한지, 회사 내부의 인력과 자원을 갖고 오프라인 캠페인을 운영할 수 있는지 그리고 온라인과의 연계 프로그램이 타당한지를 꼭 검토해 보시라고 말했습니다. 사장님은 밝아진 목소리로 기획서를 다시 검토해 보겠다고 하시며 전화를 끊으셨습니다.

31

디지털을 이용한
퍼스널 브랜딩과 로컬 브랜딩

혹시 '브랜드의 민주화'라는 말을 들어 보셨나요? 이 말은 브랜드 에이전시인 '더워터멜론'의 우승우 대표가 종종 사용하는 표현입니다.[61] 한마디로 누구나 브랜드가 될 수 있고 누구나 브랜딩을 할 수 있다는 의미입니다. 디지털 시대의 브랜딩을 생각하면, 브랜드의 민주화라는 표현은 정말 탁월합니다. 모든 브랜드가 스스로 브랜딩할 수 있는 시대가 됐으니까요.

예전에는 제법 규모가 큰 기업이나 유명한 정치인 또는 연애인만 브랜딩에 신경을 썼습니다. 브랜딩을 제대로 하려면 돈과 시간이 많이 들었거든요. 또 아무리 돈이 많더라도 제대로 된 브랜드 에이전시를 만나지 못하면 성과를 낼 수도 없었습니다. 하지만 지금은 상황이 많이 바뀌었습니다. 모두 디지털 덕분이죠.

디지털을 통해 누구나 쉽게 자신의 철학과 가치관, 자신만의 장점과 노하우를 주변에 손쉽게 알릴 수 있게 됐습니다. 자기 자신을 알리는 것

뿐 아니라 다양한 수익 사업으로도 확장하고 있습니다. 그러다 보니 디지털을 활용해 브랜딩을 하려는 다양한 시도들도 많이 등장했습니다.

가장 대표적인 것이 바로 '퍼스널 브랜딩Personal Branding'입니다. 퍼스널, 즉 자기 자신을 적극적으로 브랜딩한다는 것이죠. 또 다른 브랜딩 활동은 '로컬 브랜딩Local Branding'입니다. 퍼스널 브랜딩이 사람을 브랜딩한다면, 로컬 브랜딩은 지역 또는 특정 장소를 하나의 브랜드로 만드는 활동입니다. 31장에서는 퍼스널 브랜딩과 로컬 브랜딩에 대해 알아보겠습니다.

퍼스널 브랜딩이라는 용어를 쉽게 찾아볼 수 있습니다. 네이버 블로그, 인스타그램, 페이스북 등과 같은 SNS뿐 아니라 클래스101과 같은 온라인 교육 플랫폼에서도 퍼스널 브랜딩에 대한 내용을 쉽게 볼 수 있습니다.

사실 퍼스널 브랜딩은 새로운 개념이 아닙니다. 예전에는 '셀프 마케팅Self Marketing'이라고 불리던 적도 있었습니다. 비슷한 개념이지만 더 자주 들었던 표현으로 '자기 PR'이 있습니다. 종종 "자기 PR을 잘해야 사회에서 성공할 수 있어"와 같은 형태로 사용됐죠.

퍼스널 브랜딩은 셀프 마케팅과 자기 PR에서 진화된 개념입니다. 예전에는 자기 자신을 단순히 외부에 노출시킨다는 개념이었지만, 퍼스널 브랜딩은 자신만의 차별성과 가치를 전달한다는 개념이니까요. 얼핏 보면 비슷해 보이지만, 나름 큰 차이점을 갖고 있습니다.

퍼스널 브랜딩은 나만의 가치와 매력, 내가 갖고 있는 장점 등을 하나의 차별화된 브랜드로 정립하고 이를 다른 사람들에게 알리는 활동입니다. 퍼스널 브랜딩의 궁극적인 목표는 다른 사람이 내 이름만 들어도 구체적인 이미지 또는 신뢰감을 갖도록 하는 것입니다.

29장에서 설명드렸던 '브랜드 에쿼티'를 잠시 떠올려 보기 바랍니다. 애플, 버버리 등과 같은 유명한 브랜드들은 강력한 브랜드 에쿼티를 갖고 있고 자신만의 브랜드 연상, 지각된 품질과 독점적 브랜드 자산을 갖고 있다고 말씀드렸습니다. 퍼스널 브랜딩 역시 이와 마찬가지로 나 자신에 대한 구체적 브랜드 연상, 지각된 품질, 독점적 브랜드 자산 등을 형성해야 합니다.

몇 가지 예를 들어 볼까요? 배우 송강호, 최민식, 윤여정 등의 이름을 들으면 어떤 이미지가 떠오르시나요? BTS, 뉴진스 등은 어떠신가요? 개그맨 유재석, 박명수, 조세호 등도 자신만의 캐릭터가 있습니다. 이처럼 자신만의 캐릭터가 있는 사람은 자신만의 퍼스널 브랜딩이 완성된 사람입니다.

퍼스널 브랜딩이 최근처럼 각광을 받게 된 배경에는 '디지털'이 있습니다. 디지털 시대 덕분에 소규모 창업이 더욱 활성화되고 있습니다. 파워 블로거가 등장했고 SNS에서 인플루언서가 넘쳐나기 시작합니다. 파이어족이 되는 방법과 온라인 스토어로 돈을 버는 방법을 알려 주는 유튜버들이 매일 등장합니다. 디지털 매체와 디지털 플랫폼을 통해 정말 누구나 자기 이름과 아이디어만 있으면 돈을 벌거나 유명해질 수 있는 시대가 됐죠.

하지만 바로 그 '누구나'가 문제입니다. 디지털 환경에서 우후죽순 처럼 등장하는 인플루언서 유튜버, 멘토들 사이에서 눈에 띄어야 합니다. 예전에는 개성 있는 모습만 보여 주면 됐지만, 비슷한 개성을 지닌 사람이 너무 많습니다. 솔직히 이들이 팔려는 제품과 서비스 그리고 노하우들 역시 비슷합니다. 이때 찾은 차별화 포인트가 바로 '퍼스널 브랜딩'입니다.

디지털 환경 속에서 서로 비슷해 보이는 서비스와 제품 그리고 자신의 모습을 '브랜드'라는 패키지로 묶어 좀 더 다르게 보이게 만듭니다. 이렇게 말씀드리면 퍼스널 브랜딩에 대해 다소 부정적인 이미지가 떠오릅니다. 실제로 퍼스널 브랜딩을 알려 주는 강의들은 대부분 비슷합니다. 자신의 강점과 약점을 찾아 이를 차별화하라고 말하지만, 무엇을 차별화할 것인지는 알려 주지 않습니다.

하지만 퍼스널 브랜딩은 현대인들에게 꼭 필요한 스킬입니다. 여러분이 입사 면접을 보든, 회사에 처음 출근해 동료들을 만나든, 새로운 친구를 사귀든 나 자신을 하나의 캐릭터로 규정하는 것이 바로 퍼스널 브랜딩이니까요.

퍼스널 브랜딩을 완성하기 위해서는 이미 2부와 3부에서 설명한 내용을 잘 숙지하는 것이 좋습니다. 퍼스널 브랜딩의 시작은 내가 누구인지 그리고 내가 누구와 경쟁하는지, 나를 필요로 하는 사람이 누구인지에 대한 고민에서 시작됩니다. 이것이 바로 마케팅의 3C 분석입니다. 또한 나를 필요로 하는 사람들을 몇 가지 그룹으로 분류하고 그중에서 가장 적합한 그룹을 선정하고 나 자신을 선정된 그룹에 적합하도록 맞추는 과정도 필요합니다. 일종의 SPT[18]에 해당합니다. 그리고 나 자신을 어떻게 표현할 것인지에 대한 구체적인 기획안이 필요합니다. 디지털 세상의 무수히 많은 유사품 속에서 한 번에 나를 보여 줄 수 있는 명확한 기획안, 즉 원페이지 기획서도 작성해 봐야 합니다.

퍼스널 브랜딩의 핵심은 두 가지입니다.

첫째, '차별성'입니다. 비슷비슷한 인플루언서와 유튜버들 사이에서 눈에 띄기 위해서는 뭔가 달라야 합니다. 외모가 정말 독특하거나, 생각과 말이 톡톡 튀거나, 편집 기술이 현란해서 다시 찾아볼 수밖에 없는 사람이 돼야 합니다. 차별화 포인트는 사람마다 다릅니다. 퍼스널 브랜딩을 강의하는 온라인 코스들을 보더라도 차별화 포인트 부분만은 애매하게 넘어갑니다. 남들이 만들어 주는 차별화 요소는 결국 비슷비슷한 트렌드의 모방입니다. 차별화 포인트만은 본인 스스로가 찾아야 합니다.

둘째, '실체적 진실'입니다. 좀 더 쉽게 표현하면, 진짜 실력을 갖고 있어야 합니다. 눈에 확 띄는 모습 때문에 일시적으로 머릿속에 기억이 남는 사람이 있습니다. 하지만 몇 번의 만남을 갖다 보면 결국 실력이 드러나는 사람이 있죠. 이와 반대로 처음에는 좀 애매한 인상이지만, 계속 만나 보면 결국 실력을 인정할 수밖에 없는 사람도 있습니다.

결국 퍼스널 브랜딩은 차별화로 시작해 실력으로 끝납니다. 오랫동안 기억되는 퍼스널 브랜딩을 위해서는 남들과 다른 실력을 길러야 합니다. 그래서 퍼스널 브랜딩은 시작하기는 쉬워도 끝까지 잘 유지하기

---

18 STP는 세그멘테이션(Segmentation), 타깃팅(Targeting), 포지셔닝(Positioning)을 의미합니다.

는 어려운 것 같습니다.

디지털 시대와 함께 성장한 또 다른 브랜딩은 '로컬 브랜딩'입니다. 최근에는 인구 소멸, 지방의 쇠퇴 등과 같은 흉흉한 소식들을 자주 듣습니다. 반면, 네이버와 인스타그램에서는 하루가 멀다 하고 새로운 로컬 맛집 소식이 올라옵니다. SNS만 보면 로컬 소멸이 아니라 로컬 활성화의 시대처럼 보입니다.

로컬 브랜딩은 로컬과 디지털 이용자의 요구가 딱 맞물린 경우입니다. 인구와 지방 소멸을 걱정하는 지역은 로컬 브랜딩을 통해 자신을 알리고 사람들을 끌어들일 수 있습니다. 디지털 이용자, 즉 인플루언스와 유튜버 등은 새로운 콘텐츠를 남보다 먼저 알려서 조회수를 올리고 인기를 유지해야 합니다. 따라서 잘 알려지지 않은 로컬 콘텐츠를 개발하면 SNS를 통해 사람들을 쉽게 모을 수 있습니다. 로컬 브랜딩의 핵심 역시 퍼스널 브랜딩과 마찬가지로 로컬만의 차별성과 실체적 진실입니다. 로컬 명소들은 저마다의 사연과 풍광 그리고 맛과 멋을 갖고 있습니다. 하지만 외지에서 온 사람들은 한 번에 이러한 차별성을 알기가 어렵죠. 로컬 브랜딩을 하는 주체, 즉 지방의 군청, 지역 주민들, 지역 상점 및 시장 상인들은 로컬만의 차별성을 명확하게 파악하고 이를 전달해야 합니다. 그리고 이러한 차별성을 어떻게 널리 홍보할 것인지에 대한 계획도 필요합니다. 로컬 브랜딩을 위한 방법은 많습니다.

충주시는 '충주시 홍보맨'이라고 불리는 걸출한 공무원이 있죠. 예산시장은 백종원 대표를 통해 변화된 모습을 보여 주고 있습니다. 대전시는 '성심당'이라는 빵집이 큰 역할을 하고 있습니다. 춘천은 최근 '감자 빵'이라는 아이템 때문에 다시 한번 인기를 모았습니다. 이처럼 로컬 브랜딩과 강하게 연계된 사람, 관광지, 특정 제품 등이 있으면 로컬 브랜딩이 훨씬 수월해집니다. 로컬 브랜딩을 위한 독점적 브랜드 자산을 갖고 있으니까요.

로컬 브랜딩은 퍼스널 브랜딩보다 어렵습니다. 가장 큰 이유는 이해 관계자들이 너무 많기 때문이죠. 퍼스널 브랜딩은 글자 그대로 자신이 모든 것을 결정하면 됩니다. 물론 책임도 오롯이 혼자 지게 됩니다. 반면, 로컬 브랜딩을 제대로 하기 위해서는 공무원, 지역 주민, 지역 상점 및 식당 주인 등 다양한 사람의 의견을 조율해야 합니다. 더욱이 로컬 브랜딩을 SNS에 소개하기 위해서는 멀리 떨어진 SNS 사용자들의 특성도 고려해야 하죠. 로컬 브랜딩을 효과적으로 진행하기 위해서는 강력한 리더십과 조직력 그리고 브랜드 및 마케팅 전문가들의 도움이 필요합니다. 지역 주민들끼리 똘똘 뭉쳐 브랜딩을 하면 진실성과 열정은 넘쳐나지만, 속도감과 트렌드를 놓칠 수 있습니다. 무엇보다 디지털 특성의 반영이 부족할 수도 있고요.

퍼스널 브랜딩과 로컬 브랜딩은 디지털 마케팅을 통해 더욱 빠르게 자리 잡았습니다. 예전과 비교할 수 없을 만큼 누구나 브랜딩을 하는 세상이 됐습니다. 물론 누구나 쉽게 참여하기 때문에 옥석을 가리는 것도 쉽지만은 않습니다. 하지만 참신하고 역량 있는 퍼스널 브랜드와 로컬 명소를 만나면 우리의 삶이 더욱 재미있고 흥미로워지지 않을까요?

06

디지털 마케팅에 대한
궁금증들

지금까지 디지털 마케팅과 관련된 다양한 내용을 다뤘습니다. 디지털 마케팅의 개념과 디지털 마케팅을 위한 준비사항들 그리고 디지털 마케팅의 다양한 방법 등을 확인했습니다. 디지털 마케팅에 대해 많이 알수록 더 궁금해지는 내용이 있습니다. 그래서 6부를 준비했습니다.

먼저 32장은 최근 가장 핫한 주제인 인공지능과 디지털 마케팅의 관계입니다. 디지털 마케팅은 챗GPT로 대변되는 인공지능을 어떻게 활용하면 좋을지를 살펴보겠습니다. 33장은 디지털 마케팅을 위한 학습법입니다. 디지털 마케팅처럼 빠르게 진화하는 기술은 과연 어떻게 배워야 할까요? 33장에서 답을 드립니다.

34장은 디지털 마케팅을 위한 새로운 가능성과 뉴 미디어에 대한 내용입니다. 디지털 매체는 앞으로 더욱 증가할 것으로 예상됩니다. 어떤 디지털 매체를 선점하면 좋을지를 살펴보고 최근 주목받는 디지털 매체들을 알아보겠습니다. 35장은 디지털 마케팅의 어두운 그림자를 살펴봅니다. 빛이 있으면 그림자는 피할 수는 없습니다. 디지털 마케팅 역시 어두운 면이 있습니다. 하지만 어두운 그림자를 알고 있다면 피할 방법도 미리 찾을 수 있겠죠. 36장은 디지털 마케팅의 현재와 미래에 대한 내용입니다. 특히 소비자 관점에서 디지털 마케팅의 가능성을 살펴봅니다. 디지털 마케팅은 가능성과 기회의 땅입니다. 6부에서 알려드리는 다양한 가능성과 기회를 통해 원하는 성과를 달성하기 바랍니다.

32

챗GPT와 디지털 마케팅
사이의 미묘한 관계

인공지능인 챗GPT를 처음 봤을 때 '챗GPT를 제대로만 쓰면 디지털 마케팅을 쉽게 할 수 있겠는 걸!'하는 생각이 들었습니다. 실제로 챗GPT에 다음과 같은 질문도 해 봤습니다.

Prompt: 챗GPT는 디지털 마케팅의 파트너인가?

챗GPT: 챗GPT는 디지털 마케팅의 도구로 사용될 수 있는 기술적인 파트너라고 볼 수 있습니다. 챗GPT는 마케터들이 콘텐츠를 생성하고 관리하며 고객과 상호작용하는 데 도움을 주는 도구로 활용될 수 있습니다. 챗GPT를 사용하면 마케터들은 효율적으로 콘텐츠를 생성하고 고객과의 상호작용을 개선할 수 있습니다. 또한 챗GPT를 활용해 마케터들은 시장 동향을 분석하고 예측해 전략을 조정할 수 있습니다. 따라서 챗GPT는 디지털 마케팅의 파트너로서 유용하게 활용될 수 있습니다.

챗GPT는 무척 정갈하고 모범적인 대답을 들려 줍니다. 저는 챗GPT의 대답 중 한 가지 표현에 주목했습니다. 바로 '기술적인 파트너'라는 부분입니다. 챗GPT는 디지털 마케터를 '기술적인 부분을 지원하는 도구이자 파트너'라고 설명합니다. 인공지능의 현실적 한계에 기반을 둔 대답입니다.

챗GPT는 현실적으로 기술적 지원을 해 주는 도구입니다. 챗GPT는 '파트너'라고 말했지만, 아직은 도구Tool가 맞습니다. 똑같은 칼이라도 뛰어난 검객이 쓰면 명검이지만, 능력 없는 사람이 쓰면 흔한 쇠붙이만 도 못한 것이 사실이죠. 따라서 도구를 잘 사용할 수 있는 능력 있는 마케터를 먼저 찾은 후에 챗GPT를 활용해 기술적 도움을 받는 것이 좋습니다. 단, 챗GPT를 활용하면 디지털 마케팅의 성과를 바로 낼 것 같은 기대감은 버리는 것이 좋습니다. 오히려 능력 있는 디지털 마케터를 한 명 채용하는 것이 훨씬 효과적입니다.

챗GPT와 같은 인공지능은 디지털 마케팅을 위해 다음과 같은 기술 적인 도움을 줄 수 있습니다. 대부분의 내용들은 디지털 마케터가 할 수 있는 일이지만, 챗GPT를 잘 활용하면 디지털 마케팅을 효과적으로 할 수 있는 업무들입니다.

- 콘텐츠 제작: 인공지능은 특정 주제에 대한 콘텐츠를 생성하는 데 도움이 될 수 있습니다. 키워드나 주제를 제공하면 인공지능은 해당 주제에 관한 글을 작성할 수 있습니다. 이를 통해 마케팅 캠페인에 사용할 새로운 콘텐츠를 빠르게 생성할 수 있습니다.
- 고객 상호작용: 인공지능을 사용해 웹사이트나 소셜 미디어 플랫폼에서 고객과의 상호작용을 개선할 수 있습니다. 인공지능을 이용해 고객의 질문에 응답하거나 문제를 해결하는 데 도움을 줄 수 있습니다.

- 키워드 및 콘텐츠 분석: 인공지능은 대량의 텍스트 데이터를 분석해 트렌드, 키워드 및 고객의 관심사를 식별하는 데 사용될 수 있습니다. 이를 통해 마케팅 전략을 조정하고 새로운 아이디어를 발견할 수 있습니다.
- 자동화된 콘텐츠 배포: 인공지능을 사용해 블로그 게시물, 이메일 뉴스레터 등과 같은 콘텐츠를 자동으로 생성하고 배포할 수 있습니다. 이를 통해 시간과 노력을 절약하면서도 일정한 콘텐츠 흐름을 유지할 수 있습니다.
- 시장 조사 및 예측: 인공지능을 사용해 시장 동향을 분석하고 예측하는 데 활용할 수 있습니다. 이를 통해 새로운 시장 기회를 발견하고 경쟁사의 움직임을 추적할 수 있습니다.

위의 내용을 보고 다소 실망했을 수도 있습니다. 이미 다양한 마케팅 솔루션들이 위와 같은 디지털 마케팅 업무들을 수행하고 있습니다. 시장 조사 및 예측 분야에서는 태블로와 같은 마케팅 시각화 솔루션이 이미 많이 보급됐고 자동화된 콘텐츠 배포와 고객 상호작용은 세일즈포스 닷컴Salesforce.com과 같은 CRM 기업이 시장을 넓혀 나가고 있습니다.

하지만 챗GPT와 같은 인공지능이 크게 활약할 수 있는 부분은 따로 있습니다. 그것은 바로 '콘텐츠 제작' 부분입니다. 이미 다른 부분들은 마테크에 기반을 둔 마케팅 솔루션들을 활용하면 되고 무엇보다 어느 정도 기술적인 전문가들의 영역입니다. 하지만 콘텐츠 제작 부분은 디지털 마케터, 일반 사무직 직원, 에이전시 직원 등 다양한 사람이 아이디어와 경험을 갖고 수행했던 분야입니다. 어떻게 보면, 사람의 힘과 아이디어가 가장 필요한 영역이었죠.

인공지능은 사람의 영역인 콘텐츠 제작에도 발을 들여놓았습니다. 저도

이 책을 준비하면서 제법 많은 도움을 받았습니다. 아이디어가 필요하거나 글을 쓰다가 막히면 챗GPT의 프롬프트를 띄워놓고 대화를 시작합니다. 혼자 챗GPT와 대화를 나누다 보면 아이디어가 정리됩니다. 간혹 원고에 필요한 콘텐츠를 얻을 때도 있습니다. 종종 톰 행크스가 주연한 영화 〈캐스트 어웨이Cast Away〉에서 주인공이 무인도에서 배구공인 윌슨과 대화하는 느낌이 나기도 합니다.

물론 인공지능이 유능한 카피라이터 또는 디자이너와 동일한 수준의 콘텐츠를 만들 수는 없습니다. 언젠가는 가능할 수도 있지만, 지금 당장은 불가능해 보입니다. 궁금하면 바로 챗GPT에게 "다음달에 출시할 여성용 향수를 위한 광고 문구를 작성해 봐"라고 지시해 보세요.

> 챗GPT: "여성의 우아함과 자유로움을 담은 새로운 향수가 곧 만날 여러분을 기다립니다. 섬세하고 감각적인 향기로 여러분의 모든 순간을 특별하게 만들어 줄 것입니다. 자신을 사랑하고 표현하는 새로운 방식, 이제 여성의 자아를 위한 완벽한 향수가 탄생합니다. 함께하세요."

어떠신가요? 아주 나쁘지는 않지만, 만족스럽지도 않습니다. 그냥 무난한 광고 문구가 나왔습니다. 물론 챗GPT에 물어본 질문도 적절하지 않습니다. 좀 더 구체적으로 물어봐야 더 좋은 대답이 나옵니다. 하지만 중요한 점은 우리가 빨간색 펜을 들고 수정할 뭐라도 한 가지 건졌다는 사실입니다. 아무것도 없는 맨땅에서 시작하는 것보다는 뭐라도 갖고 시작하는 것이 좋습니다. 그리고 챗GPT와 같은 인공지능은 이런 작업

디지털 마케팅 실전 활용

을 아무리 많이 반복해서 지시해도 화를 내거나 지치지 않습니다. 다시 한번 챗GPT에 지시해 보겠습니다.

Prompt: "너무 길어. 절반 정도 길이로 다시 작성해 줘."
챗GPT: "여성의 우아함과 자유를 담은 특별한 향수가 곧 출시됩니다. 새로운 향기로 여러분의 모든 순간을 더욱 특별하게 만들어 줄 거예요. 함께 기대해 주세요."
Prompt: "MZ 세대를 위한 시트러스 향을 추가했다는 점을 강조해서 다시 작성해 줘."
챗GPT: "MZ 세대를 위한 새로운 여성용 향수, 시트러스 향이 강조된 특별한 조합으로 곧 만나 보세요!"

챗GPT의 대답을 보면서 저도 계속 질문을 바꿔 봅니다. 여전히 만족스럽지 않지만, 다양한 아이디어를 얻을 수 있습니다. 디지털 마케터에게 아이디어는 힘의 원천이니까요. 하지만 인공지능이 만들어 낸 아이디어들은 아직 생명력을 갖고 있지 않습니다. 딱딱하고 원론적이고 빈약한 상상력에 기반을 둔 아이디어들입니다. 지금부터 디지털 마케터와 디지털 마케팅을 활용하는 경영자들의 창의력이 결합돼야 합니다.

창의력, 흔히 크리에이티브Creative라는 단어만 나오면 예술가 또는 광고 카피라이터의 전공 분야이고 뭔가 세상을 뒤집어놓을 듯한 혁신적 아이디어라고 생각하는 분들이 많습니다. 하지만 디지털 마케팅에서 요구하는 창의력은 그 정도로 혁신적이거나 위대하지는 않습니다. 경쟁자보다 효과적으로 소비자들의 눈과 관심을 끌어들이는 수준이면 됩니다.

그렇기 때문에 챗GPT와의 대화를 통해 얻은 아이디어들은 경쟁사,

고객 그리고 내가 제공하는 서비스와 제품 특성 등을 고려해 계속 고민해야 합니다. 쳇GPT가 제공한 아이디어들을 펼쳐놓고 다양한 마케팅 관점에서 비교하고 수정하면서 계속 문구를 다듬으셔야 합니다. 조금만 익숙해지면 전문가가 만든 것과 같은 멋진 콘텐츠를 얻을 수 있습니다.

인공지능과 함께 작성한 콘텐츠들은 다양한 곳에 사용할 수 있습니다. 먼저 제품의 소개 자료를 만들 때 사용할 수 있습니다. 또한 디지털 광고에 들어갈 광고 문구로도 사용될 수 있습니다. 특히 다수의 제품을 온라인에서 판매하는 경우에는 더 많은 도움을 받을 수 있습니다. 아무래도 온라인 스토어에 올리는 모든 제품의 광고 문구를 작성하는 일은 쉽지 않으니까요.

인공지능은 서술형 광고 문구뿐 아니라 이미지에도 활용될 수 있습니다. '미드저니Midjourney'와 같은 이미지 생성에 특화된 생성형 인공지능을 이용하면 매우 뛰어난 이미지를 얻을 수 있습니다. 마음에 드는 이미지를 찾기 위해 구글 이미지를 몇 시간씩 검색해 보신 분이라면 생성형 인공지능이 제공하는 이미지가 얼마나 효율적인지 바로 아실 것입니다. 심지어 저작권 문제도 매우 자유롭죠. 생성형 인공지능이 작업한 이미지를 활용해서 제품 홍보용 콘텐츠를 만들면 시간과 비용을 절약할 수도 있습니다.

저는 개인적으로 인공지능이 초안을 작성한 이미지를 바탕으로 에이전시 또는 고객사의 담당자들과 이야기를 합니다. 저의 의도가 어느 정도 반영된 이미지를 갖고 논의를 시작하면서 몇 가지 대안 이미지를 보

디지털 마케팅 실전 활용

여 주는 방식으로 진행합니다. 그림 또는 이미지는 아무래도 더 많은 상상력이 필요하기 때문에 말로 설명하는 것보다는 실제로 보이는 이미지가 있어야 합니다. 예전에는 디자이너들이 몇 시간씩 시간을 들여 시안을 작업했는데, 이제는 몇 분이면 시안을 만들 수 있습니다. 그것도 원하는 결과물이 나올 때까지 반복적으로 말이죠.

이 밖에 디지털 마케팅을 위한 캠페인의 기획안도 맡길 수 있습니다. 다시 한번 챗GPT와 대화를 주고받았습니다.

"디지털 마케팅을 위한 캠페인을 구상해 줘. 제품은 20대 여성을 위한 신제품 향수이고 가격대는 2만 원 정도야. 향수는 시트러스 향을 강하게 조합했고 온라인에서만 한정적으로 판매할 거야. 캠페인의 목적은 신제품 향수의 출시를 가능한 많은 사람이 알게 하는 거야."

챗GPT는 제법 자세한 기획서를 제공합니다. 마치 원페이지 기획서를 작성하듯이 디지털 마케팅의 다양한 요소를 포함해서 전체 내용을 구성했습니다. 심지어 요청하지 않은 캠페인 명칭인 'Citrus Bliss'라는 표현도 제시합니다. 다음은 챗GPT가 작성한 기획서입니다.

다음은 디지털 마케팅을 위한 캠페인 아이디어입니다:
- 캠페인 명칭: "Citrus Bliss: 20대 여성을 위한 신제품 향수"
- 캠페인 개요: "Citrus Bliss"는 시트러스 향을 강조한 신제품 향수로, 20대 여성을 대상으로 합니다. 온라인에서만 한정적으로 판매되며 젊고 현대적인 이미지를 강조합니다.
- 캠페인 요소:
  - 소셜 미디어 광고: Instagram, Facebook, TikTok 등의 플랫폼을 활용해 시트러스향을 강조한 향수의 시각적인 매력을 전달합니다. 해시태그를 활용해 타깃 그룹인 20대 여성들이 활발하게 활동하는 커뮤니티에 접근합니다.
  - 인플루언서 협찬: 인기 있는 패션 블로거나 뷰티 인플루언서들과 협력해 제품을 소개하고 추천합니다. 인플루언서들을 통해 제품의 매력과 사용 후기를 보다 자세히 소개합니다.
  - 온라인 쇼핑몰 프로모션: 특별한 출시 이벤트를 통해 온라인 쇼핑몰에서 구매하는 고객들에게 할인 혜택을 제공합니다. 한정 수량 판매와 같은 특별한 프로모션을 통해 제품의 특별성을 강조합니다.
  - 콘텐츠 마케팅: 향수를 소개하는 영상 콘텐츠를 제작해 YouTube, Vimeo 등의 플랫폼에 게시합니다. 향수의 사용 방법, 향수를 착용한 사용자의 일상적인 모습 등을 다양한 형식의 콘텐츠로 제작해 공유합니다.
  - 이메일 마케팅: 고객들에게 특별한 이메일 뉴스레터를 통해 신제품 향수를 소개하고 제품을 구매하도록 유도합니다. 할인 쿠폰이나 이벤트 정보를 포함해 고객들의 관심을 끌어냅니다.
  - 커뮤니티 참여: 온라인 커뮤니티나 포럼에 활발하게 참여해 제품을 소개하고 피드백을 받습니다. 여성들의 관심사와 트렌드에 대한 토론에 참여해 제품을 홍보합니다.

이러한 다양한 디지털 마케팅 채널을 활용해 "Citrus Bliss" 향수를 대중에 알릴 수 있고 제품의 특별성과 매력을 강조해 많은 사람이 제품을 구매하도록 유도할 수 있습니다.

디지털 마케팅 실전 활용

챗GPT의 'Citrus Bliss' 캠페인의 기획서를 주변 사람들에게 보여 주면 반응은 극단적입니다. 기획 전문가 또는 마케터들은 "이걸 누가 못해?"라는 반응이지만, 많은 분은 "와우Wow"하고 놀랍니다. 기획서의 내용 자체는 새롭지도 않고 일반적인 내용을 적절히 조합한 것이 맞습니다. 하지만 전체적으로 필요한 내용은 잘 들어가 있습니다. 또한 저런 기획서를 작성하는 데 불과 10초 정도 걸렸다는 사실을 생각해 보세요. 디지털 마케팅을 처음 시작하거나 마케팅을 담당할 인력이 없는 상황이라면 이 정도의 기획서 초안은 큰 힘이 됩니다.

앞으로 인공지능은 엄청난 속도로 발전하고 변화할 것입니다. 언젠가는 인공지능이 정말 디지털 마케팅을 사람 대신 기획하고 수행하고 성과 측정까지 할 수 있을 것입니다. 하지만 현재 인공지능은 디지털 마케터와 디지털 마케팅 이용자들을 위한 기술적인 도구에 불과합니다. 인공지능이라는 도구를 잘 활용하면 디지털 마케팅에 들어가는 시간과 비용을 절약할 수 있습니다. 무엇보다 기획 단계와 콘텐츠 준비 과정에서 큰 도움을 받을 수 있습니다. 인공지능에 항상 관심을 갖고 인공지능을 디지털 마케팅과 다양한 업무에 조금씩 적용하기 바랍니다. 예상하지 못했던 놀라운 성과를 거둘 수 있습니다.

33

디지털 마케팅은 대학에서
배울 수 없다

얼마 전 디지털 마케팅을 위한 세미나에서 어떤 분이 다음과 같은 주장을 하셨습니다.

"어차피 인공지능이 디지털 마케터를 대체할 텐데, 뭐하러 디지털 마케팅 교육에 시간과 돈을 써? 차라리 인공지능이나 공부하라고."

분명히 억지 주장이라는 생각이 들었지만, 묘하게 설득력이 있더군요. 챗GPT에 바로 문의를 해 봤습니다. 물론 모범 답안이 나왔습니다.

Prompt: 챗GPT가 디지털 마케터를 대체할 수 있을까?

챗GPT: 챗GPT와 같은 자연어 처리 기술은 디지털 마케팅에서 특정 측면에서 유용하게 활용될 수 있지만, 현재로서는 전적으로 디지털 마케터를 대체할 수는 없습니다. 몇 가지 이유가 있습니다.

• 전략적인 방향 설정: 디지털 마케터는 비즈니스의 목표와 고객에 대한 이해에 기반해 마케팅 전략을 개발하고 이를 실행하는 역할을 합니다. 이러한 과정에서는 인간의 창의성과 전략적 사고가 필요합니다.

- 비즈니스 이해: 디지털 마케터는 비즈니스의 목표와 상황을 이해하고 이를 바탕으로 마케팅 전략을 수립하고 실행해야 합니다. 챗GPT와 같은 기술은 이러한 비즈니스 컨텍스트를 이해하는 데 제한이 있습니다.
- 커뮤니케이션 및 인간적 요소: 디지털 마케팅은 종종 고객과의 상호작용을 포함합니다. 이러한 상호작용에서는 인간의 감정과 의도를 이해하고 고객의 요구에 적절히 대응하는 능력이 필요합니다. 챗GPT와 같은 기술은 이러한 인간적 요소를 완벽하게 이해하거나 재현하기에는 한계가 있습니다. 따라서 현재로서는 챗GPT가 디지털 마케터를 완전히 대체할 수는 없습니다. 오히려 챗GPT와 같은 기술은 마케터들이 효율적으로 업무를 수행하고 고객과의 상호작용을 개선하는 데 도움을 줄 수 있는 보조적인 도구로 활용될 것으로 예상됩니다.

솔직히 매우 상투적인 대답입니다. 32장에서 설명한 내용과 중복되는 부분도 많습니다. 챗GPT와 같은 인공지능은 비즈니스와 사람에 대한 이해가 제한적이고 창의력과 전략적 사고가 부족하며 사람들과의 소통에 있어 한계가 있으므로 디지털 마케터를 대체할 수 없다는 것이죠. 가까운 미래에는 어떻게 될지 모르지만, 일단 저와 같은 디지털 마케터는 한동안 일자리 걱정은 하지 않아도 될 것 같아 마음이 놓입니다.

현재 디지털 마케터를 대체할 인공지능은 없습니다. 오히려 디지털 마케터를 도와서 업무 효율을 증대시킬 인공지능 기반의 솔루션들이 점점 늘어나고 있습니다. 기업에서는 인공지능이 디지털 마케터를 완벽하게 대체하기 전까지는 디지털 마케터를 채용해 일을 맡겨야 합니다. 작은 기업 또는 카페 등에서는 사장님이 디지털 마케팅을 직접 수행해야 합니다. 어떤 경우이든 디지털 마케팅을 제대로 활용하기 위해서는 디지털 마케팅에 대한 교육 및 역량 강화가 반드시 필요합니다.

디지털 마케팅을 위한 교육은 크게 세 가지 지향점을 갖고 있어야 합니다. 첫 번째는 디지털 마케팅을 위한 디지털 테크 및 디지털 매체에 대한 이해입니다. 두 번째는 마케팅과 전략에 대한 전반적인 이해입니다. 세 번째는 창의력과 관련됩니다.

먼저 디지털 테크와 디지털 매체에 대해 말씀드리겠습니다. 디지털 테크와 매체는 디지털 마케팅을 가장 디지털스럽게 만드는 요인들입니다. 따라서 디지털 마케팅을 제대로 수행하거나 디지털 마케터가 되기 위해서는 반드시 디지털 테크와 디지털 매체의 특성과 트렌드 등을 잘 알고 있어야 합니다.

하지만 이러한 디지털 트렌드와 특성은 어디서 배우는 것이 제일 좋을까요? 전통적으로 우리들은 대학에서 전공과 관련된 지식을 배우고 사회에 나가서 실무 경험을 쌓게 됩니다. 대학에서 전공 과목을 공부하는 이유는 명확합니다. 대학의 교수님들이 해당 분야에 대해 제일 많이 알고 있기 때문이죠.

하지만 디지털 마케팅은 참 애매합니다. 대학교 강의실을 한번 떠올려 보세요. 어느 정도 나이가 드신 교수님들과 한참 푸릇푸릇한 대학생들 중에서 누가 디지털에 더 익숙할까요? 하루가 멀다하고 쏟아지는 디지털 매체와 앱을 누가 더 많이 사용하고 SNS에 올릴까요? 답은 정해져 있습니다. 대학생들이죠. 죄송하지만 교수님들이 디지털 활용 측면에서는 대학생들에게 배우셔야 합니다. 물론 교수님들은 디지털을 활용한 전략과 마케팅 성과 측면에서 다양한 연구 결과를 제공하지만, 실무적

디지털 마케팅 실전 활용

인 관점에서 본다면 대학은 디지털 마케팅의 빠른 발전 속도를 따라가지 못합니다.

디지털 마케팅은 인터넷에서 배우는 것이 가장 빠릅니다. 유튜브에서 'SEO'를 검색해 보세요. 그리고 최신 업로드된 동영상들 중에서 믿을 만한 유튜버의 내용을 찾아 공부해 보세요. 영어를 할 수 있다면 영문 유튜브와 구글에서 더 많은 자료를 얻을 수 있습니다. 물론 유튜브에는 검증되지 않은 내용과 비슷비슷한 강의들이 무척 많습니다. 하지만 무료 강의들도 많으니 한두 개 먼저 들어 보고 강의가 좋다면 유료 강의를 찾아 듣는 것도 좋은 방법입니다.

좀 더 신뢰할 수 있는 강의를 원하면 유데미Udemy, 코세라Coursera 등과 같은 온라인 공개 수업MOOC을 이용할 수도 있습니다. 흔히 MOOC[19], 즉 '무크'라고 불리는 온라인 공개 수업은 유데미, 코세라 등과 같은 교육 플랫폼을 활용해서 수준 높은 강의를 무료 또는 저렴한 금액으로 들을 수 있습니다. 강의에 따라 수료증을 주는 강의도 있습니다. 종종 이런 수료증을 이력서에 추가해서 디지털 마케터로서 전문성을 보여 주기도 합니다. 이 밖에 구글, 페이스북 등에서 자체적으로 발행하는 자격증을 따는 방법도 있습니다.

디지털 마케팅을 위한 솔루션을 제공하는 기업들의 세미나 또는 컨퍼런스를 부지런히 찾아다니는 방법도 있습니다. 마케팅 솔루션을 제공하는 기업들, 예를 들어 AWS, 스노우플레이크Snowflake, 세일즈포스닷컴

---

19 MOOC: Massive Open Online Class

Salesforce.com 등과 같은 기업들은 항상 최신 기술과 트렌드를 반영한 솔루션들을 선보입니다. 그리고 자사의 솔루션을 소개하기 위해 무료 또는 유료 컨퍼런스를 개최하고 있습니다. 이런 컨퍼런스 또는 세미나만 잘 찾아다녀도 다양한 최신 정보를 얻을 수 있습니다.

디지털 마케팅은 조금만 손을 놓고 있으면 금방 뒤처지게 됩니다. 내가 익숙한 업무와 기술이 언제 사장되거나 퇴물이 될지 모릅니다. 물론 10여 년 전에 배웠던 기술과 경험을 활용해서 잘 살고 있는 분도 많습니다. 하지만 그분들의 앞날이 지금과 똑같을지는 누구도 장담할 수 없습니다. 항상 새로운 기술과 트렌드를 익히기 위해 노력해야 합니다.

디지털 마케팅을 위한 두 번째 교육은 마케팅과 경영 전략 등을 익히는 것입니다. 이미 앞에서 디지털 마케팅은 큰 틀에서 마케팅의 한 가지 흐름이라고 했습니다. 디지털이라는 기술과 매체를 사용하지만, 마케팅의 기본적 방법론과 경영 철학, 특히 소비자와 경쟁을 보는 시각을 공유하고 있습니다.

전통적인 마케팅 관점과 방법론은 디지털 마케팅에 비해 큰 변화가 없습니다. 즉, 한 번만 제대로 배운다면 두고두고 쓸 수 있는 지식이 됩니다. 그리고 이런 마케팅 지식은 디지털 마케팅을 전개하기 위한 큰 바탕이 될 수 있습니다. 디지털 마케터가 새로운 캠페인을 소개하는데, 소비자와 경쟁 그리고 전략적 분석에 대한 내용 없이 바로 새로운 기술만 장황하게 설명하면 어떨까요? 저라면 그런 디지털 캠페인에 대한 확신이 들지는 않을 것 같습니다.

경영 전략 역시 이와 마찬가지입니다. 마케팅은 본질적으로 경쟁에서 이기는 법과 소비자를 확보하는 방법을 다룹니다. 디지털 마케팅 역시 이와 마찬가지죠. 따라서 마케터로서 직급이 올라갈수록 전략적 사고는 필수입니다. 인공지능은 다행스럽게도 아직은 전략적 사고를 하지 못합니다. 주어진 정보와 상황에 대한 분석에 능하죠. 인공지능과 경쟁하기 위해서도 전략적 사고는 필수입니다.

마지막 교육 방향은 창의력에 대한 내용입니다. 이미 앞에서 간단하게 디지털 마케터에게 요구되는 창의력에 대해 간단히 설명했습니다. 디지털 마케터에게 예술가와 같은 창조적 상상력과 영화처럼 펼쳐지는 놀라운 이미지를 기대하면 안 됩니다. 소위 한국에서 '정상적인 교육'을 받은 일반적인 사람들보다 좀 더 자유분방하고 상상력이 풍부한 사람이면 충분합니다. 마케터는 상상력과 이성을 마치 새의 좌우 날개처럼 동시에 갖고 있어야 합니다. 이성적인 전략과 분석을 상상력과 적절히 조율할 수 있는 능력이 필요합니다. 디지털 마케터는 딱 그 정도의 창의력을 갖고 있어야 합니다.

창의력을 키우는 방법은 다양합니다. 미술 또는 음악을 배울 수도 있고 좋아하는 스포츠를 통해 창의력을 배양할 수도 있습니다. 최신 트렌드의 전시회와 팝업 스토어를 방문할 수도 있습니다. 그리고 문학, 철학, 예술 등에 대한 인문학적 소양도 필요합니다. 인문학적 지식과 관점은 소비자와 경쟁을 새로운 각도로 해석할 수 있도록 도와줍니다.

디지털 마케팅을 배우는 방법은 정말 다양합니다. 지금까지 설명한 방법뿐 아니라 회사에 들어가 배울 수도 있고 유능한 선배나 사수를 만나면 좀 더 효과적으로 배울 수 있습니다.

디지털 마케터는 의사, 변호사, 변리사 등과 달리 자격증이 없습니다. 디지털 마케팅에 관련된 일을 하거나, 명함에 디지털 마케터라고 찍혀 있으면 디지털 마케터가 됩니다. 사회에서 공식적으로 인정하는 자격증이 없기 때문에 디지털 마케터는 결국 실력으로 자신의 역량과 가치를 보여 줘야 합니다. 그리고 실력을 쌓기 위해서는 정말 부지런히 최신 트렌드와 기술을 업데이트하고 사회 전반에 대한 지식과 관심을 키워 나가야 합니다. 쉽지는 않지만, 충분히 가치 있는 일입니다. 저는 여러분도 훌륭한 디지털 마케터가 될 수 있다고 믿습니다.

34

넷플릭스가
광고 구독 요금제를 만든 이유는?

"좀 더 새로운 것 없어?"

마케터들에게는 정말 익숙한 질문입니다. 회사에 속한 인하우스 마케터이든, 디지털 에이전시에서 일하는 마케터이든 상관없죠. 마케터는 언제나 새로운 아이디어와 캠페인 그리고 뉴 미디어를 찾아다닙니다. 마케터는 본질적으로 흥미롭고 재미있고 새로운 것들에 끌리는 존재인 듯합니다. 하지만 이들이 항상 새로운 것을 찾는 근본적인 이유는 따로 있습니다.

바로 마케터의 일은 고객의 관심에서부터 시작되기 때문이죠. 고객이 아무런 관심을 보이지 않으면 어떤 마케팅 활동도 진행할 수 없습니다. 마케터에게 고객의 관심은 마케팅 캠페인을 시작할 수 있는 마법의 열쇠이기도 합니다.

하지만 고객의 관심은 깃털보다 가볍습니다. 손 안에 들어왔다고 안

심하는 순간, 어딘가로 날아가 버립니다. 관심을 얻는 것도 힘들지만, 관심을 계속 유지시키는 것도 정말 힘들죠. 특히 지금과 같은 디지털 시대에는 더 어렵습니다.

우리들은 현재 정말 많은 디지털 매체에 둘러싸여 살고 있습니다. 넷플릭스, 티빙, 디즈니 플러스 등과 같은 OTT, 유튜브와 페이스북과 같은 SNS, 실시간으로 업데이트되는 온갖 인터넷 신문들처럼 다양한 콘텐츠가 있죠. 콘텐츠를 볼 수 있는 장비들 역시 텔레비전, 노트북, 스마트폰, 아이패드, 플레이스테이션 등처럼 정말 다양하죠. 텔레비전, 신문, 라디오 그리고 책밖에 없었던 1990년 대와 비교할 수 없을 정도입니다. 디지털 시대에는 디지털 매체들이 너무 많아 고민일 정도입니다. 마치 아래 이미지에 나오는 사람처럼요. 너무 많은 디지털 매체와 콘텐츠에 둘러싸여 오히려 힘들어 보입니다.

너무 많은 디지털 매체

디지털 마케터는 소비자를 360도 둘러싼 디지털 미디어 환경에서 자신만의 목소리를 낼 수 있어야 합니다. 디지털 미디어도 복잡해졌는데, 소비자들이 콘텐츠에 관심을 갖는 시간은 점점 짧아지고 있습니다. 숏폼이 나오면서 이런 추세는 더욱 가속화되고 있습니다. 이제는 가성비 대신 시성비, 즉 '시간 대비 성능'을 쫓다 보니 더 짧은 시간 안에 더 많은 내용을 욱여 넣어야 합니다.[62]

SNS들은 숏폼 중심의 광고 서비스를 꾸준히 개발하고 있습니다. 소비자들이 더 많은 숏폼을 원하고 SNS와 광고주는 숏폼을 활용한 광고 수익 모델을 계속 개발하고 있으므로 숏폼은 꽤 오랫동안 대세 콘텐츠로 자리 잡을 것입니다. 당연히 좀 더 짧은 시간에 강한 임팩트를 전달하는 숏폼만이 생존하겠죠.

이런 디지털 미디어 환경 속에서 좀 더 차별화된 디지털 미디어들이 있습니다. 디지털처럼 보이지는 않지만, 나름 디지털 특성을 잘 보여 주는 매체들입니다.

첫째, 롱블랙LongBlack이라는 콘텐츠 구독 서비스입니다. 롱블랙은 "하루 한 번의 성장, 롱블랙"이라는 슬로건처럼 매일 하나의 노트를 월 정기 구독자들에게 발행합니다. 재미있는 점은 발행된 노트는 딱 하루만 볼 수 있다는 것입니다. 돈을 내는 정기 구독자들도 딱 하루만 볼 수 있습니다. 물론 노트를 읽었다는 스탬프를 모아 다시 보기를 할 수는 있지만요.

롱블랙의 콘텐츠들은 제법 길이가 길고 내용들도 진지합니다. 최신 트렌드, 핫한 제품과 브랜드들을 자세히 소개하고 필요하면 인터뷰 내용들도 실어 줍니다. '요즘처럼 짧은 숏폼과 시청각에 익숙한 사람이 읽을까?' 하는 의문도 있지만, 몇 년째 꾸준히 사업을 확장하는 구독 서비스입니다. 나름 저와 같은 고정팬들이 있으니까요.

롱블랙은 서술형 콘텐츠와 '읽기'라는 고전적 방식에 의존하지만, 매우 디지털적입니다. 찰나의 순간에 집중하는 디지털 시대에 맞게, 당일 콘텐츠는 오직 단 하루의 생명력만 갖습니다. 구독자들이 매일매일 방문할 수밖에 없죠. 콘텐츠 역시 디지털에 적합한 재미있고 트렌디한 내용이 많습니다. MZ 세대가 좋아할 만한 특화된 패션과 취향도 많이 소개됩니다. 숏폼과 인스타그램과 달리 깊이 있는 정보를 원하는 그룹들이 좋아할 만한 디지털 매체입니다.

롱블랙이 앞으로 얼마나 더 성장할지는 알 수 없습니다. 하지만 모든 매체와 콘텐츠가 숏폼으로 몰려갈 때 롱블랙 같은 디지털 미디어는 무척 새롭고 참신합니다. 그래서 제법 다양한 브랜드들과의 제휴도 이뤄지고 있습니다. 예를 들어, 롱블랙은 투썸플레이스와 제휴를 맺고 특정한 날에 롱블랙을 읽은 구독자에게 투썸플레이스 커피와 조각 케이크를 할인해 주고 있습니다.[63] 이처럼 디지털 매체도 아이디어만 있으면 오프라인과 다양한 연계 프로그램을 제공할 수 있습니다.

둘째, 포커스미디어코리아FOCUSMEDIA Korea(이하 포커스미디어)입니다. 포커스미디어라는 이름이 친숙하신 분은 하루에도 여러 번 아파트 또는 고층 건물의 엘리베이터를 이용하실 것입니다. 포커스미디어는 엘리베이터 안에 설치된 모니터를 이용해 다양한 디지털 콘텐츠를 전달하는 매체입니다.

엘리베이터 안에 모니터 또는 디스플레이를 설치해 간단한 광고와 날씨 정보 등을 보여 주는 서비스는 오래전에도 있었습니다. 따라서 포커스미디어의 서비스만 놓고 보면 크게 새롭지는 않습니다. 하지만 저는 두 가지 측면에서 포커스미디어가 디지털 시대에 적합한 매체라고 생각합니다.

엘리베이터 광고 예시

먼저 엘리베이터라는 한정된 공간은 광고의 주목도를 강제적으로 올릴 수 있습니다. 엘리베이터를 이용하는 짧은 시간 동안 탑승객이 할 수 있는 일은 많지 않으니까요. 또한 생활 밀착형 광고가 나온다면 탑승객의 주목도는 더욱 올라갑니다. 대표적인 예로 '뭄뭄 실내화 광고'를 들 수 있습니다. 아파트 층간 소음 때문에 고민이 많은 순간, 엘리베이터에서 층간 소음을 잡아 주는 실내화 광고가 나옵니다. 눈과 귀가 자연스럽게 광고를 향하게 됩니다. 이처럼 엘리베이터 광고는 너무 많은 디지털 미디어와 콘텐츠에 둘러싸인 소비자의 관심을 강제적으로 잡아채는 효과가 있습니다.

그다음으로는 데이터 기반의 소통이 이뤄진다는 점입니다. 마케팅에서 엘리베이터 광고는 일반적으로 옥외 광고에 해당합니다. 흔히 'OOHOut Of Home'라고 하죠. 일단 집밖에서 보이는 대부분의 광고는 OOH로 분류됩니다. 마케터 입장에서 OOH는 참 재미없는 광고물입니다. 위치가 좋은 장소를 선별해서 눈에 잘 띄는 큰 글씨와 강한 이미지의 광고물을 만들어서 설치하는 것인 전부였죠. 하지만 디지털 시대를 맞아 OOH도 진화 중입니다.

우선 DOOHDigital OOH라고 해서 옥외매체가 간판에서 디지털 디스플레이로 발전했습니다. 그다음으로 나온 것이 DDOOHData-driven OOH입니다. 소비자와 위치 정보에 기반을 둔 옥외 광고를 만들기 시작한 것이죠. 물론 포커스미디어와 같은 엘리베이터 광고는 탑승자의 모바일 정보에 기반을 둔 개인화된 광고는 하지 않습니다. 기술적으로는 가능

디지털 마케팅 실전 활용

하지만, 법적으로는 문제의 소지가 있으니까요. 대부분 지역 기반의 데이터, 즉 아파트 주민의 연령, 학군, 주변 상권 정보 등에 기반을 두고 광고를 하고 있습니다. 이 정도만 돼도 대단한 발전입니다.

포커스미디어와 같은 디지털 매체는 엘리베이트 주변의 데이터들을 기반으로 어떤 광고를 노출시킬 것인지, 어떤 광고주를 영입할 것인지를 결정할 수 있습니다. 엘리베이터에서 디지털 광고를 보는 탑승객은 자신과 연관된 광고를 볼 수 있고 광고주는 제대로 타깃팅된 마케팅을 할 수 있습니다. 고객과 광고주 모두 윈-윈할 수 있죠. 좀 더 나아가 탑승객은 포커스미디어 광고에 나오는 QR코드를 활용해 캠페인에 직접 참여할 수도 있습니다. 재미없는 옥외 광고가 디지털과 사용자 환경에 적합한 매체로 발전 중입니다.

그다음으로는 CTV입니다. CTV는 '커넥티드 TV_{Connected TV}'를 가리키는데, 이름 그대로 인터넷 및 디지털과 연결된 TV를 말합니다. CTV는 넷플릭스와 같은 OTT가 핵심 콘텐츠로 부상함에 따라 더욱 각광받게 됩니다. 물론 하드웨어적으로 기존 텔레비전이 스마트TV로 발전했기 때문에 CTV도 가능해졌습니다.

CTV는 쉽게 생각해서 넷플릭스, 티빙 등의 OTT를 시청할 때 나오는 광고라고 생각하는 것이 좋습니다.[64] 아직까지 대부분의 OTT는 광고 없이 볼 수 있습니다. 물론 구독료는 내지만요. 하지만 몇 년 전부터 넷플릭스, 디즈니 플러스 등은 기존 요금제보다 저렴하지만, 광고를 시청해야 하는 요금제를 공들여 홍보하고 있습니다. 얼핏 보면 전형적인 박리다매 방식으로 구독자를 모집하는 전략처럼 보입니다. 하지만 간과 하면 안 되는 점은 OTT에서 광고가 가능해지면 어마어마한 광고비를 광고주들로부터 거둬들일 수 있다는 것입니다.

CTV의 광고는 OTT처럼 구독 서비스가 있기 때문에 가능합니다. 우리들은 넷플릭스 또는 티빙을 구독할 때 기본적인 개인 정보를 OTT에 제공합니다. 하지만 더 중요한 정보는 우리가 어떤 콘텐츠를 보는지를 실시간으로 공유한다는 점이죠. OTT를 구독하기 위한 기본적인 개인 정보와 자주 보는 프로그램 리스트들이 합쳐지면, OTT 플랫폼은 매우 구체적인 타깃팅 정보를 갖게 됩니다. 예를 들어 볼까요? 주로 술과 관련된 프로그램을 즐겨 보는 구독자는 〈술꾼도시여자들,〉 〈사이드 웨이〉, 〈어나더 라운드〉 등 술이 주인공처럼 등장하는 영화를 자주 시청합니다. 단순히 생각해도 구독자 A는 술을 즐겨 마시는 사람일 것입니다. 그렇다면 구독자 A에게는 어떤 광고를 보여 주는 것이 좋을까요? 당연히 새로 나온 맥주이나 술과 잘 어울리는 안주들이죠.

이처럼 OTT와 CTV는 구독자 정보에 기반을 둔 개인화된 광고를 보여 줄 수 있습니다. '불타는 금요일 밤 시간에 TV에 맥주 광고를 합시다'와 같은 매체 계획은 철저히 개인화된 OTT와 CTV의 연합체 앞에서는 무식한 주장처럼 들립니다. 아직까지 OTT에서 광고를 하는 것에 저항감이 많습니다. 하지만 CTV를 통해 개인화된 광고를 전달하는 기술은 앞으로 대세가 될 것 같습니다. OTT 플랫폼은 광고 수익을 얻을 수 있고 광고주는 정교하게 타깃팅된 고객을 확보할 수 있습니다. 소비자는 광고를 보는 대가로 조금이라도 비용을 절감할 수 있으니까요.

디지털 마케터들은 항상 새로운 미디어를 찾습니다. 하지만 태양 아래에 100% 새로운 것은 쉽게 나오지 않습니다. 롱블랙과 같은 구독형 콘텐츠는 하루만 콘텐츠를 볼 수 있다는 디지털의 순간성에 기반을 두고 있습니다. 포커스미디어는 다양한 디지털 미디어 속에서 고객의 관심을 순간적으로 확보하는 기회를 제공합니다. CTV는 기존에는 불가능했던 개인화된 광고 기회를 제공합니다. 이들 매체는 어떻게 보면 전혀 새롭지 않지만, 디지털 마케팅의 기술과 트렌드를 조금씩 잘 활용하면서 새로운 기회를 제공하고 있습니다.

디지털 마케터들이 꿈꾸는 '뭔가 새로운 것'은 어쩌면 파랑새와 같습니다. 항상 우리 옆에 있었지만, 조금만 관점을 바꾸면 새로운 어떤 것을 바로 옆에서 찾을 수 있으니까요.

35

디지털 마케팅의
감춰진 다크 사이드

2022년 2월 1일, 페이스북의 임원들은 악몽과 같은 현실에 직면하게 됩니다. 하루만에 주가가 무려 26%나 하락했으니까요. 주가 폭락의 첫 번째 이유는 시장의 예상치보다 훨씬 낮은 영업 이익 때문이죠. 하지만 영업 이익은 항상 변화합니다. 시장 예상치보다 낮았을 뿐, 주가 폭락을 초래할 정도는 아니었죠. 전성기 대비 못하다는 소리는 들었지만, 여전히 전 세계 수억 명의 사람이 페이스북을 이용하고 있는데, 과연 무슨 일이 있었던 것일까요?

페이스북의 주가 폭락은 애플 때문에 발생했습니다. 애플이 갑자기 페이스북과 경쟁하는 SNS를 만들었을까요? 아닙니다. 하지만 애플이 2021년 4월부터 도입한 개인정보 보호 정책의 나비 효과로 페이스북의 영업 이익과 주가가 하락하게 됐습니다.

애플이 공개한 '앱 추적 투명성ATT'이라는 명칭의 개인정보 보호 정책은 아이폰 사용자들이 앱의 정보 수집 방식을 사전에 동의하게 하는 정책입니다. 사용자의 입장에서는 당연한 정책이지만, 페이스북 또는 인스타그램 등의 SNS 매체들에게는 매우 치명적이죠. 앱 추적 투명성이 왜 페이스북과 같은 SNS에 영향을 미쳤는지 간략하게 알아보겠습니다.

기존에는 스마트폰에 설치된 앱이 자동으로 이용자들의 특정 웹사이트 방문 기록이나 관심 분야를 모니터링하고 이러한 정보를 바탕으로 앱 이용자들에게 맞춤형 광고를 보여 줬습니다. 일반적으로 이때 사용되는 것이 바로 '쿠키Cookie'[20]입니다. 하지만 스마트폰 시장의 절반을 차지하는 애플의 아이폰은 개인정보 보호 정책을 강화했습니다. 앱 추적 투명성 정책을 도입해서 앱이나 SNS가 자동으로 소비자의 정보를 활용하는 것을 막았습니다. 이처럼 강화된 개인정보 보호 정책 때문에 페이스북은 더 이상 고객별 맞춤형 광고를 내 보낼 수 없게 됐습니다. 과거 매스커뮤니케이션 시대와 같은 천편일률적인 광고를 내 보낼 수밖에 없어진 것이죠. 실제로 페이스북은 애플의 정책 때문에 아이폰의 광고 성과가 15%가량 떨어졌다고 밝혔습니다. 당연히 광고주들은 페이스북의 광고 효율성에 의문을 제기했고 광고 물량을 줄이기 시작합니다. 그 최종 결과가 바로 주가의 26% 하락입니다.

페이스북의 주가 하락은 디지털 마케팅의 한계를 보여 주는 한 장면입니다. 저는 지금까지 기회가 있을 때마다 디지털 마케팅의 장점은 개인별 맞춤 광고라고 설명했습니다. 하지만 애플의 앱 추적 투명성 정책은 이러한 디지털 마케팅의 장점을 희석시킬 수 있습니다. 소비자들의

---

20 쿠키는 인터넷 웹사이트를 방문한 사람의 방문 정보를 웹브라우저에 전송하는 작은 기록입니다. 소셜 미디어 기업들은 쿠키를 통해 저장된 방문 기록을 활용해서 고객별 맞춤 광고를 제공합니다.

디지털 생활에 기반을 둔 개인화된 맞춤 광고를 할 수 없는 디지털 매체는 과거의 공중파 텔레비전과 어떤 차이가 있을까요? 광고의 효율성 측면에서는 차별성이 크지 않습니다.

디지털 마케팅을 이용하는 광고주의 입장에서는 무척 민감한 문제입니다. 물론 소비자의 입장에서도 매우 중요한 문제입니다. 소비자들은 자신의 개인정보를 적극적으로 보호하려고 합니다. 우리의 정보는 소중하니까요. 반면, 기업들은 소비자의 정보를 활용해 자사의 광고 효율을 높이고 싶어합니다. 페이스북, 유튜브, 인스타그램, 네이버 등과 같은 디지털 매체들은 광고주들에게 자신의 가치를 끊임없이 증명해야 합니다. 애플의 앱 추적 투명성 정책은 이러한 광고주, 디지털 매체, 소비자 등의 갈등을 잘 보여 주는 사례입니다.

점점 더 많은 소비자는 자신들의 정보를 보호하기 위해 스마트폰과 인터넷에서 광고를 원천적으로 차단하기 시작합니다. 이를 디지털 마케팅에서는 '애드 블로킹Ad Blocking'이라고 합니다. 2022년 미국의 인터넷 이용자들 중 약 40%는 애드 블로킹을 하고 있다는 연구도 있습니다. 일반적으로 개인들은 '애드 블로커Ad Blocker'라는 광고 차단 앱을 설치해 애드 블로킹을 하게 됩니다. 구글에서 '애드 블로커'라고 입력하면 정말 많은 앱을 볼 수 있습니다.

소비자들의 정보 보호 및 애드 블로킹 현상은 앞으로 더욱 강화될 것 같습니다. 전체 매출의 80% 이상이 광고에서 나오는 구글 역시 자사의 쿠키 정책을 변경하고 있습니다. 2024년부터 자사의 크롬 웹브라우저에서 서드 파티 쿠키의 수집을 중단한다고 발표한 것이죠.[65] 참고로 크롬은 전 세계 인구의 약 65%가 사용하는 대표적인 웹브라우저입니다. 앞으로 광고주들과 디지털 매체는 소비자에 대한 개별화된 정보를 확보하기가 더욱 어려워질 것 같습니다. 물론 소비자 개인의 입장에서는 환영할 만한 일입니다.

디지털 마케터의 입장에서는 쿠키가 없는 '쿠키리스Cookieless 시대'가 달갑지 않습니다. '타깃팅'과 '개인화'라는 디지털 마케팅의 대명제가 흔들리니까요. 하지만 어쩔 수 없습니다. 소비자 개인정보 보호라는 가치는 앞으로 강화되면 강화됐지 약화되지는 않을 것입니다. 하지만 디지털 마케팅과 같은 첨단 IT 기술의 세상은 끊임없는 창과 방패의 싸움터입니다. 어느 한쪽은 막으려 하지만 반대편에서는 날카로운 새로운 무기를 만들어 냅니다. 현재도 토픽 API와 같은 쿠키리스 시대에 대응하는 방법들이 계속 나오고 있습니다. 또한 제휴 마케팅도 적극적으로 고려하고 있습니다. 이미 타깃이 명확한 인플루언서 또는 SNS 계정에 집중적으로 광고를 해서 최대한 타깃팅된 광고를 진행할 수 있으니까요.

디지털 광고를 주 수입원으로 하는 디지털 매체들 역시 쿠키리스 시대에서 살아남을 방법을 찾고 있습니다. 먼저 쿠키에 기반을 둔 맞춤형 광고 제공의 한계점을 인정하고 맥락형 광고를 제공하는 방식이 있습니다. 예를 들어, 경제 뉴스 세션을 클릭한 독자에게는 삼성, 구글과 같은 기업들의 광고를 우선 노출시키고 스포츠 뉴스 세션에 들어온 독자에게는 스포츠 관련 광고를 보여 주는 방식입니다. 또한 구독자를 확보하기 위해 다양한 혜택을 제공합니다. 구독자들은 자발적으로 성별, 관심사 등의 개인정보를 제공하기 때문에 이들에게는 맞춤형 광고를 보여줄 수 있습니다.[66] 구독자에게 제공하는 혜택에 들어가는 비용보다는 맞춤형 광고 수익이 훨씬 클 것 같습니다.

다만, 광고 에이전시가 다가와 "100% 고객 맞춤형 디지털 광고를 해주겠다"라고 말하면 조심해야 합니다. 이제는 예전과 같은 '100%' 고객 맞춤형 광고가 불가능합니다. 100%를 말하는 에이전시를 만난다면, 꼭 애드 블로킹과 쿠키리스에 대해 언급하고 이들이 어떤 기술과 방법론으로 고객 정보를 확보하는지를 확인해야 합니다.

디지털 마케팅의 입장에서 보면 쿠키리스 시대 또는 앱 추적 투명성 강화 트렌드는 우울한 뉴스입니다. 하지만 이런 현상은 기술 발전 과정에서 피할 수 없는 흐름이며 새로운 기술 개발을 통해 극복할 수 있는 문제점입니다. 그러나 디지털 마케팅을 둘러싼 좀 더 심각한 문제점은 다른 곳에 있습니다. 바로 이름부터 불편한 '광고 사기'입니다.

디지털 마케팅을 둘러싼 어두운 면 중 하나는 바로 광고 사기AD Fraud가 존재한다는 점입니다. 광고 사기는 실제로 존재하지 않는 가상의 고객들에게 광고를 노출시키는 식으로 데이터를 왜곡하거나, 사람이 아닌 로봇이 정해진 프로그램에 따라 광고에 반응하거나, 허위로 광고에 클릭을 하는 등과 같은 다양한 방식으로 이뤄집니다. 실제로 이런 광고 사기는 의외로 광범위하게 벌어지고 있습니다. 미국 노스웨스턴 대학교의 고든Gorden 교수는 전체 디지털 광고 예산 중 10~30%가 광고 사기에 영

향을 받는다고 발표했습니다.[67]

광고 사기는 부정직한 에이전시가 광고 예산을 더 빨리 소진하기 위해 의도적으로 조작할 때 발생합니다. 애드 블로킹이 가속화됨에 따라 잠재 타깃에게 광고를 노출시키는 것이 더 어려워지고 있기 때문이죠. 또한 광고 사기는 온라인에서 광고를 집행하는 과정에서 예기치 못하게 발생할 수도 있습니다. 디지털 광고는 광고를 발송하는 주체, 광고를 보여 주는 매체, 광고주와 매체를 연결해 주는 플랫폼 등 다양한 기관이 '프로그래매틱 바잉Programmatic Buying'이라고 불리는 복잡한 시스템 속에서 움직이게 됩니다. 이러다 보니 어느 한 쪽에서 오류가 발생하더라도 쉽게 잡아 내기 어렵습니다. 심지어 경쟁사의 디지털 광고를 의도적이고 반복적으로 클릭해 경쟁사가 더 많은 디지털 광고 예산을 낭비하도록 하기도 합니다. 디지털 광고는 광고를 클릭한 횟수마다 비용이 집행되니까요.

디지털 환경에서 발생하는 광고 사기는 불필요한 예산을 집행하게 만들며 부정확한 데이터 때문에 잘못된 의사결정을 내리게 만듭니다. 하지만 광고 사기를 완벽하게 막기는 어렵습니다. 고객의 반응 데이터와 예산 집행 결과를 꼼꼼히 살펴보면서 이상 징후를 포착하고 이를 철저하게 검증해야 하기 때문입니다.

애드 블로킹과 광고 사기는 디지털 마케팅을 실행하는 과정에서 어쩔 수 없이 마주치게 되는 문제들입니다. 최근에는 이 문제점들을 해결하기 위한 방법들이 계속 개발되고 있습니다. 광고주와 에이전시는 애드 블로킹을 피하기 위해 보다 매력적인 스토리와 인플루언서 등을 활용해서 잠재 고객들에게 접근하고 있습니다. 광고 사기 역시 광고 사기를 사전에 인식하는 소프트웨어를 활용해 문제가 되는 예산 집행을 차단하고 있습니다.

디지털 마케팅을 실행하는 기업과 마케터들은 디지털 광고를 대행하는 에이전시와 이런 문제들에 대해 자주 소통해야 합니다. 에이전시에게 자신들이 이런 문제점들을 심각하게 받아들이고 있으며 항상 데이터를 주목하고 있다는 것을 명확하게 알려야 합니다. 그렇다고 해서 디지털 에이전시를 감시의 눈으로 쳐다볼 필요는 없습니다. 디지털 에이전시는 성과 창출을 위한 중요한 파트너일 뿐, 잠재적인 사기꾼은 아니니까요.

디지털 마케팅은 완벽하지 않습니다. 디지털 마케팅 역시 오류가 있고 어두운 면이 있습니다. 디지털 마케팅은 '도구'입니다. 우리가 쓰는 도구의 장단점과 특성을 잘 이해할수록 우리들은 더 좋은 성과를 낼 수 있습니다. 막연히 디지털 마케팅을 칭찬하거나 단점들을 짐짓 무시하면 언젠가는 사고가 터지게 됩니다.

이번에 말씀드린 개인화된 마케팅의 한계 및 광고 사기 등은 조금만 신경쓰지 않으면 모르고 넘어가게 됩니다. 일부러 디지털 마케팅의 단점과 한계를 찾을 필요는 없지만, 정기적으로 디지털 마케팅의 성과와 가능성을 검증하실 필요는 있습니다. 하지만 너무 걱정하실 필요는 없습니다. 지금 나타나는 문제점들은 조만간 수정되거나 보완될 것입니다. 디지털 마케팅은 지금까지 그렇게 발전해 왔으니까요.

36

디지털 마케팅이
만드는 세상

디지털 마케팅이 본격적으로 등장한 이후 정말 많은 것이 변했습니다. 새로운 디지털 매체와 기술은 과거와는 다른 마케팅 운영 전략과 콘텐츠 개발을 요구하게 됩니다. 디지털 마케터들의 아이디어와 기획력은 아직 검증받지 못한 디지털 미디어와 디지털 기술에게 새로운 기회를 제공합니다. 그리고 디지털 마케팅이 보여 준 성과는 결과적으로 기존의 마케팅 전략과 매체 운영 방식을 과거의 잔재로 만들고 있습니다. 하지만 이런 변화는 결국 디지털 마케터의 관점입니다. 그렇다면 소비자들의 입장에서는 어떨까요? 디지털 마케팅은 과연 소비자들에게도 새로운 기회를 제공했을까요?

디지털 마케팅은 소비자들에게 가능성이라는 새로운 기회를 제공했습니다. 소비자가 언제든지 판매자 또는 마케터가 될 수 있다는 가능성입니다. 실제로 많은 사람이 네이버와 인스타그램 등을 통해 자신만의 아이디어를 상업화하고 있습니다. 동네 어귀에 있는 작은 카페와 의류 매장도 디지털 마케팅을 이용해서 빠르게 성장할 수 있습니다. SNS와 알고리즘의 신의 가호를 받으면 언제든 인플루언서가 될 수도 있습니다. 전통적 마케팅의 시대에서는 생각할 수 없었던 변화입니다.

또한 소비자들은 다양한 제품과 서비스를 쉽게 접할 수 있게 됐죠. 대기업에서 대량 생산된 제품들뿐 아니라 소규모 공방에서 생산한 제품을 디지털을 통해 구매할 수 있게 됐습니다. 비슷비슷한 논지의 대형 언론사 대신 자신만의 확신과 주장을 전개하는 대안 매체들 역시 쉽게 찾아볼 수 있습니다.

물론 개인의 선택과 책임 역시 더욱 중요해졌습니다. 예전에는 정부의 감독과 규제를 통해 제품의 안전성과 신뢰도를 검증받았지만, 매일 쏟아져 나오는 제품과 서비스의 품질을 항상 꼼꼼하게 검증할 수는 없습니다. 오직 소비자가 자신의 안목과 경험을 갖고 믿을 수 있는 제품을 선별해야 합니다. 또한 가짜 뉴스 역시 이와 마찬가지입니다. 디지털 시대에는 무엇이 참이고, 무엇이 거짓인지 구분하기가 어렵습니다. 어쩌면 디지털 세상은 '가상현실VR'이라는 용어가 상징하듯이 진실만 존재하지는 않는 세상입니다. 따라서 가짜뉴스는 우리들이 어쩔 수 없이 받아들여야 하는 악인지도 모릅니다.

디지털 마케팅을 통해 생산자, 판매자 그리고 소비자의 구분은 점점 옅어지고 있습니다. 생산자 입장에서는 소비자들과의 직접적 커뮤니케이션이 가능해졌고 소비자는 스스로가 판매자가 돼 소비와 판매를 동시에 진행할 수 있습니다. 언제든지 소비자가 판매자 또는 생산자가 될 수 있는 세상이 만들어졌습니다.

또한 디지털 마케팅은 소비자들에게 개인의 중요성을 다시 한번 일깨워 줬습니다. 소비자를 단순히 몇 개의 그룹으로 나눴던 매스커뮤니케이션과 대량생산 대신 철저하게 개인에게 초점을 맞춘 광고와 제품 추천이 가능해졌습니다. 앞에서 마케팅의 핵심은 '세그멘테이션'이라고 설명을 드렸지만, 디지털 마케팅이 추구하는 궁극적인 세그멘테이션은 한 명의 개인입니다. 아직은 기술적으로 그리고 법률적으로 실현 불가능하지만, 언젠가는 가능할지도 모릅니다. 제품과 서비스 그리고 광고가 독자적 아이디를 갖고 있는 개인에게 맞춰 만들어질 수도 있습니다. 물론 이런 상상이 썩 기분 좋지는 않습니다. 과연 개인정보가 보호받을 수 있을까요?

디지털 마케팅은 거대한 집단을 데이터에 기반해서 미세한 세부 집단으로 나누고 있습니다. 언젠가는 디지털 마케터는 잠재 고객의 개별적인 프로파일 데이터를 보면서 디지털 캠페인을 기획할 것입니다. 만 명의 잠재 고객을 위한 만 개의 캠페인을 기획하게 될지도 모릅니다. 그렇다고 디지털 마케터의 업무가 만 배로 증가할 것 같지는 않습니다. 혁신적인 디지털 기술과 마테크 등이 디지털 마케터의 업무를 효율적으로 지원할테니까요. 물론 인공지능 역시 충실한 파트너이자 도구로서 디지털 마케터를 도와줄 것입니다. 너무 낙관적인가요? 저는 디지털의 가능성을 믿으니까요.

하지만 디지털 마케팅은 결국 기업 경영을 위한 하나의 수단이자 도

구입니다. 전통적 마케팅이 IT 기술을 적극적으로 받아들여서 진화한 모습이 디지털 마케팅입니다. 앞으로 양자 컴퓨터가 상용화되고 기업 경영에 접목된다면 '양자 마케팅Quantum Marketing'이라는 마케팅 방식이 나올 수도 있습니다.[68] 디지털 마케팅의 미래는 쉽게 예측하거나 속단할 수는 없습니다. 하드웨어와 소프트웨어 그리고 인공지능과 마테크 등의 놀라운 발전 속도를 고려한다면 기술적 예측이 가능한지도 의문입니다.

하지만 한 가지만은 확실합니다. 디지털 마케팅은 디지털 마케터와 소비자들이 같이 만들어간다는 점입니다. 디지털 마케터가 새로운 기술에 취해서 소비자에게 아무런 쓸모없는 디지털 캠페인만 선보이면 어떻게 될까요? 소비자들이 디지털이 제공하는 편익 대신 잠재적인 위해성만 걱정해서 디지털 마케팅을 거부한다면 어떻게 될까요? 디지털 마케터는 소비자의 입장에서 캠페인을 기획하고 제품과 서비스를 준비해야 합니다. 또한 소비자들은 디지털 마케팅을 이용해서 최대한 자신의 편익을 키워야 합니다. 결국 디지털 마케팅은 디지털 마케터와 소비자들이 같이 만들어가야 합니다.

디지털 마케팅을 통해 마케터는 소비자 한 명을 위한 제품과 서비스 그리고 광고를 제공하고 소비자는 마케터에게 제품과 서비스에 대한 자신의 생각과 반응을 바로 전달할 수 있습니다. 아직은 이러한 이상적 모습이 완벽하게 구현되지는 않았지만, 조만간 실현될 것이라고 믿습니다. 그때까지 마케터와 소비자 모두 디지털 마케팅에 대한 관심과 애정을 계속 보여 주시길 바랍니다.

에필로그

이번 책을 준비하던 도중 컴퓨터를 바꾸게 됐습니다. 7년 정도 사용하던 맥북을 국내 대기업의 노트북으로 교체했습니다. 맥북의 성능은 여전히 쓸 만했지만, 배터리가 계속 말썽을 부렸습니다. 맥북에서 PC 계열의 노트북으로 갈아타야겠다는 의사결정이 쉽지는 않았습니다. 많은 것이 바뀔 테니까요. OS는 당연히 바뀔 것이고 주로 사용하는 프로그램도 바뀌게 되겠죠. 키보드와 마우스는 현재 쓰고 있는 블루투스 제품을 계속 사용할 테니 큰 변화는 없을 것입니다.

손가락과 눈은 새로 산 노트북에 금방 적응했습니다. OS는 비록 다르지만, 어차피 일반 소비자들이 이용하라고 만들어진 OS들입니다. 프로그램 역시 이와 마찬가지입니다. 맥북에서 돌아가는 MS 오피스와 윈도우용 MS 오피스가 비록 미묘하게 다르지만, 사용하는 데는 전혀 문제가 없었습니다. 파일들을 백업하고 다시 책 작업을 하기 위해 노트북으로 글을 쓰기 시작했습니다. 한참 동안 글을 쓰다가 커피 한 잔을 마시면서 이런 생각을 해 봤습니다.

"막상 바꾸면 큰 문제도 없는데, 왜 그렇게 고민을 많이 했을까? 괜히 시간만 낭비했구나."

제가 디지털 마케팅을 하기로 했던 때가 갑자기 생각났습니다. 다른 마케터들처럼 저 역시 전통적 마케팅부터 시작했습니다. 당연히 마케팅은 대학교에서 책으로 처음 배웠습니다. 다양한 회사와 프로젝트를 통해 마케팅 역량과 경험을 키워 나갔습니다. 마케팅을 무척 좋아했고 나름 열심히 했고 훌륭한 성과들도 많이 냈던 것 같습니다.

그러다가 디지털이라는 세상을 만났습니다. 새로운 세상이었고 무한한 가능성을 봤습니다. 하지만 많은 시간 동안 전통적 마케팅의 세계를 벗어나지는 못했습니다. 전통적인 마케팅에서 디지털 마케팅으로 전향하기 위해 꽤 많은 것을 고민했으니까요. 노트북 교체와는 비교할 수 없을 만큼 많은 고민을 했습니다.

지금은 디지털 마케팅을 주로 하지만, 전통적 마케팅 역시 손에서 놓지 않고 있습니다. 결국 두 가지 모두 마케팅이라는 큰 흐름 속에서 수단과 기술만 다르다는 정말 간단한 사실을 깨달았기 때문입니다.

여전히 주변에서 디지털 마케팅과 전통적 마케팅을 칼로 선을 긋듯이 구분하는 마케터와 회사들을 볼 수 있습니다. 본인이 더 잘할 수 있고 더 선호하는 마케팅 방식을 강조하는 것은 당연한 일입니다. 다만 두 가지 마케팅 방식들을 이분법적으로 생각하지는 않았으면 좋겠습니다. 마케팅은 소비자와 원하는 교환을 달성하기 위한 방식일 뿐이며 수단과 매체는 중요하지 않습니다. 다만, 효율의 문제일 뿐입니다.

제가 맥북으로 책의 원고를 작성했는지, 삼성 갤럭시북으로 작성했는지는 중요하지 않습니다. 가장 중요한 것은 독자 여러분에게 제가 생각하는 메시지가 제대로 전달됐는지가 아닐까요?

디지털 마케팅 실전 활용

이와 마찬가지로 디지털 또는 전통적 마케팅에 상관없이 여러분께서 원하는 목표를 달성하기를 바랍니다. 다만, 디지털 마케팅이라는 흐름에 올라타면 좀 더 효율적으로 목표를 달성할 수 있습니다. 디지털을 믿고 조금씩 실천해 보기 바랍니다. 독자 여러분의 성공을 기원하겠습니다.

챗GPT가 추천하는 디지털 마케팅 용어 사전

A/B Testing: A/B 테스트. 두 가지 이상의 버전을 비교해 최적의 성과를 내기 위한 실험

Above the Fold: 폴드 상단. 웹 페이지의 초반 부분으로, 사용자가 스크롤하지 않고도 볼 수 있는 영역

Ad Copy: 광고 복사. 광고에 사용되는 텍스트나 문구

Ad Impressions: 광고 노출 수. 광고가 표시된 횟수

Ad Server: 광고 서버. 디지털 광고를 관리하고 서빙하는 시스템

Adaptive Content: 적응형 콘텐츠. 사용자의 행동이나 특성에 따라 콘텐츠가 동적으로 변하는 전략

Affiliate Marketing: 제휴 마케팅. 다른 웹사이트나 개인에게 수수료를 주고 제품이나 서비스를 홍보하도록 하는 전략

AI-Powered Marketing: 인공지능 기반 마케팅. 인공지능 기술을 활용해 데이터 분석, 예측, 자동화 등을 수행하는 마케팅 전략

AIDA Model: AIDA 모델. 주의(Attention), 이해(Interest), 욕구(Desire), 행동(Action)의 네 단계로 구성된 마케팅 모델

Algorithm: 알고리즘. 검색 엔진이나 소셜 미디어 플랫폼에서 콘텐츠를 정렬하는 규칙

Analytics: 분석. 데이터를 수집하고 해석해 비즈니스 결정에 활용하는 과정

API(Application Programming Interface): 응용 프로그램 프로그래밍 인터페이스. 소프트웨어 간의 상호작용을 위한 인터페이스

API Integration: API 통합. 여러 소프트웨어나 플랫폼 간의 상호 연결

Augmented Email: 증강 이메일. 이메일에 인터랙티브한 요소나 동적 콘텐츠를 추가해 사용자의 참여도를 높이는 전략

Augmented Reality(AR): 증강 현실. 실제 환경에 가상의 정보나 개체를 추가해 사용자 경험을 향상시키는 기술

B2B(Business-to-Business): 기업 간 거래. 기업 간 제품이나 서비스 거래를 의미

B2C(Business-to-Consumer): 기업 대 소비자. 기업이 소비자에게 직접 제품이나 서비스를 제공하는 거래

B2G(Business-to-Government): 기업 대 정부. 기업이 정부에 제품이나 서비스를 공급하는 거래

Backlink: 백링크. 다른 웹사이트에서 본인의 웹사이트로 연결된 링크

Behavioral Segmentation: 행동 세그멘테이션. 고객을 특정 행동 패턴에 기반해 그룹화하는 전략

Behavioral Targeting: 행동 타깃팅. 사용자의 행동 기록을 기반으로 광고를 타깃하는 전략

Bing Ads: 빙 애드. 마이크로소프트의 검색 엔진인 빙(Bing)에서 제공하는 광고 플랫폼

Black Hat SEO: 블랙 햇 SEO. 부적절한 방법을 사용해 검색 엔진 순위를 높이기 위한 활동

Blockchain in Marketing: 블록체인 마케팅. 블록체인 기술을 활용해 투명성과 안전성을 강조하는 마케팅 전략

Bounce Rate: 이탈률. 웹사이트에 방문한 사용자가 단일 페이지만을 보고 떠날 확률

Brand Advocacy: 브랜드 변호. 고객이 브랜드나 제품을 활발하게 지지하고 홍보하는 행동

Brand Ambassador: 브랜드 앰배서더. 브랜드를 대표하고 홍보하는 고객이나 인플루언서

Brand Equity: 브랜드 자산. 브랜드가 소비자에게 가지는 긍정적인 인식과 가치

Brand Resonance: 브랜드 공감. 브랜드가 소비자와 감정적으로 또는 문화적으로 연결돼 있는 정도

Brand Transparency: 브랜드 투명성. 브랜드가 제품이나 서비스에 대한 정보를 공개하고 소비자와 소통하는 정책

Canonical Tag: 카노니컬 태그. 검색 엔진에게 주요 콘텐츠의 원본 페이지를 알려 줌으로써 중복 콘텐츠 문제를 해결하는 HTML 태그

Chat Marketing: 챗 마케팅. 채팅 플랫폼을 활용해 고객과의 상호작용을 강화하는 전략

Chatbot: 챗봇. 인공 지능을 활용해 사용자와 상호작용하는 자동화된 채팅 시스템

Churn Rate: 이탈률. 특정 기간 동안 고객 중 이탈한 비율

CMS(Content Management System): 콘텐츠 관리 시스템. 웹사이트 콘텐츠를 쉽게 관리하고 업데이트할 수 있는 시스템

Content Calendar: 콘텐츠 캘린더. 콘텐츠 제작 및 게시 일정을 관리하는 도구

Content Marketing: 콘텐츠 마케팅. 유용하고 가치 있는 콘텐츠를 통해 고객과 상호작용하는 전략

Conversion Funnel: 전환 퍼널. 사용자의 전환 여정을 단계별로 시각화한 모델

Conversion Rate: 전환율. 방문자가 원하는 행동을 취하는 비율

Cookie: 쿠키. 웹브라우저에 저장되는 정보로, 사용자 경험을 개선하거나 광고를 타깃하는 데 사용됨.

Cost Per Acquisition(CPA): 획득 비용. 새로운 고객을 확보하는 데 드는 비용

CPC(Cost Per Click): 클릭당 비용. 광고 클릭당 지불되는 비용

CRM(Customer Relationship Management): 고객 관계 관리. 고객과의 상호작용을 효과적으로 관리하고 분석하는 전략

Cross-Sell: 크로스셀. 고객이 이미 구매한 제품과 관련된 다른 제품을 추천해 판매를 촉진하는 전략

CTA(Call to Action): 행동 요청. 사용자에게 원하는 동작을 취하도록 유도하는 문구나 버튼

CTR(Click-Through Rate): 클릭률. 광고나 링크를 통해 유입된 트래픽 중 클릭된 비율

CTR(Conversion Tracking Rate): 전환 추적률. 클릭에서 실제 전환이 이뤄지는 비율

Customer Acquisition Cost(CAC): 고객 획득 비용. 새로운 고객을 확보하는 데 소요된 비용

Customer Churn: 고객 이탈. 특정 기간 동안 고객이 브랜드를 떠난 경우

Customer Journey Mapping: 고객 여정 매핑. 고객이 브랜드와 상호작용하는 단계를 시각적으로 표현하는 프로세스

Customer Persona: 고객 페르소나. 타깃 고객을 대표하는 가상의 인물을 기반으로 한 마케팅 전략 또는 고객 페르소나. 특정 고객 세그먼트를 대표하는 가상의 인물

Customer Retention: 고객 유지. 기존 고객을 유지하고 이탈을 방지하기 위한 전략

Dark Mode: 다크 모드. 앱이나 웹사이트에서 제공되는 어두운 테마로 사용자 경험을 향상시키는 기능

Dark Social: 다크 소셜. 소셜 미디어를 통하지 않고 직접 공유되는 콘텐츠

Data Segmentation: 데이터 세그멘테이션. 고객 데이터를 세분화해 타깃 그룹을 정의하고 타깃팅하는 전략

Deep Linking: 딥 링킹. 모바일 앱에서 특정 페이지로 직접 연결되는 링크

Digital Footprint: 디지털 풋프린트. 인터넷에서 남긴 디지털 활동의 모든 흔적

Digital Marketing Funnel: 디지털 마케팅 퍼널. 디지털 채널을 통해 사용자를 유입시키고 구매로 이끌기 위한 단계별 전략

Digital Wallet: 디지털 지갑. 온라인에서 결제 및 금융 거래를 위한 전자 지갑

Disruptive Marketing: 디스럽티브 마케팅. 기존 시장 상황을 뒤바꾸는 혁신적인 마케팅 전략

Drip Campaign: 드립 캠페인. 일련의 자동화된 이메일이나 메시지를 통해 사용자에게 정보를 점진적으로 제공하는 마케팅 전략

Dwell Time: 머무는 시간. 사용자가 웹 페이지에서 얼마나 오래 머물러 있는지를 나타내는 지표

Dynamic Content: 동적 콘텐츠. 사용자의 특정 행동이나 성향에 따라 자동으로 변하는 콘텐츠

Dynamic Remarketing: 동적 리마케팅. 사용자가 방문한 웹 페이지의 콘텐츠에 기반해 제품을 다시 보여 주는 광고 전략

E-commerce: 전자 상거래. 인터넷을 통해 제품이나 서비스를 거래하는 비즈니스 모델

Email Automation: 이메일 자동화. 사용자 행동에 따라 자동으로 이메일을 전송하는 기술

Ephemeral Content: 이페머럴 콘텐츠. 일정 기간 동안만 사용자에게 표시되는 콘텐츠

Evergreen Content: 에버그린 콘텐츠. 시간이 지나도 유효한, 계속해서 가치 있는 콘텐츠

Exit-Intent Popup: 나가기 의도 팝업. 사용자가 웹 페이지를 떠날 때 나타나는 팝업 창

First-Party Data: 1자 데이터. 직접 수집한 고객 데이터로, 해당 기업이 소유하고 있는 정보

Funnel: 퍼널. 고객이 제품이나 서비스를 인지에서 구매로 이어지는 과정

Gamification: 게임화. 비즈니스 활동에 게임 요소를 도입해 참여와 상호작용을 촉진하는 전략

Gamified Ads: 게임화된 광고. 게임 요소를 활용해 광고를 더욱 즐거운 경험으로 만드는 전략

Geo-Fencing: 지오펜싱. 지정된 지리적 영역 내에서 모바일 사용자에게 특정 광고를 전송하는 기술

Geotargeting: 지오타깃팅. 지리적 위치를 기반으로 광고나 콘텐츠를 특정 지역에 맞춤화하는 전략

Heatmap: 히트맵. 웹 페이지에서 사용자의 활동을 시각적으로 표시한 지도

HTTPS: HTTPS. 웹사이트의 보안을 강화하는 SSL 또는 TLS 프로토콜을 사용한 보안 통신

Impression Share: 노출률. 광고가 특정 검색어에 대해 얼마나 자주 표시되는지를 나타내는 지표

In-App Advertising: 인앱 광고. 모바일 응용 프로그램 내에서 표시되는 광고

Inbound Marketing: 인바운드 마케팅. 소비자가 브랜드로 자연스럽게 유입되는 마케팅 전략

Influencer Marketing: 인플루언서 마케팅. 사회적 영향력 있는 인물을 활용해 제품이나 브랜드를 홍보하는 전략

Influencer Outreach: 인플루언서 아웃리치. 인플루언서와의 협업을 통해 브랜드를 홍보하는 전략

Keyword Density: 키워드 밀도. 콘텐츠에서 특정 키워드가 등장하는 빈도

Keyword Research: 키워드 연구. 검색 엔진 최적화를 위해 효과적인 키워드를 식별하고 분석하는 프로세스

Keyword Stuffing: 키워드 스터핑. 콘텐츠에 과도한 키워드를 삽입해 검색 엔진 순위를 높이려는 행위

KPI(Key Performance Indicator): 주요 성과 지표. 비즈니스 목표를 측정하고 평가하는 핵심 지표

Landing Page: 랜딩 페이지. 광고나 마케팅 캠페인의 목적 지점으로 사용되는 웹 페이지

Lead Generation: 잠재 고객 발굴. 잠재 고객을 찾아내어 비즈니스에 이끌어 내는 전략

Lead Nurturing: 리드 육성. 잠재 고객에게 가치 있는 콘텐츠를 제공해 관계를 발전시키는 전략

Lead Scoring: 리드 스코어링. 잠재 고객에 대한 우선순위를 부여하고 평가하는 점수 체계

Lifetime Value(LTV): 고객 평생 가치. 고객이 회사에 제공하는 전체 가치

Lookalike Audience: 룩어라이크 오디언스. 기존 고객과 비슷한 특성을 가진 새로운 타깃 오디언스

Loyalty Program: 로열티 프로그램. 고객들에게 특별한 혜택이나 할인을 제공해 고객 로열티를 유지하고 증진하는 전략

Marketing Automation: 마케팅 자동화. 반복적이고 시간 소모적인 마케팅 작업을 자동으로 수행하는 소프트웨어

Marketing Funnel Leakage: 마케팅 퍼널 누수. 사용자가 전환 단계에서 이탈하는 현상

Marketing Mix: 마케팅 믹스. 제품, 가격, 장소, 홍보 등의 요소를 조절해 마케팅 전략을 구성하는 프로세스

Marketing Qualified Lead(MQL): 마케팅 적격 리드. 마케팅 팀이 생성한 리드 중 판매 팀에 전달할 만한 자격을 갖춘 리드

Micro-Influencer: 마이크로 인플루언서. 중소 규모의 팔로워를 가진 인플루언서로, 특정한 관심 분야에서 영향력을 가짐

Micro-Moments: 마이크로 모먼트. 모바일 기기를 통해 사용자가 즉각적으로 정보를 찾거나 행동하는 단기적인 순간

Mobile-First Indexing: 모바일 우선 인덱싱. 검색 엔진이 모바일 버전의 웹사이트를 기준으로 콘텐츠를 인덱싱하는 방식

Multichannel Marketing: 다채널 마케팅. 여러 채널을 통해 고객에게 동일한 브랜드 경험을 제공하는 전략

Multivariate Testing: 다변량 테스팅. 여러 가지 변인을 고려해 웹사이트나 광고의 성능을 테스트하는 방법

Native Advertising: 네이티브 광고. 콘텐츠와 자연스럽게 통합된 형태의 광고

Opt-In: 옵트인. 사용자가 광고나 이메일 수신에 동의하는 것

Organic Reach: 유기적 도달. 유료 광고 없이 자연적으로 포스팅이나 콘텐츠가 사용자에게 도달하는 정도

Outbound Marketing: 아웃바운드 마케팅. 광고 이메일, 전화 등을 통해 소비자에게 직접 접근하는 마케팅 전략

Personalization: 개인화. 사용자의 특성이나 행동에 기반해 콘텐츠나 광고를 맞춤화하는 전략

PPC(Pay-Per-Click): 클릭당 비용 지불. 광고주가 광고가 클릭될 때마다 비용을 지불하는 광고 모델

Push Notification: 푸시 알림. 모바일 앱이나 웹사이트를 통해 사용자에게 자동으로 전송되는 메시지

QR Code: QR 코드. 카메라를 통해 읽을 수 있는 이차원 바코드로, 정보를 빠르게 전달하는 데 사용

Relevance Score: 관련성 점수. 광고의 목표 대상과의 관련성을 평가하는 지표

Remarketing: 리마케팅. 이전에 웹사이트를 방문한 사용자에게 해당 광고를 다시 표시하는 전략

Responsive Design: 반응형 디자인. 다양한 디바이스에서 웹사이트가 최적으로 표시되도록 하는 디자인 접근

Responsive Search Ads: 반응형 검색 광고. 다양한 텍스트 및 제목 조합을 테스트해 사용자에게 가장 효과적인 광고를 제공하는 구글 애드(Google Ads) 형식

Retargeting: 리타깃팅. 이전에 웹사이트를 방문한 사용자에게 타깃 광고를 보여 주는 전략

ROI(Return on Investment): 투자 수익률. 마케팅 비용 대비 얻은 수익의 비율

SaaS(Software as a Service): 서비스형 소프트웨어. 클라우드를 통해 제공되는 소프트웨어 서비스 모델

Segmentation: 세분화. 타깃 시장을 세부 그룹으로 나눠 타깃팅하는 전략

SEM(Search Engine Marketing): 검색 엔진 마케팅. 검색 엔진을 이용해 광고를 통해 웹사이트의 노출을 높이는 전략

Sentiment Analysis: 감정 분석. 텍스트 데이터에서 사용자의 의견이나 감정을 분석하는 기술

Sentiment Marketing: 센티먼트 마케팅. 소비자의 감정과 연결해 브랜드에 긍정적인 경험을 제공하는 전략

SEO(Search Engine Optimization): 검색 엔진 최적화. 웹사이트나 콘텐츠가 검색 엔진에서 높은 순위를 갖도록 최적화하는 프로세스

SERP(Search Engine Results Page): 검색 엔진 결과 페이지. 사용자가 검색 시에 표시되는 웹 페이지 결과

Session Duration: 세션 지속 시간. 사용자가 웹사이트나 앱에 얼마 동안 머무르는지를 측정하는 지표

Smart Content: 스마트 콘텐츠. 사용자의 특성이나 행동에 따라 자동으로 바뀌는 콘텐츠

Social Listening: 소셜 리스닝. 소셜 미디어에서 브랜드나 키워드와 관련된 대화를 모니터링하는 활동

Social Media Marketing: 소셜 미디어 마케팅. 소셜 미디어 플랫폼을 활용한 마케팅 활동

Social Proof: 소셜 프루프. 다른 사용자들의 긍정적인 리뷰나 행동을 통해 제품이나 브랜드에 대한 신뢰를 구축하는 전략

UGC(User-Generated Content): 사용자 생성 콘텐츠. 브랜드나 제품에 대한 사용자가 만든 콘텐츠

UGC Campaign: 사용자 생성 콘텐츠 캠페인. 사용자가 브랜드에 생성한 콘텐츠를 활용해 캠페인을 진행하는 전략

User Journey: 사용자 여정. 사용자가 제품이나 서비스를 발견하고 결정하고 구매하는 과정

Viral Marketing: 바이럴 마케팅. 소비자들 사이에서 빠르게 확산돼가는 마케팅 캠페인

Vlog: 비디오 블로그. 주로 유튜브를 통해 공유되는 개인이나 브랜드의 비디오 콘텐츠

Webinar: 웨비나. 인터넷을 통한 온라인 세미나로, 웹 기반으로 참석자들과 상호작용 진행

White Hat SEO: 화이트 햇 SEO. 검색 엔진의 규칙과 윤리적인 기준을 준수해 웹사이트의 검색 엔진 순위를 향상시키는 데 중점을 둔 검색 엔진 최적화 전략

참고 문헌

1   한국 마케팅학회(Korean Marketing Association)
2   Being Digital, Nicholas Negroponte, Alfred A. Knopf, 1995. MIT Media Lab을 처음 개설했으며 Being Digital은 40개 이상의 언어로 번역된 책으로 디지털의 미래를 예측한 중요한 책으로 평가됨.
3   "Definition of digital marketing", Financial Times, 29 November 2017
4   https://www.oed.com/dictionary/digital_n?tab=etymology#6774585
5   In 2023, D2C is out, And the migration to wholesale is in, Forbes, 2023년 2월 7일
6   메타버스, 환상에 머무르나… '수익성 불투명'에 기업들 투자 주저, IT 데일리, 2023년 4월 3일
7   [CES 현장] '현실 닮아가는' 메타버스, 올해도 구름 인파, 연합뉴스, 2024년 1월 11일
8   [단독] '메타머스 한국' 7억 쏟아붓고 한 달 방문 달랑 9명, 채널 A, 2023년 10월 24일
9   Marketing Management, Philip Kotler and Kevin Keller, 15th Edition, Pearson Education Limited
10 안나 카레니나, 레프 니콜라예비치 톨스토이 저, 연진희 옮김, 민음사, 2009년
11 손자병법, 3장 모공편
12 대부(Godfather) 완역판, 마리오 푸조 저, 이은정 옮김, 늘봄, 2003년
13 "명주짜기 ASMR인데… 외국에서도 몰려왔네", 매일경제신문, 2023년 10월 11일
14 포지셔닝, 잭 트라우트, 앨 리스 저, 안진환 번역, 을유문화사, 2021년
15 피터 드러커의 "측정할 수 없다면, 관리할 수 없다"라는 표현은 몇 가지 변형을 갖고 있음. 종종 "측정할 수 없다면, 변화시킬 수 없다" 또는 "측정할 수 없다면, 개선할 수 없다" 등도 있음.
16 마케팅 메트릭스, 마케터라면 꼭 알아야 할 마케팅 계량 지표(2판), 폴 패니스, 닌 벤들, 필립 파이퍼, 데이비드 라이브스타인 저, 서영준 번역, 주우진 감수, 럭스미디어, 2011년
17 "Catch—line and argument," E.St. Elmo Lewis, The Book-keeper, Vol 21, Feb 1903
18 https://www.oed.com/dictionary/strategy_n?tab=factsheet#20537476
19 What is Strategy?, Michael E. Porter, Harvard Business Review, November–December, 1996
20 상기 논문에 실린 영어 원문은 Operational Effectiveness is not strategy이지만, 이해를 돕기 위해 원문을 풀어 해석했음.
21 Facebook CEO Apologizes, Lets Users Turn Off Beacon, Wired, 2007년 12월 5일
22 Variable-price coke machine being tested, The New York Times, 1999년 10월 29일
23 Why variable-price fails at the vending machine, The New York Times, 2005년 6월 27일

24 코카콜라 밤에 사면 100원 할인… 자판기에 변동 가격제 도입하는 일, 아시아경제, 2023년 12월 14일

25 Strategy and Structure: Chapters in the History of the American Industrial Enterprise, Alfred D. Chandler, The MIT Press, 1962. 알프레드 챈들러 교수는 책에서 '조직은 전략을 따른다(Structure follows Strategy)'라는 유명한 원칙을 제시했음.

26 트리플 미디어를 활용한 커뮤니케이션 콘텐츠 확산에 관한 연구, 조윤숙, 홍익대, 2015년 8월

27 광고비의 재무적 결정 요인과 특성, 구정호, 백태영, 한국회계학회, 2013년

28 가격 올린 식품업계, 광고 선전비도 늘렸다, 이투데이 2022년 9월 7일

29 컬리, 2021년 거래액 2조 원 달성, 전년 대비 64% 증가, 콜드체인뉴스, 2022년 4월 5일

30 법령상 판매에 필요한 요건 광고선전 자격을 갖추더라도 인터넷 쇼핑몰에서는 판매가 불가함. 「담배사업법」, 「마약류 관리에 관한 법률」, 「약사법」, 「총포 도검 화약류 등의 안전 관리에 관한 법률」, 「상표법」, 「저작권법」 등 참조

31 음주 부추기는 미디어 · 주류 마케팅, 이대로 괜찮은가?, 한국건강증진개발원(KHEPI), 2022년 9월 5일

32 Here's What Casper Going Private Means Next for The Mattress Company, Forbes, 2021년 11월 16일

33 How Allbirds Lost Its Way, The Wall Street Journal, 2023년 7월 16일

34 미국 대통령이자 제 2차 세계대전 당시 연합군 사령관이었던 드와이트 아이젠하워(Dwight D. Eisenhower)가 했던 말이며 원문은 다음과 같음. "Plan is nothing, planning is everything."

35 편집광만이 살아남는다, 앤드루 S. 그로브 저, 유정식 옮김, 부키, 2021

36 인터넷 쇼핑몰을 위한 AISAS 모델 기반의 RSS 마케팅 활용 방안에 관한 연구, 채혁기, 박상언, 강주영, 한국전자거래학회지, 제13권 제3호, 2008년 8월

37 말만 하세요, 웹사이트도 만들어 드려요…못하는 게 뭘까, AI의 '업무 혁명', 한국일보, 2023년 7월 19일

38 https://www.google.com/search/howsearchworks/our-history/

39 과기정통부, 「2023 방송통신광고비 조사」 결과 발표, 과학기술정보통신부, 2024년 1월 16일. 국가 승인 통계에서는 '온라인 광고'라는 용어를 사용하지만, 책에서는 용어의 일관성을 위해 온라인 광고 대신 디지털 광고로 표기했음.

40 https://saedu.naver.com/adbiz/searchad/intro.naver

41 https://displayad.naver.com/advertisement

42 영어 원문은 'All roads lead to Rome'이며 글자 그대로 로마를 중심으로 방사형으로 모든 길들이 로마가 지배하던 세계로 뻗어 나간 것을 의미함. 하지만 나중에는 학문이나 예술 등 다양한 영역이 끝내 한 가지로 귀착되는 것을 의미하기도 함.

43 https://www.dictionary.com/browse/all-roads-lead-to-rome

44 '침대 없는 침대 광고' 또 통했다… 시몬스 브랜드 영상 2,000만 뷰 돌파, 아주경제, 2022년 2월 25일

45 https://www.youtube.com/watch?v=jlfRfgJalgo&t=178s, 10분49초부터 들으면 좋음.

46 작년 전 세계 데이팅 앱 사용 100억 시간 돌파… 코로나19 영향, 연합뉴스, 2023년 2월 14일

47 파워블로거지 · 믿거페 · 내돈내산… 세상에 믿을 후기 하나도 없네, 조선일보, 2020년 7월 25일

48 국민 메신저 카톡, 유튜브에 1위 자리 뺏겼다, 경향신문, 2024년 2월 4일

49 https://www.youtube.com/intl/ALL_kr/ads/how-it-works/set-up-a-campaign/awareness/?_gl=1*1f7kain*_up*MQ..*_ga*MTE1MDM5NzUyNC4xNzEyNDYzNzc3*_ga_XLPF8ZSNK2*MTcxMjQ2Mzc3Ni4xLjAuMTcxMjQ2NDU0Ni4wLjAuMA..

50 Tribes: We Need You to Lead Us, Seth Godin, Portolio, 2008

51 쿠팡, 3분기 매출 8조 돌파… 사상 첫 연간 흑자 유력, 동아일보, 2023년 11월 9일

52 편집자의 마음, 이지은 저, 더라인북스, 2020년

53 '라방' 선두 네이버, 쇼핑 라이브 수수료 올린다 전자신문, 2021년 4월 5일

54 브랜드엑스코퍼레이션 2023년 3분기 실적 발표, IR 자료, 회사 홈페이지

55 Borders files for bankruptcy, to close 200 stores, Reuters, 2011년 2월 17일

56 Marketing Management, Philip Kotler and Kevin Keller, 15th Edition, Pearson Education Limited

57 Find a Growth Hacker for Your Startup, Sean Ellis, Startup-marketing.com

58 브랜드 자산의 전략적 경영, 데이비드 아커 지음, 이상민, 브랜드앤컴퍼니 옮김, 비즈니스북스, 2006

59 시몬스 '오들리 새티스파잉 비디오', 대한민국 광고 대상 금상 수상, 아시아경제, 2022년 11월 28일

60 트렌드 코리아 2023, 김난도 외 저, 미래의 창, 87쪽

61 브랜드 민주화 "누구나 할 수 있어요" – 더워터멜론 우승우 대표, https://www.belocal.kr/news/articleView.html?idxno=1860897

62 "5분만 보려 했는데 새벽"… 오늘도 "쇼츠 지옥"에 빠졌다, 주간경향, 2024년 3월 14일

63 https://www.slist.kr/news/articleView.html?idxno=529439

64 "넷플릭스 광고 요금제로 'CTV' 광고 시장 더 뜬다", ZDNET, 2022년 11월 15일

65 온라인 광고 '구글 쇼크' 덮친다… 크롬도 '맞춤 광고' 쿠키 중단, 중앙일보, 2024년 1월 5일

66 '쿠키 대란' 발등에 불 떨어진 줄도 모르는 한국 언론, 미디어오늘, 2024년 4월 5일

67 Inefficiencies in Digital Advertising Markets, Brett R Gordon et al, Feb 2020

68 '퀀텀 마케팅'은 라자 라자만나르가 쓴 마케팅 책의 이름이지만, 이 책은 양자 마케팅이 아닌 디지털 시대의 마케팅 전략과 방향을 다루고 있음.